当事者に聞く

自立生活

という暮らしのかたち

河本のぞみ 著

三輪書店

目次

第二章　もうひとつの暮らし方――その先駆者たち　187

＊第一章第一〜五節、第九節、第四章第二節は、『作業療法ジャーナル』二〇一三年七〜一二月号に連載された「当事者に聞く　自立生活という暮らしのかたち」を加筆・修正したものです。
＊本書に記載されているデータ、制度、施設名、当事者の状況等は基本的に取材時のものであり、現在は異なっている場合があります。

★ご希望の方に本書のテキストデータを提供します。

障害などの理由により本書をお読みになれない方に、電子データ（TEXT）を提供いたします。
・210円切手
・返信用封筒（住所明記）
・左のテキストデータ引換券（コピー不可）
を同封のうえ、左記までお申し込みください。
〔宛先〕〒113-0033　東京都文京区本郷6-17-9　三輪書店販売部

テキストデータ引換券
当事者に聞く
自立生活という暮らしのかたち

はじめに

私は訪問看護ステーションに所属する作業療法士だ。介護保険でいえば要支援や要介護の人、医療保険でいえば障害のある人、難病の人などのお宅へお邪魔する。リハビリテーションサービスを提供するためだ。

いつまで経ってもだが、「リハビリ」の意味するところ、その中身の一般に認識されている単調さ・貧弱さ、あるいはどこかにあるはずの回復への道と、われわれが提供できると思っているサービス内容にはズレがある。さらにいえば、現実の生活というものの前には、ケアでも介護でもない「リハビリ」は、どんな内容を盛り込もうと、やはり残念ながら色褪せる。

自立を促すということ、「できない」を「できる」にすること、これはリハビリテーションの王道であり、介護度を下げることは拍手をもって喜ばれる。うまくいくことはもちろん喜ばしいし、そこに有効に貢献できるわれわれのスキルもある。だが、今はそんな話がしたいわけではないのだ。

「できない」まま暮らす暮らしのありようがあるということ、それを知っておく必要があると思った。「できない」部分は介助者にやってもらうという自立のかたち。それはだめなことでも、情けないことでもない。ひとつの積極的な暮らしのかたちで、障害のある当事者たちがリハビリテーションへの批判とともに必死で打ち出した態度表明であり、資源確保への体当たり作戦だったのだが、知られていない。

自立に向けてトレーニングする。いいだろう。環境を整える。いいだろう。しかし「できない」こともあり、「できない」ときもくる。そんなときの、私、作業療法士の役割もあるはずだ。

障害のある当事者が発信している情報も、自立生活に関する本も、すでに何冊もある。だが、実際のところ、どのくらい生活を支える基盤は整っているのか。その生活はどんな様子なのか。やはり地域によってずいぶんと違うものなのか。自分で介助者を見つけないと成り立たないギリギリの暮らしなのか。そんなことを知りたいと思った。これが、取材を始めた動機だった。

取材を開始したのは、二〇一二年八月だ。まずは身近な自立生活者の話を聞くことから始め、少しずつ歩を進め、先駆者や介助を生業とする人の話を聞き、彼らが書いたものを読み、考えをめぐらせた。その暮らしのかたちは多様で可能性に満ち、わが国もいけてるじゃないかと希望をもつに十分だった。だが同時に、私が日常出会う要介護者と介護する家族、とりまく介護保険サービスやサービスを提供する人々の意識は、まるで別のところにあることも実感する。障害があってはだめという、多くの健常者にある共通認識。健常者が高齢になって要介護になり、健常の家族が介護をする。人に迷惑をかけないように、なるべく目立たないように、そっと暮らす。家族が疲弊しいっぱいいっぱいになっても、他人を介護者として家に入れることには、なかなか踏み切れない。心身になんらかの不具合があるために日常生活で支援が必要という点では、障害者も要介護者も同じだが、ひどく違うその意識は、たぶん変わりようがないのだろう。

私の職種、作業療法士はリハビリテーションのために誕生し、リハビリテーションは障害をテーマにしている。だが、この業界は自立生活のことを知らない人があまりに多い。そこで、まず六人の当事者の方たちを取材し、二〇一三年に『作業療法ジャーナル』に連載した。そこまでは一気にやれた（第一章第一～五節の方たちだ）。それから、その背景、制度、歴史などを知らねばと歩みはじめた途端、素手でトンネルを掘るような遅々とした作業になり、その間に制度は変わるし、取材した人たちも生活が変わるし、知るべきことが次々と前に立ちあらわれた。

まずはリハ業界の仲間に向けて書きはじめたことだが、これは多くの人々、当事者や家族やいずれ要介護になるすべての人々に知ってほしい事柄だ。すなわち、できなければだめなのかという問いかけと、まったく別の位相から出てくる、だめじゃないという答え。

地域という言葉がある。地域ケア、地域医療、地域包括サービス、地域崩壊、地域エゴ。多様な人々――それは多様な文化背景だったり、多様な生活スタイルだったり、障害がある人もいれば、世代は高齢者から赤ン坊まで、仕事をしていたりしていなかったり――が、それぞれを尊重して暮らす地域などというものが、自然にほっといてできることはあり得ない。常に葛藤や、問題や、排除の力やなんやかやが渦巻く。それでも、多様な人々が共に暮らせる地域があるといいと思うなら、そこには智恵が必要だ。それは人という存在がもつ理性とか、直観とか、工夫とか、理解とか話し合いとか、小学校のころから言われてきたことの延長みたいだが、効率や経済を最優先にしないという、ひとつの姿勢だと思う。そういう姿勢を、多くの人がもったなら、どんなに息をするのが楽になるだろう。

自立生活者たちは、存在をかけて、そんな地域をつくっている。ほんの小さな貴重なオアシスで、見える人にしか見えないかもしれないが、見つけた人はそのオアシスを守らないといけない。それは、現代という砂漠にあって生命を守るための掟だ。

暮らしそのものに手間がかかり、暮らすことが仕事だった時代が、確かにあった。今はすべてが簡便になり、それは私たちが望んでそうなった。暮らしに要するエネルギーを、ほかのこと、稼ぐことや自己実現に振り向けることを、望んだ。今、たとえば洗濯を手でしなければならないとしたら、そんな暮らしは想像したくもない私だ。だが、機械やコンピューターに任せることであいた時間は、効率というわれわれにどうしようもなく覆いかぶさる力によって、あっという間に消費される。なにかとても息苦しくないか。

手間がかかる暮らし、人との関係によって作り上げる毎日は、今、自立生活者が体現している。暮らしそのものが仕事だった時代には、彼らは追いやられ、長くは生きられず、施設さえあれば死なずにすんだのになどと言われた。便利さと引き換えに多くの人が手放した丁寧な暮らしは、今、自立生活者たちの手にある。それは、もちろん簡単ではないし、トラブルも葛藤もあるが、なにかとても豊かな暮らしに見える。

そんな暮らしをめぐる旅に、皆さんを誘おう。

出かける前にまず、最低限、制度のことを知っておく必要がある。

彼らの暮らしを支えるサービスは、「障害者総合支援法」（二〇一三〜二〇一四年制定）に基づく介護給付によっている。制定年に幅があるのは、範囲を広げたり言葉を変えたりマイナーチェンジがあったためである。

障害が重いとか軽いとかいうとき、最初にイメージされるのは身体の不自由さだが、数で表すとしたら、身体障害者手帳の級数がある。一級から七級まであり、一級が最重度、手帳が交付されるのは六級までだ。

さて、この手帳で肢体不自由一級の障害がある人が一人で暮らすための支援を受けるとしよう。そのためには、まず障害支援区分の認定を受けなくてはいけない（手帳の級数はいったん忘れてほしい）。障害支援区分もまた一から六まであるが、こちらは区分六が最重度、つまり受けられるサービス量が多くなる。単純に言って、ホームヘルプがどのくらい受けられるか、この量は時間で出されるが、これが市町村によって変わる。私の住む浜松市を例にとってみる（二〇一七年九月現在。なお、上限を決めていない市町村もある。だからといって時間数が十分に出されるわけでもない。世帯の介護力の設定も地域で違う）。

障害支援区分六段階を横軸に、世帯の介護力ａ（低い）〜ｅ（高い）の五段階を縦軸に、その兼ね合いでホームヘルプの支給時間が決まる。ホームヘルプサービスの内容は、身体介護、家事援助、通院介助、行動援護、移動支援とあり、必要に応じて三〇分単位で計上する。障害支援区分六、介護力ａ（低い）の場合、月一八五時間まで「居宅介護（ホームヘルプ）」を使える。単純に三〇日で割ると、一日六時間ちょっとだ。調理、買い物、掃除、洗濯、トイレ、入浴介助、更衣洗面介助、移乗介助と、日常生活すべてに介助が必要な場合、これではとても足りないだろう。

そこで、もうひとつ「重度訪問介護」というサービスがある。これだと、障害支援区分六で介護力ａの人は月三五六時間使える。これが適用になるのは「障害支援区分四以上で、二肢以上に麻痺があり、障害支援区分認定調査項目のうち『歩行』、『移乗』、『排尿』、『排便』のいずれも『できる』以外と認定されている者」であり、サービス内容は「居宅における身体介護、家事援助及び外出時における移動の介護を総合的に行う[1]」。つまり、「居宅介護」が三〇分単位で、着替え・トイレに三〇分、掃除・洗濯に一時間と細かく内容が規定されるのに対し、「重度訪問介護」は四時間とか八時間まとめて利用でき、その内容は身体介護でも家事援助でも外出でも、時間軸に沿って必要なことを頼める。見守り（待機）というものもあって、用がないときは隣室に控えていてもらう。

重度障害で一人暮らしをしている人は、ほとんどがこの「重度訪問介護」を利用している。細切れで何に何分と内容をあらかじめ決めて入ってもらうより、滞在して必要なことを介助してもらうほうが、サービスとしては使いやすいだろう。

だが問題が一つ。「重度訪問介護」を引き受ける事業所が、単価が低いこともあり、一般の訪問介護事業所に比べて大変に少ないのだ。

これらのサービスの費用だが、介護保険が一割負担であるのに対し、自立支援のサービスは市町民税非課税なら〇円、一六万円未満なら上限九三〇〇円で、目いっぱいサービスを使ってもそれ以上の負担は今のところない。

お待たせしました。それでは出発だ。

文献

(1)障害福祉サービス等支給事務取扱要領（平成二二年四月一日施行）・浜松市社会福祉部障害福祉課

第一章

暮らしのかたちを当事者に聞く

一　施設を出るということ――水島秀俊さんの場合

経緯

水島秀俊さんは、大学三年のときの交通事故で頸髄損傷（C5レベル）になった四肢麻痺者だ。病院に一〇年、施設に一〇年、そしてアパートで一人暮らしを始めて九年になる、アラフォーならぬアラフィフだ(二〇一二年八月現在)。病院は受傷してすぐに運ばれた救急病院から国立のリハ病院、頸損のリハビリテーション専門の重度障害者センター等、転々とした。

「病院に入院するとすぐに、次に行く所を探すように言われるんです。それはとても大変で、もう流浪の民でした。重度障害者センターは頸損の人が多いですから、そこで前向きに考えられるようになり、頸損で暮らすスキルを身につけようと思いました。ここは三年いてもよかったんですが、二年一〇カ月で療護施設に空きが出たので、それで移りました。センターにいた頸損の人たちは、九割は自宅を改造して戻っていきましたが、うちの実家は築一一〇年くらい経った古い日本家屋で、いずれ両親も歳をとっていくわけで、実家に戻るという選択肢は自分の中になかったです」

今ではさらっと話す水島さんだが、過去に撮られたビデオ映像を観ると、車の助手席に乗っていた自分だけが重い障害を負ったことをそう簡単に受け入れられなかったと語っている。

「施設に移って、まずはほっと安心しました。もう移る先を探さなくてもいいのでね。数年はそこでの生活に慣れるのに必死でしたが、慣れてしまって単調な生活が続くと、漠然と外へ出ることを考えはじめたんですね。施設の職員で、『若いんだし、出ていってみたら？』と言ってくれる人もいて、自分でもひょっとしたらできるんじゃないかと。でも本当に出るまでは五年くらいかかったな。情報は何もないし、インターネットで調べたり、手探り状態で。浜松で重度の人が一人暮らしをしている話は聞かないし、数年はそのまま過ぎてしまってね。四〇代近くになって焦ってきた。このまま施設で人生終えたくないって。七〇、八〇になって人生を振り返ったとき、絶対後悔するなって思った」

水島秀俊さん

施設を出ることを念頭に置いて動きはじめると、まず家族が反対した。両親にしてみれば、実家でも施設でもないもうひとつの選択肢、アパートでの一人暮らしは想像がつかなかったろう。

市の福祉課の職員に施設に来てもらって、制度のこと、福祉住宅やホームヘルパーのこと等の情報を集めた。可能性がみえてきて、施設の職員も一緒に家族を説得してくれた。

折しも支援費制度[註1]ができたころだ。サービスが措置から契約へ、利用者の自己選択・自己決定が謳われ出したころである。市のほうから、支援費でホームヘルプを出せるので住宅が決まったら知らせてほしいと言ってきたのだ。

さて、アパートを探すのが最難関だった。不動産屋にEメール、

註1　行政がサービス内容を決定する「措置制度」に対し、障害者自らが必要に応じサービス提供業者と契約を結び、その費用は市町村が負担する制度。二〇〇三年（平成一五年）に開始。

ＦＡＸを送りまくったが、障害のことを書いていたので七割は返事がなかった。返事をくれた不動産屋に一件ずつリフトタクシーで出かけ、物件を紹介してもらった。施設のある山の中から街中への移動だけでもひと仕事。夕方には戻らねばならない。一〇カ月間、毎月一～二回、気が遠くなるような家探しが続いた。やっと見つけた現在のアパートも、最初は管理会社の人に、車いすの人がいると他の入居者が不安がると言われたが、ヘルパーが来ること、火の心配はないこと等を説明して、やっと入居にこぎつけたのだ。

アパートを見つけて実際に生活を始めるのに九カ月間の準備期間を置いている。施設を去ったのは二〇〇三年九月、取材時でちょうど九年だが、一度も入院することなく過ごせている。

暮らし

取材時、八時～一一時、一三時～一七時、一八時～二二時という基本シフトのホームヘルプだが、時間は外出等により自在に変化する。一日一三時間、月四〇三時間だ（浜松市の重度訪問介護は、表向きは最高三五六時間）。

「当初は朝昼晩三時間ずつで制度内に収まっていましたが、活動が広がり外出が増えて時間が足りなくなり、少しずつ市と交渉して増やしていきました」

そう、制度は意外とゆるみをもっているのだ。

水島さんの暮らしの様子をざっとスケッチしてみる。入浴のために行くデイサービスの日は、朝七時一五分にヘルパーが入る。そこに同行させてもらった。ヘルパーＦさんはアパート暮らしの最初から入っている人だ。

鍵を開けて玄関から入り、水島さんの居室であるダイニングキッチンに到達する一分の間に、何がしかの手順が進んでいる感じだ。寝ている水島さんの部屋に入り、カーテンを開け、枕元の携帯電話を充電する。夜間は一人の水島さんにとって、携帯電話は命綱だ。かけているタオルケットを取り、体位を変え側臥位にし、朝食を準備し枕元に運ぶ。食べるのを見守り、一部は介助し、歯磨き、ひげ剃りは水島さんが自助具を使って自分でやっている間に掃除機をかけ終わり、ひげの剃り残しを剃り、タオルを渡し、仰臥位に戻し、腹部を叩いて押して残尿がないように尿を絞り出し、清拭、着替え介助。リフトで電動車いすへの移乗を介助し、眼鏡をかけ、両手に装具をつける。するすると滞りなくそこまで進む。繰り返される日常行為の、無駄のない動きと充実。

Fさんは慣れているのでほとんど指示はいらないが、初めて入るヘルパーだと一からすべてを指示し、三カ月くらいかけて覚えてもらうという。

車いすに座ってまず毎日やっているのが上肢のストレッチだ。これは朝入ったヘルパーの仕事。Fさんは慣れた様子で水島さんの肘を伸ばし、肩を後方に伸展させる。

その後、右手にパソコンのキーボード用スティックホルダーをつけた水島さんはパソコンに向かい、Fさんは洗濯等の家事援助に入る。会議等で外出するときは、Fさんはそのまま外出援助に入る。一度、市のタウンミーティング出席に同行したが、Fさんは横で意見のやりとりの記録をしていた。文字通り、水島さんの手となっている。

身体管理は徹底して本人自身でやっている。褥瘡には最も気をつけなければならないが、皮むけを発見すると三週間は寝たまま過ごして治す。

「今は、褥瘡ができそうなところはパーミロールを保護的に貼っているので、寝ずにすんでいます。トイレはねぇ、一度外で失敗しちゃうと、もう不安で街に出られなくなるんですよ。病院にいると硬い便はダメって下剤を処方されるんだけど、人に会う生活ではいつ便が出てもいいってわけにはいかないから、排尿・排便のコントロールは絶対必要。今は、排便は週二回の訪問看護で摘便してもらう。排尿は、今はあまりされていないみたいだけど、膀胱括約筋を切る手術をしていて、みぞおちを叩いて出す膀胱訓練を受けているんです。出かけるときは、それで絞り出していきます。僕は車いすに座っちゃうと尿は出ないのです。溜まってしまって尿閉を起こすと、あとが大変になりますから。おしっこが白濁していないか、毎回自分で確認します」

Fさんが続けて言った。
「水島さんが見えないところの皮膚なんかは、私たちが気をつけています」
入浴はデイサービスでと割り切っている。

仕　事

水島さんは大学で水産学を学んでいた。教職を取っていて、中学か高校の理科の教師になるか、水族館に勤められたらと思っていた。そんなこともあって、施設生活のころ、職員の子どもの学習支援をしていた。アパート生活を始めてからも、子どもたちが勉強をみてもらいに通ってきていた。その子たちが大学生になってしまったあとは、教えることはしていないが、縁があったらまた教えたいと思っている。

今の水島さんは、介護事業所ぴあねっと浜松の理事、浜松自立支援センター（浜松ＣＩＬ）の運営委員、自立生活センターこねくとが運営する自立生活プログラムの講師をしている。自立生活センター（center for independent living：CIL）に関しては第二章でゆっくり紹介しよう。簡単にいうと、障害者自身が運営するサービス事業体、運動体で、一九七〇年代に米国で始まったものだ。

ぴあねっと浜松やＣＩＬの会議で、週一～二回は出かける。また彼は釣り同好会ハゼドン倶楽部を主宰しており、月一～二回、多いときは毎週釣りに出かける。

釣りはすべて同好会の定例会であるから、水島さんが毎回釣り場を決定し、釣りの方法や海辺の情報を会員に流し、終了後は釣果や会員の活躍ぶりを写真入りで配信する。ホームページでは竿の固定方法やリールを巻くために使う自助具等が紹介されている。

現在、水島さんの生活は六名のヘルパーによって成立している。このヘルパーのスケジュール管理は彼の仕事だ。

ヘルパーが変わるときは介助手順を一から伝えなければならないし、相性というものもある。だが、彼はヘルパーを育てるのも仕事だというスタンスでいる。

収入は特別障害給付金、特別障害者手当、交通事故の介護料等。水島さんは受傷時大学生で、無年金者だったので、障害年金を受け取れない。そういう人たちの救済のためにできたのが、特別障害給付金だ。ぴあねっと浜松の会議は勤務扱いなので、時給（七五〇円）で報酬が出る。

生活をつくる

アパートでの一人暮らしを開始するにあたって、自分でヘルパーを探すという大仕事があった。たぶん、ここが一般にわかりにくいところだ。ヘルパー事業所は介護保険対応のものがたくさんあるではないか。自立支援では使えないのか。

いや、表向きは使える。だが実際は難しい。水島さんの言葉を借りると、「夜間対応をしていなかったり、お盆や正月が休みだったり、自薦ヘルパーを登録するのが難しかったり、利用者の手足の代わりになって動くという考えが希薄だったり……」。

高齢者介護と障害者自立支援の介助とでは、やはり構えが違う。

水島さんは施設の退職者等に必死で電話をかけてヘルパー探しをした。Fさんは美容師として水島さんのいる施設に行っており、彼のことを知っていた。

「介護職の人がさっと移乗介助するのを見て、あんなふうにできるのっていいなあって思ったんです。水島さんが施設を出るので介助の人を探しているって言われたとき、すかさず『ハーイッ』って手を挙げたんです」

水島さんがアパートに移る四カ月前にFさんはぴあねっと浜松に登録し、月三～四回の研修を受けて、水島さんの介助の仕方や、生活をどう組み立てていくかを、具体的に決めていった。

「もうすべてが初めてですから。無から始めるって、障害を知るということからです。『動かないってどういうこと？　どんな感じなの？』って聞くことからでした。水島さんはもうそういうことが聞ける感じになっていたからよかった。受傷して三年くらいの人には聞けない。恐る恐る探りながらになっちゃいますよ」

最初の何年かは、週六日、日中ずっとFさんが入っていた。お互いに生活がかかっているから、具合が悪くても行くことがあった。水島さんが入院でもしたら即収入がなくなるので、「私も元気でいるから、あなたも元気でいてね」と必死だった。

それから九年、今ではベテランヘルパーのFさんは、水島さんの所へは週三回、ほかに九人の利用者の所を訪問し、ニーズに合わせた介助をしている。

「介護保険のヘルパーと障害のヘルパーは違いますね。われわれは本人の手足になるということを徹底して叩き込まれます。自分の意思は出さない。だから『ん？』と思うことがあっても、たとえば食べ物からちょっと変な臭いがするとき、『臭っていますよ』って言いますけど、本人が食べると言ったら食べてもらう。言われたことだけをやるって徹底しないとキリがないですから」

水島さんを見ていると、「そこを拭いてください。あ、そっちは拭かないでいいです」と一つひとつ指示を出す。これは指示出しというひとつの技術だ。自立生活に必要な技術。

「施設っていうのは、どんなにいい施設であっても、与えられた枠の中で動く。施設に自分をはめて順応させていく。自立っていうのは自分で自分の生活のスタイルを組み立てること。これ、あたり前のことだけど、施設にはないんです。でも、自立って自己管理の世界だから、身体の調子を悪くする人もいます。僕も施設を出て一週間で褥瘡ができてしまいましたし。施設を出るにはやはり、絶対に戻らない、もうどんな荒海だって行くんだっていうエネルギーが必要です」

施設を出て一二〇％よかったという水島さんの釣りのことをもう少し紹介しよう。釣りのときにヘルプに入るのは、やはり水島さんがいた施設の職員だったＭさんだ。フィッシングヘルパーと命名されたＭさんは、釣りの日は朝から夜まで一四時間勤務となる。

私が同行した日はサビキ釣り。この方法だと竿を持てない水島さんはもっぱら口頭で、「この辺で。あ、もっと手前に寄せて」と指示を出し、Ｍさんが竿を持って釣る。Ｍさんの腰回りにはちゃんと救命具が水島さんから提供されていた。投げ釣りの場合は投げる部分はＭさん、あとは車いすに竿を固定し、水島さんの手にはめた自助具で、彼がリールを巻くそうだ。長時間にわたる車いす座位は、当然、除圧の工夫が必要だ。水島さんは釣りにちゃぶ台を持っていく。車いすごと倒して上体をちゃぶ台に寝かせて除圧する。

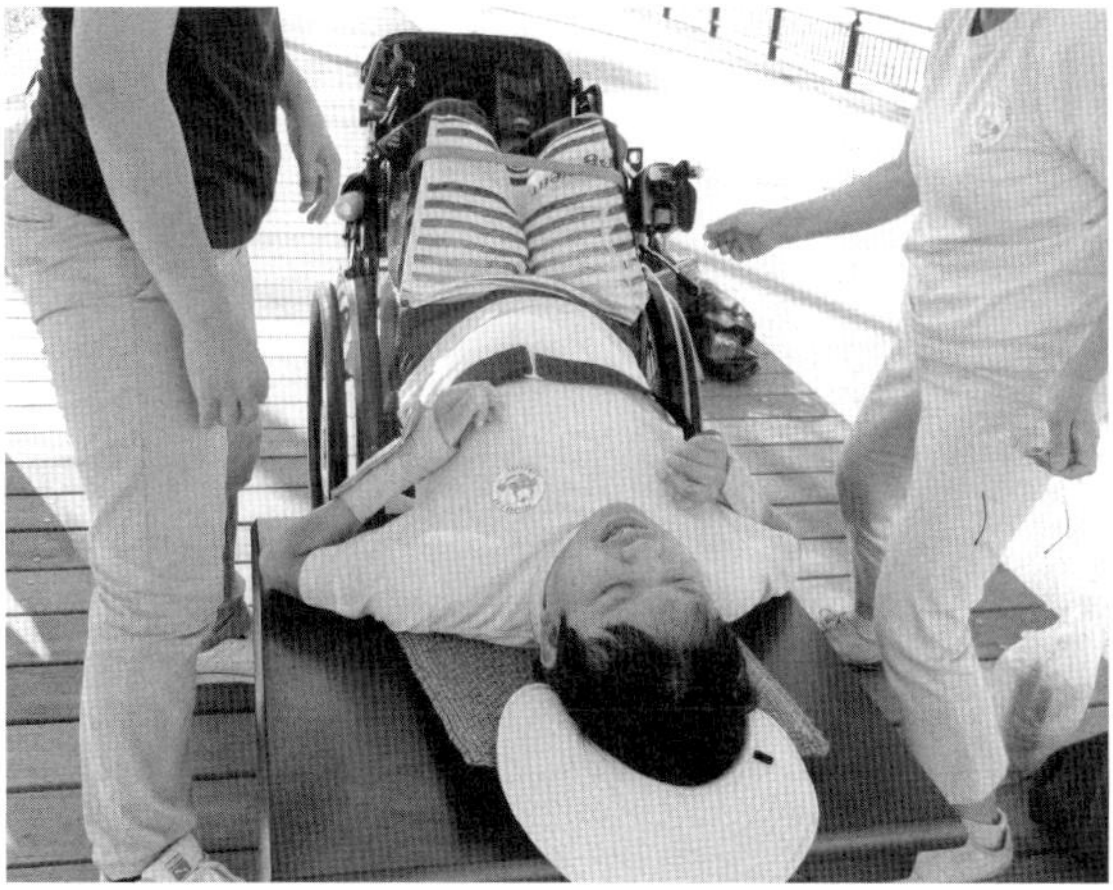
ちゃぶ台を使った除圧

海という大きな場所、こういう楽しみ方があるということ。ハゼドン倶楽部の日は車いすの人が何人も参加する。施設の職員も介護タクシーの人も、倶楽部のメンバーだ。時には、フリースクールの生徒たちが参加する。思いがけなかったのは、水島さんの母もメンバーだったことだ。自立生活を心配していたその人が、にこやかに一人で釣りに参加されていた。

一緒に暮らし、家族介護となっていたら、たぶん築けなかったゆったりとした関係が、自立した息子と自立した母の間にあった。

（取材：二〇一二年八月〜二〇一三年九月）

その後の水島さん

引っ越し、そして結婚

水島秀俊さんは、家を建てて同じ市内の南部に引っ越していた。二〇一四年五月のことだ。

新居を見たいと思いながら時間が過ぎ、二〇一六年秋ごろ、近況を聞くためのメールをしたところ、「実は、結婚をしました。条件が整うまでは、入籍はせず事実婚、通い婚ですが」という軽やかなタッチの返事がきた。そもそも自立生活の先駆者たち（第二章参照）は、普通に暮らすということに当然含まれる結婚や子育てをしてきているわけで、何も驚くようなことではないのだが、でもびっくりした。結婚を想定していなかった自分の狭い考えを覆された気持ちよさも手伝って、〝結婚かぁ、いいなぁ、いいなぁ〟と、頭の中で呟いていた。

結局、新しい家を訪問したのは、彼が引っ越してから三年後だ。施設を出てから一四年経っている。田んぼが広がるのどかな場所、実家の農地だった場所に、バリアフリーの平屋が建っていた。

「私自身は、親も高齢になるし、いずれは実家の近くにと思ってはいたんです。でも実家はもともと兼業農家で、両親は私がここに住むのは難しいと思っていたようです。今は、二人とも高齢になっているので、畑、田んぼは細々とで、妹夫婦が手伝ったり、あと田んぼの稲作のほうは業者に頼んでるんです。二〇一三年の正月に、ここに住むことを両親に話してみたら、父も気が変わって、そうだねえと言ってくれて。私の暮らしをみてきた母も、ヘルパーを入れてつくる暮らしをわかってくれていたので、OKが出たんです」

「すぐに、農地を宅地に転用する申請手続きをしました。住んでいたアパートも古かったから、いずれは引っ越しをしなければならないところでした。だいたい受傷してから一〇年ごとに、病院や施設、アパート等の住む所が変わったことになるなぁ」

「家を建てたときには、まだ結婚については漠然としか考えていませんでした。そう決まってたなら、部屋の配置とか妻の部屋とか、もっと具体的に考えてたでしょうけど。一応、奥の客間を、将来結婚することがあったならば、妻の部屋にしようという含みはもたせていました」

家を建てるというのは、暮らしのスタイルを反映させるのだから、楽しい作業に違いない。同時に、限られた予算で何を優先するか、多くの選択を迫られるだろう。施設から直接ではなくて、一〇年のアパート暮らしを経ていたので、車いすで生活するうえでの住環境のイメージがつかめていた。

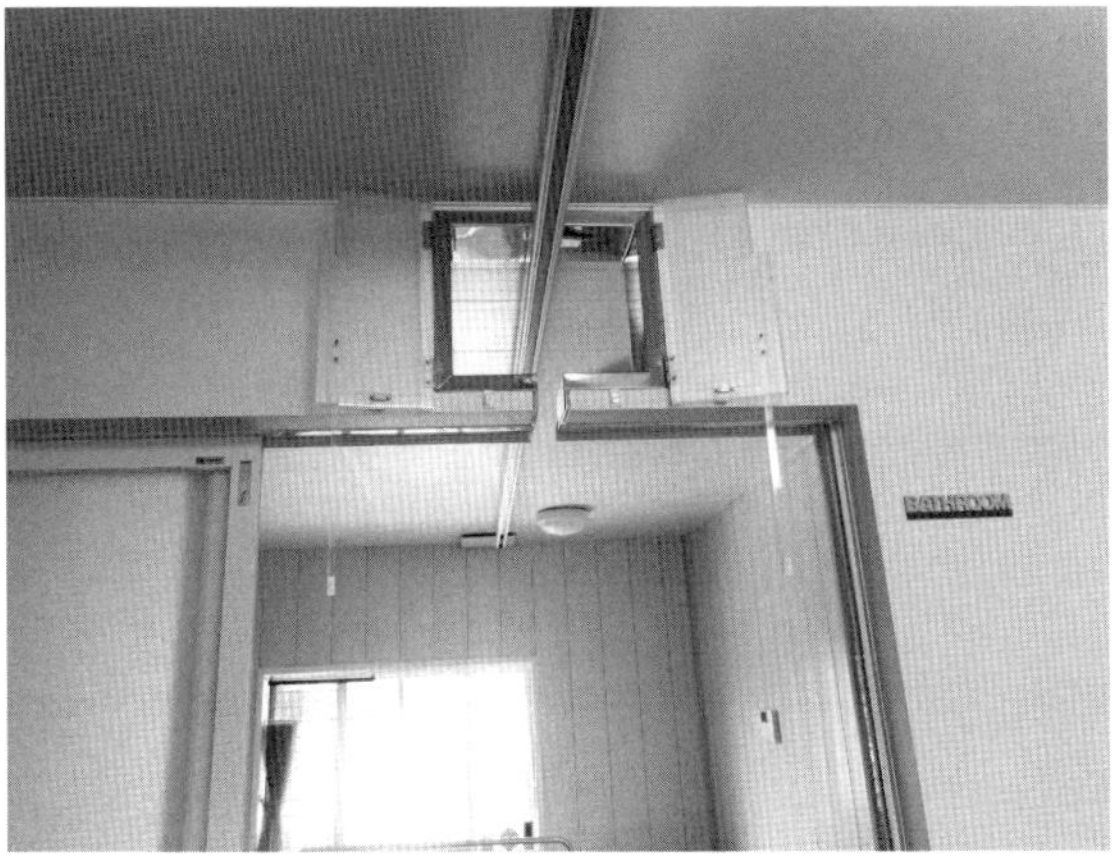

天井走行リフトのレールはベッドと浴槽をつなぐ

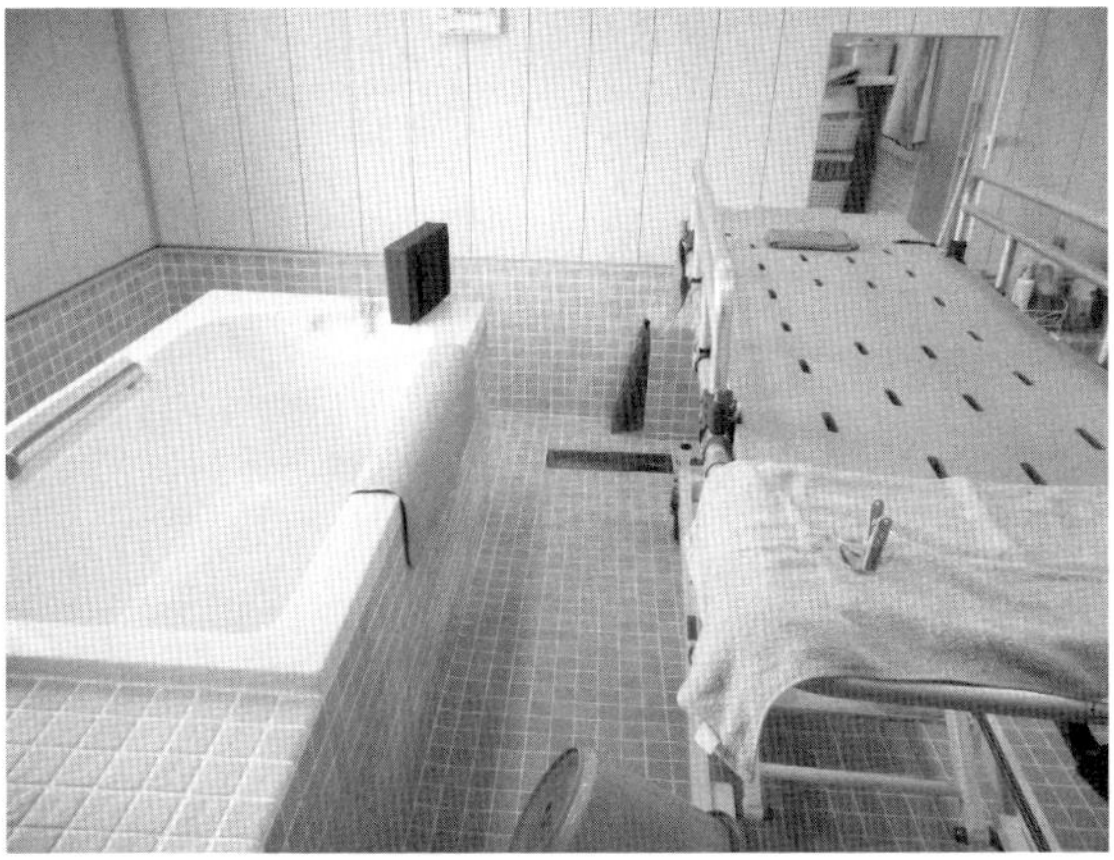

浴槽とストレッチャー

広いリビングダイニングキッチンには余裕でベッドを置けるスペースがあり、ベッドから天井走行のリフトで、最短で浴室にまで行けるようになっている。広い浴室には洗体用のストレッチャーがあり、その先の浴槽まで、リフトは続いている。アパートで暮らしていたときは、浴室が狭くシャワー浴もできなかったから、入浴はデイサービスでと割り切っていた。今は自宅で入浴しているわけだが、月に一～二回は、今まで利用していたデイサービスの入浴も継続している。

「人間関係もできているし、サービスはつないで選択肢を多くしておいたほうが安心なので」

一四年前に出た施設に行く機会は、あるのだろうか？

「現在、その社会福祉法人の評議員をやっているので、年に二～三回は行きますね。僕がいたころの人は、結構亡くなっています。四人部屋だったのが、今は施設も新しく建て替えられて、個室できれいになって、プライバシーが守られるようにはなった。施設の時間割が決まっていることに目さえつぶれば、楽だしそこから出ようとは思わないかもしれない」

時間割が決まっている。暮らしというものは、ある程度規則正しくしないと、体調も乱れる。自ら〝判で押した〟ように暮らす人もいる。自立生活でもヘルパーの来る時間帯に合わせて、起床や就寝の時間もおのずと決まる。だがそれと、施設で暮らす場合の時間割が決まっているということは、やはりずいぶんと違うことだ。

自分が決めるということと、施設の事情で決まるということの決定的な違い。自分が決めなくてはいけないということと、自分で決める必要がないということの決定的な違い。

彼が施設を出るときのビデオ映像を観たことがある。何人もの施設居住者が見送りをしていた。希望に胸を膨らませて、決して戻ってくることはない航海に出るような思いで、車いすのままバンに乗り込む水島さんと、港の岸壁ならぬ施設の玄関で元気でねと手を振る、見送る人々。少し切ない場面だ。送る人々は、どんな思いだったのだろう。彼に続いて、施設を出た人はいたのだろうか。何といっても、支援費制度ができて、地域での生活が可能になったときだ。

「ほかの施設に移った人や、家族のもとに戻った人はいますが、施設を出て私のように自立生活になった人は、残念ながらいないようです」とのことだった。施設を出ないという自己決定ももちろんある。だが、それより前に、施設を出て暮らすということを、あきらめてしまっているようにみえる人々。そんな生活を否定すべくもないが、施設で暮らせという見えない圧力がかかっているのならば、それは問題だ。そして、結局そんな圧力は、家族からも社会からも、それを内面化した自分からもかかっているのだ。

「四一歳で自立生活に踏み切ったけど、これが一〇年あとだったら、そんなエネルギーは出ないかもしれないなぁ」

アパートを探すときに彼が費やしたエネルギー、ヘルパーを探すエネルギー、ヘルパーを育てるエネルギー。浜松市のように自立生活者が少ない地域では、施設を出るというアクションの前に、より高いハードルがあることになる。

伴侶がいる

新居に伺った日、パートナーのヒロリンさんも来てくれた。普段、一緒に生活をしているわけではないので、暮らしのかたちはそんなに変わっていない。重度訪問介護の時間が、四七〇・五時間から四四一・五時間に減った。土曜日の夕方から日曜日の夕方まではパートナーと一緒に過ごすので、その分のヘルパー時間が少なくなった。

「もちろんほかの時間にもちょこちょこ来ますけど、この時間帯はヘルパーがいないので、定期的に入ります」。つい、錯覚して失礼なことを聞いてしまった。無料なんですよね、と。ヒロリンさんは笑いながらうなずかれたが、この質問はあながち変だとはいえない。介護する家族に賃金が支払われる国だってあるわけだから[1]。

ヘルパーが介助する中での、新しい家族としての居方は、試行錯誤だ。

「自分がいる時間に、ヘルパーさんが家事をするのは悪いような気がして。でも、自分も身体が丈夫ではないので、今後歳をとって彼の介助をするのは、無理だと思うし」

彼女は釣りをしないので、ハゼドン倶楽部の定例会（釣行）には同行しない。たまに顔を出す程度。

もともと、ヒロリンさんは高齢者のヘルパーをしていた。七〜八年前に行われたガイドヘルパーの講習に参加した際、水島さんが講師に来ていたのが縁で、その後、自立支援のヘルパーになった。高齢者のヘルパーと自立支援のヘルパーは「もう全然違いますね」。

「介護保険のヘルパーは世話やきのところがあるけど、ぴあねっと浜松に来て、あ、変わらないといけないなって思った。自立支援は利用者との関係だけだけど、介護保険のヘルパーは、ヘルパーからもいろいろ言われることがあるし、やってはいけないことも細かくあります。自立支援に来て、自分らしくなったと思います。

週一回、水島さんの所に入るようになったんだけど、腰を痛めて体調を崩したのでヘルパーは辞めました。介護保険のときは時給一五〇〇円だったけど、分刻みの入り方だし、時間に遅れないように混んでない細い道をわざわざ通ったり、厳しかった。自立支援に来て、時給は下がったけどホッとしました。水島さんは指示出しが上手なので、やりやすかったです。こちらから『○○しましょうか？』と言うのは、ぴあねっと浜松の趣旨と違うので、指示出しが下手な人は大変かもしれません」

「家事の指示はまだいいんですが、身体介護だと足の位置とかで力の入れ方が違ってきちゃいますから、本当に協同作業だなと思います。実際には動かせなくても、気持ちだけでもちょっと身体を動かしてくれるふうにするだけで、違うんです」

指示出しは自立生活の大事なスキルで、自立生活プログラムでもやるが、「実際は生活しながら、失敗しながら身につけていくしかない」と、水島さん。これは、何人もの自立生活者から聞いた。「指示出しもですが、ヘルパーを育てるということができないとなかなか……。気に入らないから辞めるとか、辞めさせるとかではなくてね」

ヒロリンさんがヘルパーを辞めて、仕事として水島さんの所に入らなくなった後、彼は人生のパートナーとしての彼女との関係を育んだようだ。

「結婚して、精神的に落ち着くというか、気持ちに余裕ができたというか。悲しいときや苦しいときに、心の支えになってくれる愛する人がそばにいてくれることは、人生においてお金では決して買えない心の財産を得たように、安らぎを感じます。歳を重ねていくにつれて、結婚は難しいかもと考えていましたから。普通の結婚のかたちとは違いますが、離れていても心は一つだと思っているので、いいかなと。自立生活を長く続けてきても、何か心の片隅にあった寂しさのようなものを、やっと埋めることができた心境です。今後、ヘルパーと妻のいる生活をどのように考え、組み立てていくのがベストなのかという残された課題もありますが、愛する妻とだったなら乗り越えていけると信じています」。これは、インタビューのあと、彼がメールで送ってくれた文章だ。

フォト婚で撮ったウェディングのアルバムを見せてくれながら、ヒロリンさんは「娘より先にウェディングドレスを着ちゃったわ」と、さばさばと言った。娘さんは関西のCILで仕事をしているということだった。「あっちへ行くと、夜でも車いすの人にいくらでも出会うし、浜松とは違いますよねぇ」。浜松は、そもそも街中を歩いている人の数が少ないのだが、それにしても車いすの人に路上であまり出会わないというのは、寂しい話だ。車いすのまま乗れる路線バスも、何台も走っているのに。

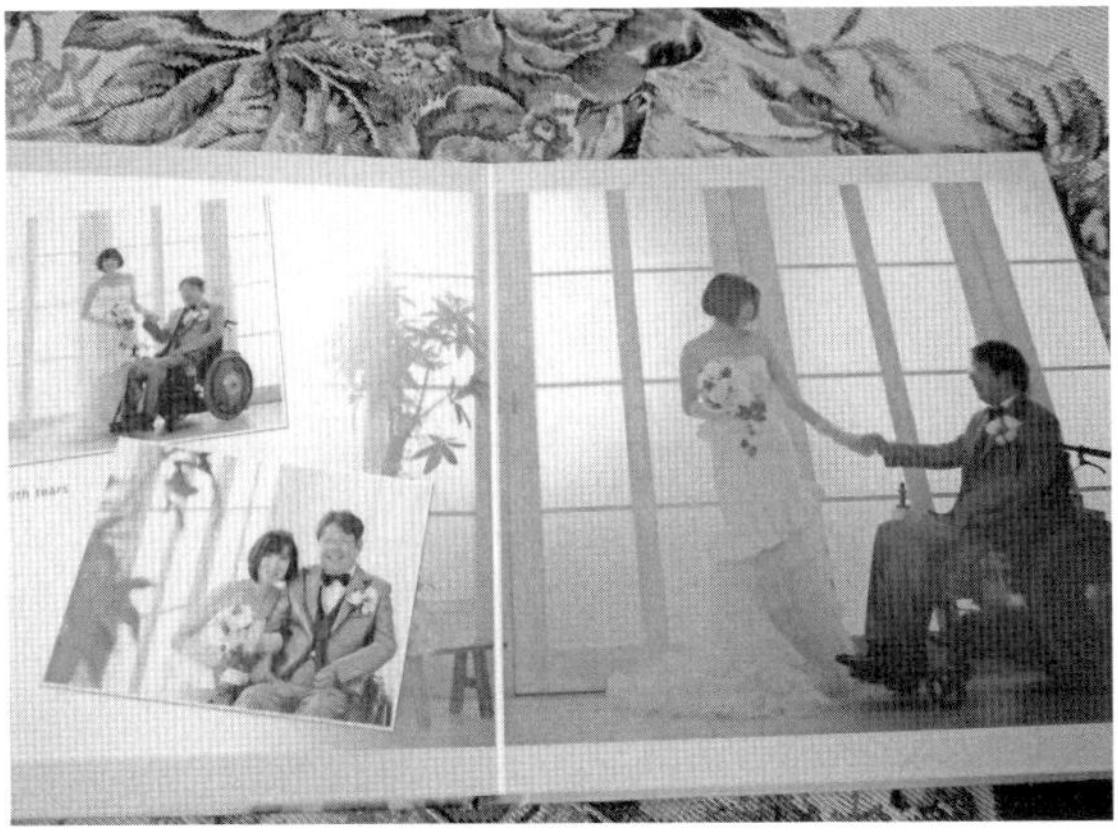

ウェディングフォト

新しい車いす

玄関に出迎えてくれた水島さんは、普通の電動車いすに乗っているように見えた。ところがこれには、フルに近いリクライニング機能と足のエレベーティング機能がついていた。普通、リクライニング車いすとなると、後方へ車いすが倒れてしまうことを防ぐために車軸がかなり後ろになる。そのために、回転半径が大きくなり、小回りが利かなくなる。見た目にも大きい。

「業者に、リクライニングにするならホイールは一四センチは後ろにずらさなければいけないと言われたのですが、リクライニングの角度を検討し、タイヤの大きさも一回り小さくし、転倒防止バーで支えること

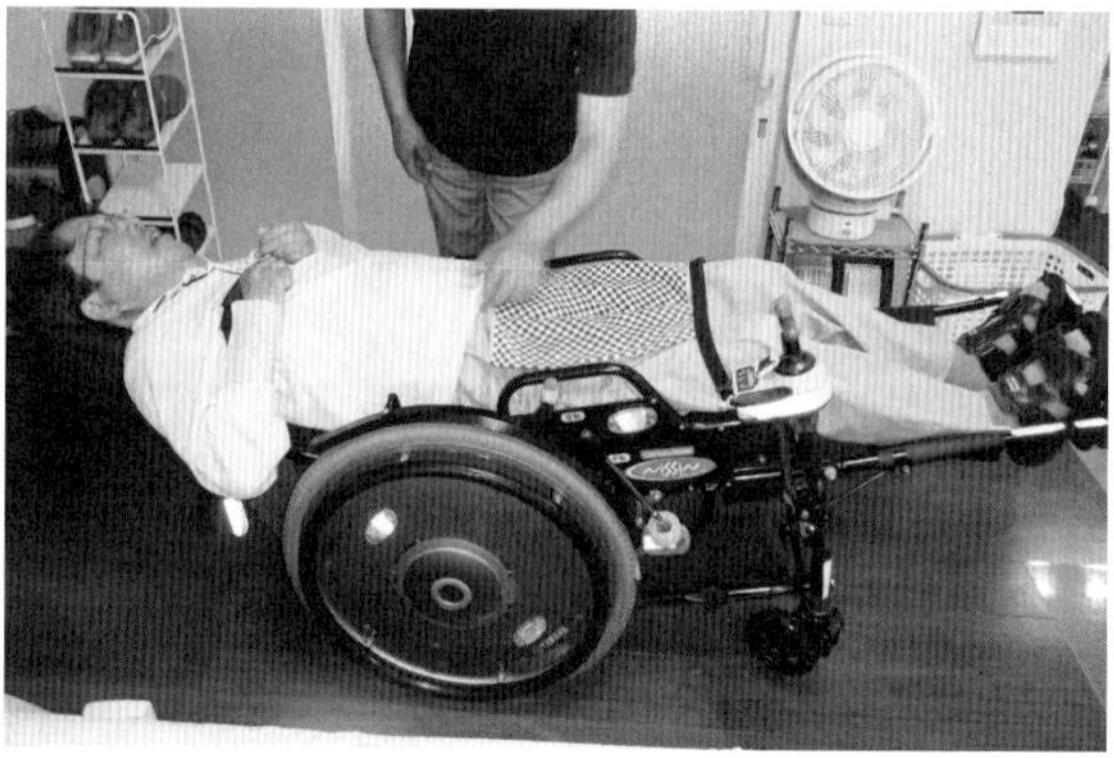

新しい車いす。どこでも除圧ができて、回転半径は小さい

にして、ずらしは八センチにとどめることができました」

そういうわけで、釣りに行くときにちゃぶ台を持っていかなくても、いつでも背もたれを倒して除圧ができるようになった（リクライニングは介助者にやってもらう）。

リクライニングするときはヘッドサポートを取りつけるが、これも一年使ってみて、たためないのが不便ということがわかり、フレームをコの字の形ではなくて二本の棒のみにして、くるくるとたためるようになっている。いつでも好きなときに平らに横になって除圧できる。まさに長時間外出（釣り）仕様、しかも日常、家で使える車いすだ。

「前の車いすから九年以上経っていて、作り替えられる時期はとうに過ぎてたんですが、浜松は修理ができるものは修理して使えという方針で、仲間に聞いても、三〇万かかっても修理しか認められなかった人もいました。でも、前のはかなり古びていて、スポークが折れたり車軸がずれたりしていたので、新車が認められました。材質の部分とかオプションで自己負担は少し出ましたが、本体はほぼ公費が認められました。業者にはこちらの意向（電動、リクライニング、エレベーティング、車軸のずれは最小）を伝えて、思ったものができました」

穏やかな浜松人らしい彼は、腹を立てたりかみついたりしないで、じっくりと事を進め思いを遂げているようにみえる。

帰りに、彼の妹さんが看護師として隣の市で関わっている訪問看護ステーションのパンフレットと、アロマテラピーのパンフレットをくれた。彼が受傷したとき、妹さんは中学生だった。家族の一人が大きな事故に遭うという出来事は、それぞれの人生に大きく影響を与える。深い傷を負うことにもなろう。だが、それがマイナスに作用するとは限らない。

彼が施設を出て、自立生活という今まで考えられていなかった暮らしの実践をしたことによって、家族全員が豊かに人生を広げたのではないだろうか。

（取材：二〇一七年六月）

二　ケーキ出前という発信がある――実方裕二さんの場合

脳性麻痺者からの発信

舞台は、東京・世田谷区に移る。一人暮らし三二年（二〇一二年取材時）、二〇歳ころから家を出ている筋金入りの自立生活者、〝言葉でつくる料理人〟ともいわれている実方裕二さんの暮らしだ。

スウェーデン製の高速度電動車いすに「ただいま車椅子で販売中！」と書かれたシフォンケーキの看板をくくりつけ（車椅子で、って書かなくても一目瞭然なのだけれど）、三軒茶屋の路地から下北沢までも、さらに電車に乗って新宿までも、本当にかっ飛ばすのだ。白状すると、私は彼の車いす移動を甘くみていた。「取材で、電車で出かけるときに同行させてください。なんとかついていきます」と言ったとき、「疲れちゃうと思うな」と彼の目の奥がニヤッとしたような気がしたのだけれど。その日、最初は彼は、私に合わせて速度を落としてくれていた。だが小雨が降ってきて下北沢駅に駆け込むはめになったとき、スピードを上げた彼に小走りでついていった私は、完全に息が上がっていた。なんだろう。健常者に属する私は、何の根拠もなく、障害者の移動は自分よりも不自由だと思っているのだ。このままでは、私は裕二さんの足手まといになることがわかったので、その後は彼についていくときは自転車を借りるか、私だけタクシーを使うことにした。

実方裕二さんは脳性麻痺だ。不随意運動のあるアテトーゼ型で、言語障害もある。一人でできるのは、電動車いすとパソコンの操作だけだ。そんな彼が車いすにケーキの入った保冷バッグの大きなものを二つぶら下げ、胸に値段表をかけ、移動販売をしている。

その暮らしぶりを書く前に、脳性麻痺者が共通にもっている何ともいえない強烈な個性や魅力について少し触れたい。彼らの緊張した身体から発せられる独特の言い回しやユーモアは、人を引きつけずにはおかない。それはいったい、何なのだろう。自身脳性麻痺である医師の熊谷晋一郎氏は、次のように書いている。「私は常々、脳性まひの人の動きには、どこかしら色気のようなものがあると思ってきた」。そして、そのそこはかとなく感じられる色気は、「否応なしに固く結ばれる身体と、それを自ら受動的に開いていこうとする姿とのあいだに生じる葛藤に端を発しているのではないだろうか」と。(2)

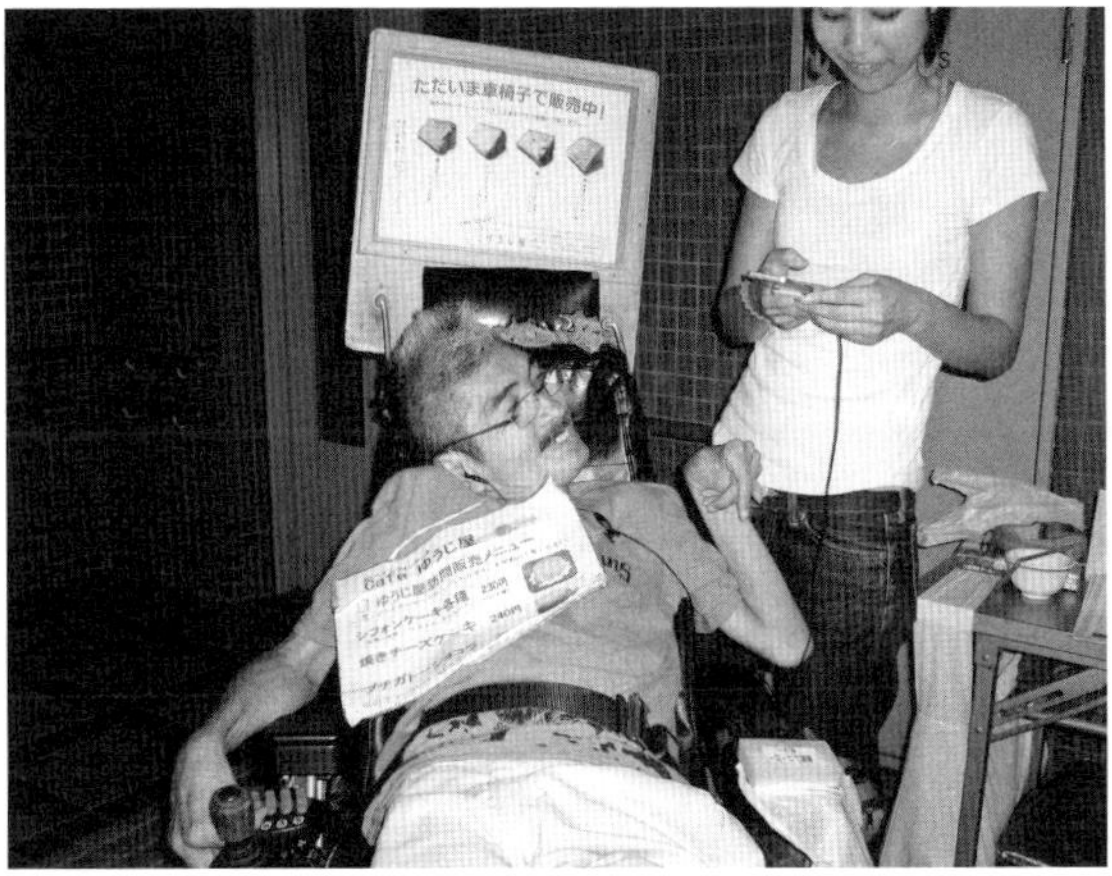

イベントでケーキ販売中の裕二さん

私の目を引きつけるものは、「殺すな」と言わざるを得なかった、生存権が危なかった人たちが発している何かだ。自立生活の先駆者ともいえる脳性麻痺の横塚晃一氏の、『母よ！殺すな』(3)という、今や古典ともいえる本がある。裕二さんの活動仲間数人と一緒にランチを食べたときのこと、年老いた親が障害者の息子を殺した事件が話題になった。「『母よ！殺すな』から変わってないのよねえ」と、淡々と話す彼らと、現在健常な私の間には、突き詰めれば、殺される側と殺す側という、越えがたい溝がある。私が属する側では、それはランチの話題にはならない。とはいえ、実は生存権だって自分が思っているほど安泰なわけではないのだが。

脳性麻痺者は、「青い芝の会」という当事者組織を結成し、独自の障害者運動を一九七〇年ころから展開してきている。米国の自立生活運動が日本に入ってくる前から、つまり「自立とは何ぞや」という理念以前の、

「本来あってはならない存在」と位置づけられてきたことへの強烈な自覚から、行動が始まった。一九七〇年五月二九日に横浜で起きた事件で、二歳の障害児をエプロンの紐で殺した母親に対して、福祉政策の貧困が生んだ悲劇として減刑嘆願運動が起こった。無罪になりかねない成り行きに対して、「青い芝の会」は〝殺される立場〟から、脳性麻痺者の置かれてきた、遇されてきた実感を述べ、次の文章で終わる意見書を検察庁に提出している(3)。

「私達は被告である母親を憎む気持ちはなく、ことさら重罪に処せというものでは毛頭ありません。それどころか彼女もまた、現代社会における被害者の一人であると思われます。しかし犯した罪の深さからいって何等かの裁きを受けるのは当然でありましょう。どうか法に照らして厳正なる判決を下されるよう、お願い申し上げます」

カフェゆうじ屋

裕二さんは、二〇一二年三月に念願のカフェを開店した。電動車いすがギリギリ通れる細い路地奥だ。店は一五時開店、木金土は二〇時からバーにもなる。移動販売しているケーキはすべてこのカフェでつくられている。店が一五時開店というのも、今はまだ移動販売のほうが主力だからだ(取材は開店六カ月後、二〇一二年九月。二〇一九年九月現在の営業時間は、月・水・木・金・土曜日が一二時~二一時、日曜日が一二時~二〇時、火曜日定休)。

それまでは自宅のキッチンでケーキを焼いていた。冒頭に書いた〝言葉でつくる料理人〟というのは、介助者が彼の指示に従って、ケーキを焼いたりカレーをつくったりすることを指す。店を出したきっかけは、建て替えのため引っ越した先の都営住宅が単身用でキッチンが狭く、とてもケーキなどつくれなくなったことだが、店をやりたいという夢もあったので、介助者と一緒に不動産屋まわりをし、広いキッチンのある今の店を見つけた。

もともとは大きな焼き鳥屋だったその建物は、三つの店舗に分割され、焼き鳥屋のキッチンだった部分がカフェゆうじ屋のスペースだ。キッチンとトイレスペースを広くとってあるため、客席はカウンターが主だが、いずれ二階も

ゆうじ屋のカレーとケーキ

使えるようになる予定だ。

三軒茶屋は細い路地や商店街が何本かあり、いつも賑わっている。自転車や歩行者の間をぬって、ケーキの看板を頭の後ろに立てて車いすを飛ばしている裕二さんは、たぶん住民の間ではすでによく知られた存在だ。だが、私が行った日、近所のイベントでケーキ八〇個を完売して店に戻ったとき、店内に彼のことを知らない客がいることがわかり、彼は自分の店に入ることを遠慮した。客に無用な驚きや居心地の悪さを与えないためだ。彼が店に来たことは、一〇メートルくらい離れた所からでもリモコンで作動する自動扉が開くので、店のスタッフにわかる。出てきたスタッフに店内の様子を聞いてからでないと、彼は中には入らない。

「はっきり言って、店の経営は厳しい。今は僕の移動ケーキ販売で店の家賃や経費を出している状況です。僕の生活費は年金です。おかげさまで、やりたかったことが始められたけれど、このままだと続きません。まずはお客さんを増やしていくこと。だから、二階もスペースとして使えるようにして……」

彼は自分の店のことを話す場所として、隣の店を選んだ。慎重に苗を育てるように店を育てつつある主の話を、私は自分のビールを飲みながら、間に彼がストローで飲むビールの瓶を持ちながら聞いた。そう、たまたま傍らにいる人が介助をすれば、何も終始ヘルパーと一緒にいる必要はないのだ。

ゆうじ屋の近くに二四時間営業のスーパーマーケットがある。一度、夜中に外出から帰る途中トイレに行きたくなった裕二さんは、そのスーパーに飛び込んで、店員にトイレ介助を頼んだことがある。彼の自室で話を聞いていた私に、「あ、八時だ。店に行かなくちゃ。今日はあのときのスーパーの人が店に来てくれるんです」と、裕二さんはまたもや電動車いすをかっ飛ばした。

店ではすでに若者が三人、カウンターでお茶を飲んでいた。スーパーで働く三人は、一人はギター、一人はドラムをやっているという。「トイレ介助を頼まれたんですって?」と話を向けると、そのうちの一人が、「そう、俺です。裕二さん、しょっちゅう店に来るからもう仲良くなってたンすよ。夜中に来て、トイレって言われたときは正直驚いたけど。でも俺、あと一五分待ってくださいとか言っちゃったしなあ。介助は言われた通りやって。尿器でとってトイレに捨てるだけですから、別にもういつでもOKっすよって感じ」。

裕二さんはニコニコしながら若者たちと話す。

ここに至るまで

移動ケーキ販売ゆうじ屋を始めて十数年になるが、その前の二〇年くらいは、裕二さんは障害者運動をやっている。東京都立光明養護学校が彼の出身校だ。ちなみに光明養護学校というのは、一九三二年(昭和七年)、日本で最初にできた肢体不自由児の学校だ。すべての障害児が学校に行く義務教育が制度化したのは一九七九年(昭和五四年)、それまでは重度障害児は就学免除という名のもと、学校教育から排除されていたのだから、光明養護学校の卒業生というのは一種先端的な立場だったといえるかもしれない。

彼は養護学校にいるころから、足で地面を蹴って車いすを移動させて、歩ける友だちと出歩いていた。

「大きいタイヤが前についているタイプね。ま、いわゆる悪い奴と一緒になって、親と一緒じゃできないことをね。蹴飛ばしてバックで進むんですが、バックだから首がねじれて痛くなってね」

そのころ、学校に電動車いすがきたので、放課後毎日練習した。卒業後は自分用の電動車いすを手に入れた。

「こう見えても、学校出て一年だけ作業所に行ったんですよ。こりごりで、後半はほとんど行かなかったけど」

仕事内容は、ソロバンの検定用紙を五〇枚束ねてノリづけすること。口でノリのついた刷毛をくわえ、彼らが作業しやすいよう枠で固定されている紙に塗る。首が痛くなりながらやる作業で一カ月一〇〇〇円。

私は話を聞きながら、うなだれた。

紙を固定する、刷毛をくわえやすくする、こういうことは作業療法士が考えそうなことだ。当時、自分がそこにいたなら、障害者が仕事をする場として、刷毛の工夫等をしそうではないか。それがどんな社会の構図に組み込まれているのか、気にもしないで。

その後、裕二さんは障害者の先輩たちと一緒に、「自立の家をつくる会」に関わり出す。この会の前身は「梅ヶ丘駅を誰もが利用できるようにする実行委員会」。梅ヶ丘（世田谷区梅丘）というのは光明養護学校のある所だ。そもそもの運動のきっかけは、小田急線梅ヶ丘駅に養護学校の生徒が使えるようスロープをつけてほしいと、卒業生が中心になって小田急電鉄と交渉しはじめたことだ。交渉は難航した。障害者はタクシーを使えばいいと言われた。

「養護学校があるから、周りに障害者はいっぱいいるんですよ。で、僕は家を回って交渉に来てくれって言うんだけど、ヘルパーさんとかもあのころはいないし、家族の中で閉じこもっているから、ほとんどみんな出られないんです。イベントをやっても何をやっても、介助がなければ出られない。で、結局、障害者、特に重度障害の問題は、介助だということに気がついた。それから、やっぱり一緒にやってくれる健常者を集めなければだめだ、ということになった。そして親ね。出歩くことを親が反対する。でも、親が具合悪くなったりすると、山奥の施設に行かざるを得なくなる。それはいやだ。だから、一時的にそこで生活できる場所、自立の家っていうのをつくろうという話になった。それが『自立の家をつくる会』。もう一方が、公的な介助保障を求めていく集まりで、こちらは『重度障害者介護人派遣事業の改善を求める会』。両方の会のメンバーはだいたい同じで、障害者は一〇人くらいです。一九七八年ころかな」

「求める会」は七人の障害者が生活の細かい点まで要望を書き出し、膨大な量になったものを三点にまとめて世田谷区に提出した。つまり、①介助は毎日必要なものである。現在の月五回から月三〇回に。②公的ヘルパーの数が足らず、障害者同士で引っ張り合いになっている。もっと数を増やしてほしい。③制度策定をするときには委員会に障害者を入れてほしい。

これらの運動は、一九七〇年代に東京の他区や関西でも展開されていた「青い芝の会」の活動とも連動している(4〜6)(青い芝の会については第二章で詳述する)。そんな中、裕二さんはどのような生活を送っていたのか。

「障害者グループにいたけど、先輩たちの言うことをオウム返しに言ってたようなもんで、自分が何をやりたいのか描けないまま、親の家から出ちゃったのね。先輩の介助をやってた女の子が僕の彼女になって。たまたま、障害者グループの親父的な存在の人が民間アパートで結婚生活をしていて、その人が都営住宅に引っ越すことになったので、アパートが空いたから、そこで彼女と一緒になっちゃった。それがなかったら、なかなかアパートなんて借りられなかったよ。良かったのか悪かったのかわからないけど。彼女とは一年半で、向こうが続かなくなった。やっぱり僕が自分のことをみようとしてなかったし、彼女と向き合うことを避けていたんですよ。夜は私がするから介助の人には帰ってもらおうって彼女が言っているのに、僕がだらだらしていたり」

六畳と台所という狭いアパートから二人で都営住宅へ移ろうと申し込み、抽選に当たったとき、彼は一人になっていた。

「それからもいろいろあったし、運動ばかりやっていたけど、結局自分で考えてやってるわけじゃないのね。このまじゃやばいと思っていたときに、世田谷での運動と関係ない友だちができて、お前いつまでも何やってんだ、やりたいことはないのかと言われて。僕は料理が好きで介助者に言っていろいろつくっていたから、カレー屋みたいなことをやりたいと思っていながら、勇気がなくて言えなかったんだけど、思いきって友だちに言ったんだよね。そしたら、友だちがバンドやってて、一緒にライブハウスの企画しようって。ライブハウスに食べ物、飲み物は付き物だから」

テレビや本でつくり方をみて、食べ歩きで味を覚えて、介助の人につくり方を伝え、試行錯誤でオリジナルブレンドのカレースパイスを完成させた。食品衛生責任者の資格も取り、ライブハウスだけでなく、カレー弁当の宅配をし、やがて甘さ控えめのケーキやパイの宅配に至る。

「障害者運動では、座り込みとか区役所との交渉とかをやったよ。でも運動ってのは、自分の生き方がないとできないことだと思うんだよ。コンプレックスも人と付き合うことで変わっていきますね。やっぱり言葉の問題。自分の言葉を聞いてくれという裏側で、あまり話したくない、障害を隠したいというね。黙っているとただの車いすのオヤジだなですむけれど、しゃべると子どもは正直だから引いちゃうし、周囲から浮く。だから、最初は一人で売るのは怖かった。コンプレックスはまだまだあると思うけど、自分で、おいしいケーキを食べてほしいと思って呼びかけると、結構言葉をわかってもらえて。子どももね、こっちが構えて話しかけると怖がるんだけど、本当に楽しそうに話しかけると笑うんだよ」

今の生活

裕二さんは、重度訪問介護のヘルパーを一日一六時間利用している。世田谷区は基本一日一七時間が上限で、月五二七時間のヘルパーが保証されている。やはり裕二さんたちの運動が功を奏しているのだ。私の住む浜松は大きく水をあけられている（公には上限三五六時間）。世田谷区には、「公的介助保障を要求する世田谷連絡会」が発行するニュースレターがあるが、それには交渉により五二七時間上限の突破が認められたという知らせが載っていた(7)（二〇一二年。いずれも上限以上の利用は可能）。

裕二さんの場合は、夜間就寝時にヘルパーが見守りで入っている。だから一日中車いすで駆けずり回っている彼に、付き添いのヘルパーはつけられない。車いすに尿器がそっと搭載されていて、先ほどのスーパーをはじめボランティア協会等、トイレを頼める場所を何カ所か、街中に築いているのだ。入浴は週二回の入浴サービスを利用している。

現在、彼の介助ヘルパーは一五人。時給一二〇〇円は、自立支援の介護給付費で賄われる。ヘルパー事業所を自分で運営しているかたちだ。制度が整う前から自立生活をしていた先駆者は、常に自分でヘルパーを探し、事業所などなくてもやってきた。だが「障害者自立支援法」ができた時点で、ヘルパーはすべて事業所を通すかたちになり、それは彼らにとっては逆に使えない資源となった。そのため自前の事業所をつくる必要が出てきたのだが、事業所をつくるには法人格を取る等の要件があり、今までの自立生活者がおいそれとできることではなかった。そこで全国レベルで、先駆的な自立生活者が国と交渉し、基準該当事業所という一種の抜け道ができたという。

「ヘルパーは友だちの紹介とか、あちこちに声をかけて探す。ローテーションも僕が組むし、都合が悪い人が出てきたら、僕が探します。ほかの人からはややこしいことやってるねと言われるし、今はほとんどが事業所頼みだけど、僕は昔からこのやり方だから。個人面接をして決めていきます。資格は問わない。逆に資格があっても、言語障害に耳を傾けるってのは別のことだからね。僕に聞けばいいのに、聞かずにやっちゃうってのは全然だめね」

裕二さんが当初関わっていた「自立の家」は、現在はＮＰＯ法人になり、介助者派遣事業、自立生活プログラム、グループホーム、就労支援を展開する大きな事業体に成長している。だが、彼は今、以前関わりのあった活動からは完全に離れている。「自立支援で介助者派遣事業所ができたけど、僕はあまのじゃくだからね」と、独自の活動路線を貫いている。

「僕はやはり仲間を増やすということがね、大事だと思っていて。ヘルパーは仲間です。今、事業所から来るヘルパーとは仲間という付き合いはできない。お金で介助を買うってことでね。僕は今でもゆうじ屋の女の子によく怒られるんだけど、これは仲間だからなんだよ」

障害者運動から離れたカフェゆうじ屋の主の、これはれっきとした障害者運動なのだ。

「まったく知らない人でもケーキを買ってくれると、その人は自分で後ろのバッグからケーキを出して、車いすの前につけてるカバンを開けて、お金を入れて……。障害者は何もできないわけじゃないんだってわかることになる。今、障害者の状態は、上辺はよくなったといわれてるけど、結局変わってないのね。僕より障害が軽い人でも、何十年も作業所に通ってるわけです。僕の同級生もね、もっといろいろできると思うけど、ずっと作業所です。昔は、作業所の職員は態度が横柄で結構ぶつかってたけど、今は逆に職員が優しくなった。言えば何でもやってくれる。それはよくなったともいえるけど、結局、カゴの鳥であることには変わんないの。ただ、カゴの中の居心地がよくなって囲い込まれたままで、逆に頭にきて出ていくというのがなくなってしまったのね」

ケーキを持って一人で社会に切り込んでいっている彼だが、一つだけ障害者仲間とやっている活動がある。水俣世田谷交流実行委員会（通称〝みなせた〟）だ。〝みなせた〟は脳性麻痺者五～六人、その介助者、演劇関係者で、自立生活についての演劇をつくり、イベント等で公演している。どのようにして親から離れて家を出たか、どのようにヘルパーを見つけたか、何をどのようにヘルパーに依頼しているのか、当事者とヘルパー自身がつくる劇は、強烈だ。ここで裕二さんは、言語障害で何を言っているのかよくわからないという役を、そのまま演じる。ヘルパーと二人で、「ゆーじーず」というコンビ名で漫才をやっていた時期もあったが、やはり「何を言っているのかわかんねえよ」というのをネタにしていた。障害を当事者がネタにしてしまう。しかもそれが嫌味なく、笑いを誘う。「殺すな」と叫んできた人たちの系譜につながる肝のすわり方が、障害をも笑い飛ばすのだろうか。

裕二さんは、時々、新宿の養護学校の中学生に自立生活の仕方を教えにいく。

「実際、養護学校の先生って、結構わかってないからね。僕のことを言って、こんな生活ができるということを伝えて。僕自身やってみるまでは、できるってわかんなかったから。伝えていくのが、僕なんかの責任だと思うんですね」

（取材：二〇一二年八～一二月）

その後の裕二さん

最初の取材は、ゆうじ屋開店から半年後だった。その後、店は二階も使えるようになり、定期的なライブもあり、すっかり三軒茶屋の小路の賑わいの一角に定着している。裕二さん自身、「ラブエロピース」という二人組のユニットで、詩も書き、歌い、というか絶叫して、自分の店のみならず、ほかのライブコンサートでも存在感を放つ。二〇一五年一二月には、〝みなせた（水俣世田谷交流実行委員会）〟のメンバーとして、水俣市での演劇公演に参加した。〝みなせた〟は名前のごとく、水俣と世田谷の交流のためにつくられたと言ってもいいのだが、もちろん交流はそんなに簡単なことではないし、少し説明が必要だろう。(8、9)

水俣病事件は、ひどい健康被害を引き起こした公害として、知らない人はいないと思う。熊本県水俣市にあるチッソ株式会社の化学工場が有機水銀を海に垂れ流し、汚染された魚介類を食べた人々が水銀中毒になった。一九三二〜六八年、有機水銀は三六年間垂れ流され続け、工場排水が原因とはっきり報告された一九五九年にも政府は停止を命じず、被害をさらに広げた。沿岸の人々の多くに健康被害が出たが、被害者が差別されたということもあって被害を申し出られなかった人々や、症状が出ていても認定されなかった人々がいる。現在でも被害者救済は終わってはいない。

そんな中で、胎児性水俣病の人たちは、母が水銀汚染の魚介類を食べたことにより胎内で水銀による脳損傷を受け、先天的な障害者としての人生を歩むことになる。障害は脳性麻痺だが決してそうは呼ばれず、胎児性水俣病患者と名づけられている。彼らはチッソの被害者であるから、重い障害は、そのまま被害者・犠牲者の象徴ともなり、損なわれた身体はマイナスイメージとして刻み込まれる。暮らしにくさに対しては補償金が支払われているということで、それ以上の要求は退けられる。各地で展開されてきた自立生活運動や脳性麻痺者の活動に、彼らが直接触れることはない。「金はいらない！　健常な身体を返せ」というチッソへの叫びは、障害があったらだめだという社会の規範と合致する。

二〇〇六年、「水俣病公式確認50年事業」で、胎児性水俣病者、他の障害者、市民、学生が一緒になって『水俣ば生きて』という演劇が共同創作され上演された。演劇の関係者が世田谷の自立生活者たちを知っていたこともあり、演劇に参加した胎児性水俣病者の長井勇さんが東京に来た際に実方裕二さんを紹介し、その暮らし方を見せた。被害者として支援を受けるのではなく、暮らしの主体者として別様の暮らしのかたちがつくれることを、裕二さんは体現している。

長井さんが裕二さんのアパート暮らしを見て水俣へ帰り、「水俣ば生きる会」（演劇後にできた会）の仲間に話したことで、二〇〇七年裕二さんは水俣へ招かれ、「ゆうじ屋のお料理トーク」というイベントが開催された。ここで彼は、介助者の手を使って料理をつくるという方法を、胎児性水俣病の人たちに体験してもらった。

そんなことがきっかけになって、世田谷の脳性麻痺者を中心に、介助者と共に暮らしをつくるその様子を演劇にして時々上演している。その団体が〝みなせた〟だ。しかし熊本は遠く、そんなにちょくちょく交流はできない。二〇一五年一二月、ついにその機会が訪れた。〝みなせた〟のメンバー一一人（脳性麻痺者五人、介助者二人、演劇関係者三人、障害学研究者一人）は演劇に出ない介助者四人と共に、水俣にやってきた。

派手なシャツを着てサングラスをかけ、電動車いすで舞台を駆け回る裕二さんら都会風の彼らは、水俣の人たちにはどう映ったのだろうか。内容はおそらく水俣でも変わらない、たとえばコンビニで肉まんを買いたい裕二さんが、言語障害のためになかなか店員にわかってもらえないなど日常のささやかな場面集なのだが、あまりに違う生活スタイルに見えたかもしれない。

呼んだ側の長井さんは、「あんなふうにできればいいけど、ヘルパーが少ないから……」と、多くは語らなかった。裕二さんは、「水俣は加害者がいるということで、障害の受け止め方が違う。本当はそのあたりをもっと話し合ってみ

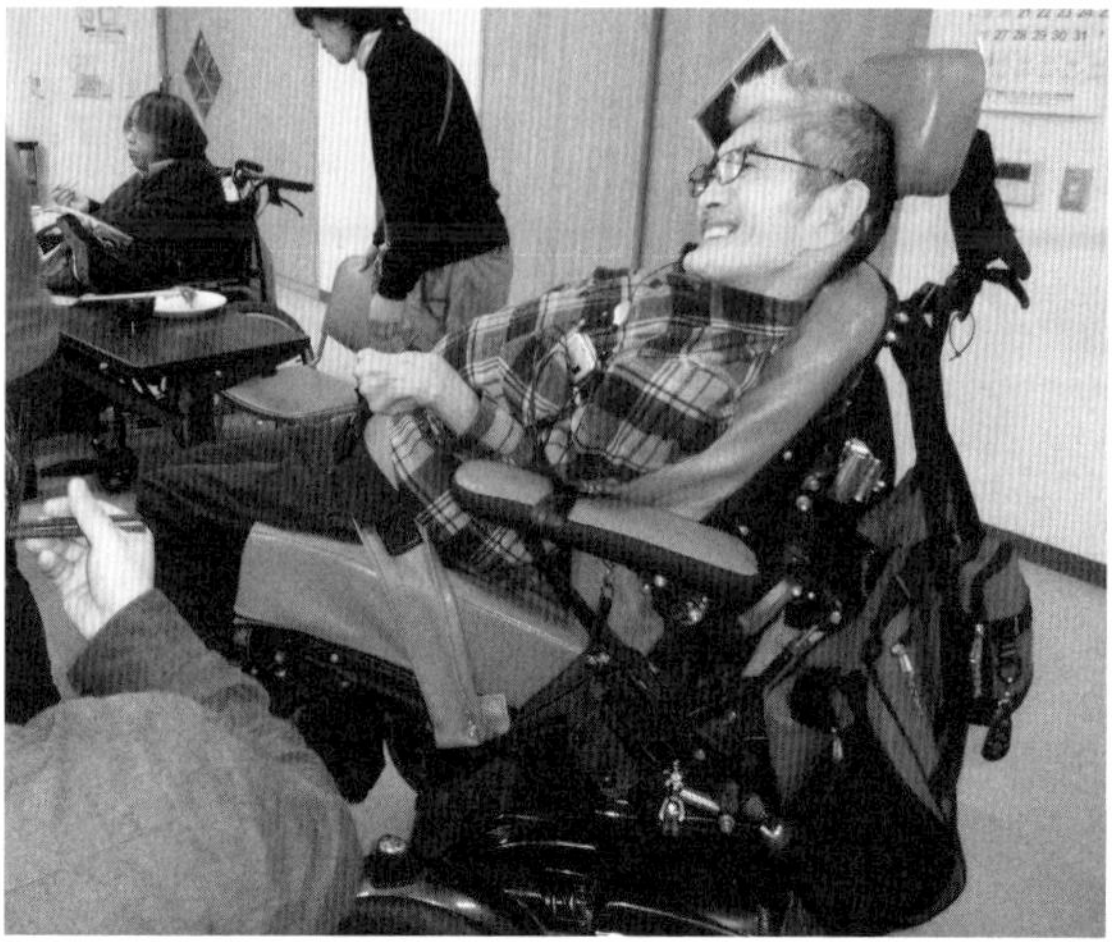

生活お見合いにて

たかった」と言う。これは障害をめぐるかなりコアに位置するテーマだ。企業と国家が加害者として名を連ねており、その犯罪を糾弾する被害者たちとその支援者たちの思惑が絡む。被害者という役割を生まれたときから負うはめになった胎児性水俣病者は、本人の意識に上る前からの「健常な身体を返せ」というシュプレヒコールとともに育ち、障害者としてののびのび暮らしをつくることまでも奪われたことになる。

裕二さんは、水俣へもケーキを担いでやってきて、完売したが、本当に話したかったことには届かない思いで帰っていった。

二〇一七年三月、裕二さんは「『生活お見合い』―やまゆり園から……第三弾」という集会を主催した。障害者施設「津久井やまゆり園」の入居者一九人が元職員に殺害された事件から八カ月になる。「生活お見合い」は、やまゆり園事件のあと裕二さんが顔見知りの人に声をかけて、集まりをもったのが始まりだ。この日は、雨で出かけにくい日だったが、一四～一五人ほどが集まった。車いす利用者が裕二さんのほかに二人、その家族、精神障害の当事者、介助を仕事としている人など。初めての顔ぶれが多かったという。私も初めての参加だった。加害者が措置入院の経験者だったこと、それにより精神障害者をなぜ病院に入れておかないのかという風潮になることが懸念されている。

裕二さんは主催者として、最初の口火を切った。「二つのことを話題にしたい。一つは、優生思想は僕たちだけでなく家族も縛りつけているということ。もう一つは、精神障害者の措置入院のこと」「僕の兄貴は子どものころから、裕二の面倒はお前がみるんだからと親に言われて、外に遊びにも行けなかったんだ。障害があるといけないことのように家族には思えて、自分たちだけでなんとかしようと思い込んでしまう」。家族が面倒みきれないなら、施設というパターン。「ヘルパーが足りなくて、身寄りのないアルコール依存の人に手伝ってもらったけど、お金貸してとか言われて。お金のことはよくないと思って正直にそう言ったら、関係は切れてしまった。その後、どのように言えばよかったのか、悩んだ。ヘルパーはいろんな人が来てくれるけど、それと向き合うこと、難しいと思っている」

やまゆり園の加害者はパーソナリティ障害といわれている。その日の参加者にはパーソナリティ障害や発達障害、双極性障害の当事者が何人かいた。それぞれが、居場所のないことや、家族からも排除されていることを発言していた。この日、参加者は語りに語った。一三時半から二一時半まで。印象的だったのは、もし植松（加害者）がヘルパーとして来たら、どんなふうに言ったら加害者にならずにすんだだろうという、彼を同僚とイメージしての発言が何人かから出たことだ。措置入院から早く出しすぎたということではなくて、どんな支援が彼に必要だったのか。

後半は、裕二さんお手製（ヘルパーの手を借りる）の料理、特製キムチや、すじ肉煮込み、中華麺などが並んだ。おいしかった。もちろんケーキも。

雨の中、二二時近く、裕二さんは、すじ肉を煮込んだ重い圧力なべまでもカバンに詰めて、真っ赤にモデルチェンジした車いすにぶら下げ、帰っていった。ケーキを売るという彼の生活スタイルは、「障害者なのにすごい」という賛辞とともに、人にはできないことをやれるという立場（優位）に立たされる。劣っているとみなされる障害者でありながら優位に立ってしまい、だがそれは簡単に崩されるという、その不条理にしばしば直面する彼は、ラブエロピースで次のような歌を発表している。[註2]

註2　この歌を含めて七曲収められたCD『ラブ・エロ・ピース』（ユージーズ・レーベル）が二〇一八年八月にリリースされた。

「ふつう」？

ふつうに　あこがれ
ふつうを　おいかけ
ふつうに　こびるおれ
ふつうが　きめつける
ふつうに　おさえられ
ふつうが　ころしてる
あるけて　まともにはなし
それが　よりよいにんげん
そんな　にんげんめざして
きそいあい　けちらしあい
じぶんと　じぶんが　ころしあう
　じぶんと　じぶんが　ころしあう

やまゆりで　うしなった
よのなかは　わすれてる
みんなが　いきにくい
せいかつを　みあうんだ
つたえあい　つながるぜ

いかして　いかしあって　たたかいだ
　いかして　いかしあって　たたかいだ
じぶんと　じぶんが　ころしあう
いかして　いかしあって　たたかいだ
じぶんと　じぶんが　ころしあう
いかして　いかしあって　たたかいだ

（取材：二〇一七年三月）

三　道具を使いこなす人——茉本亜沙子さんの場合

閉じ込め症候群

通学生の列に車が突っ込むというニュースは、時々聞く。報道されて、人々は「ああ、またひどいこと……」とそのとき思い、だがすぐに日常生活に戻っていく。そして、当事者たちはそこから、思いがけない苦しい日々が始まる。

茉本亜沙子さんも、まさに朝の通学途上、居眠り運転と横断者待ちの、トラック同士の接触事故に巻き込まれた。中学一年生だった。三人（救急車で搬送された人数）の被害者の中で一番出血が少なかった亜沙子さんは、しかし救急車に乗せられたときはすでに瞳孔が開いていた。一九八〇年一〇月のことだ。

脳幹部挫傷で五〇日間意識がなかった。「この指を動かすから見て」という医師の指示に従って指を目で追い、意識が戻ったことが確認されたが、四肢体幹が麻痺し、口が閉じず嚥下ができず、声が出せなかった。表情筋も動かず、顔は能面のようで、医師からは「知的にも損傷があるだろう」と言われ、「何もわかってない人」のように対応する看護師もいた。[10] それは、その後何回も遭遇することになる屈辱的な声かけの始まりだった。後に彼女は自著で、「以前の感覚でこれらの言葉を受けとめるにはあまりにつらかったので、私は交通事故で一度死んだのだから——と再び自分に言いきかせなければならなかった[11]」と書いている。

付き添っていた母は、もっと早い段階から、本人は自分の声に応えようとしていると確信していた。[12] 意識が戻り、わずかに首が動かせるようになると、父が厚紙で五〇音表をつくり、字を指すのをうなずきで返して、簡単な意思表示ができるようになる。もっとも、最初の五〇音表は小文字も濁点もなかったため、「スイッチ」と言いたいのに「すいつち」、何だそれは、と言われたりもしたが。やがて両親は、「あかさたなはまやらわんがざだばぱきゃしゃちゃにゃ……」と空で言えるようになり、五〇音表なしでも本人の言いたい言葉を引き出せるようになる。[13]

本人は必死で表情筋を動かす努力をし、その後、笑顔をつくれるようになった。また、わずかに何かの拍子に声が出ることがあり、時を経て「アー」という声が出したいときに出せるようになった。だが、意味のある言葉を形づくるだけの構音の機能は戻らなかった。

これらのことを、彼女は受傷して一六年後に書き記し、『車椅子の視点―ヘッド・スティックで伝える私の言葉』(メヂカルフレンド社、一九九八)という本になっている。

さて、ここにもう一冊、別の本がある。『潜水服は蝶の夢を見る』[14](講談社、一九九八)というタイトル。著者ジャン＝ドミニック・ボービー(Jean-Dominique Bauby)氏はフランス人ジャーナリストであり、雑誌『ELLE』の編集長だったが、働き盛りの四三歳で脳出血となる。かたや外傷、一方は疾病と原因は違うが、どちらも脳幹部の損傷による「閉じ込め症候群(locked-in syndrome :LIS)」の当事者による文章だ。

ボービー氏のほうは、動かせるのは左の瞼のみだった。言語聴覚士がつくった、単語に使われる頻度の高い順に並べ替えられたアルファベット「ＥＳＡＲＩＮＴＵＬＯ……」を読み上げてもらい、必要な文字がきたらまばたきをするという方法で意思を伝える。やがて近しい人はこのアルファベットを空で言えるようになる。発症から半年後、彼はこの方法で本を書いた。二〇万回以上のまばたきで。[14]

両者の本には、驚くほどの共通点、すなわち未来を絶たれた者の痛みと悲しみ、そしてそれを超える希望と力強さがある。すでに社会的な地位もあったボービー氏の洗練された文章は、世界的なベストセラーになり、映画化もされ、ＬＩＳに人の関心が向くきっかけとなってＬＩＳの協会をフランスに設立させたが、彼は発病から一年三カ月後、合併症で突然亡くなってしまう。

一方、われわれの主人公である亜沙子さんは、受傷して三三年（二〇一三年現在）、ヘッド・スティックで文字を打ち込むというコミュニケーション方法を駆使して一人暮らしをし、福祉用具メーカーにアイデアを提供し、心ときめく出会いを楽しみ、時には友人と旅に出る。

そもそも、閉じ込め症候群とは何か？　動かぬ身体の中に閉じ込められてしまった、なんら損傷を受けていない意識、あるいは心、精神。精神活動は正常である、という点で、遷延性意識障害（植物状態）とは区別されているが、実際はそのあたりは曖昧なようだ。

亜沙子さんの主治医でもあった大橋正洋医師が紹介する文献によれば、「急性期医療の現場ではＬＩＳは無言無動症や植物状態などと混同されやす」く、「患者が周囲の様子を理解できていると最初に気づくのは医療者ではなく家族である場合が多く、正しい診断が下るまでの平均日数は、七八・七六日」という[15]。

受けてきた医療とリハビリテーション

受傷して運び込まれた救急病院で三カ月が経ち、気管カニューレが外れ、上を向けばなんとか嚥下ができる状態で、亜沙子さんに退院の話が出た。医師から「自宅でベッドを四五度くらいにして、テレビでも見せて過ごしたらどうですか」と言われた母[16]、「リハビリをして、自由を取り戻し、一〇年後には両親のもとを離れて生活し、タイプライターを使ってこの体験を書き表すのだ」と思っていた本人[17]。医師の言葉は、そんな本人の将来像を消しそうになったが、両親は必死で転院先を探した。養護学校が併設された小児のリハ病院に四カ月、顔面神経麻痺治療のためペインクリニックがある病院で三カ月、いずれでも作業療法、理学療法、言語聴覚療法を受けているが、それらに対して、本人は「生活に結びつくとは思えない」と感じていた[18]。電動車いすに「乗りたい」と視線を送ったが、実施には至らず、同級生に手紙を書きたいと思ったときに割り箸をくわえて仮名タイプを打つのも、亜沙子さんから作業療法士に頼んだことだった。くわえがうまくいかず、作業は大変だったが、手紙の出だしがなんとか書け、そこで初めてスタッフに失語症ではないとわかってもらえた始末だった。[19]

最終的に、神奈川リハビリテーション病院に転院する。受傷して一年。そこで初めて、この病院のリハビリテーションに何を望むか、「何のお手伝いが私にできるでしょうか」という問いかけを、主治医の大橋医師から母は受ける。[20]それまで「うちではこれしかできません」と言われ続けてきた亜沙子さん親子は「心の着地点」を見つける。「人に車いすを押してもらわなくても動けるようになりたい」「人を介さなくてもコミュニケーションがとれるようになりたい」という希望を亜沙子さんは伝えた。母は娘の人格を周囲に理解してもらう手段としてのコミュニケーション方法の獲得を懇願した。

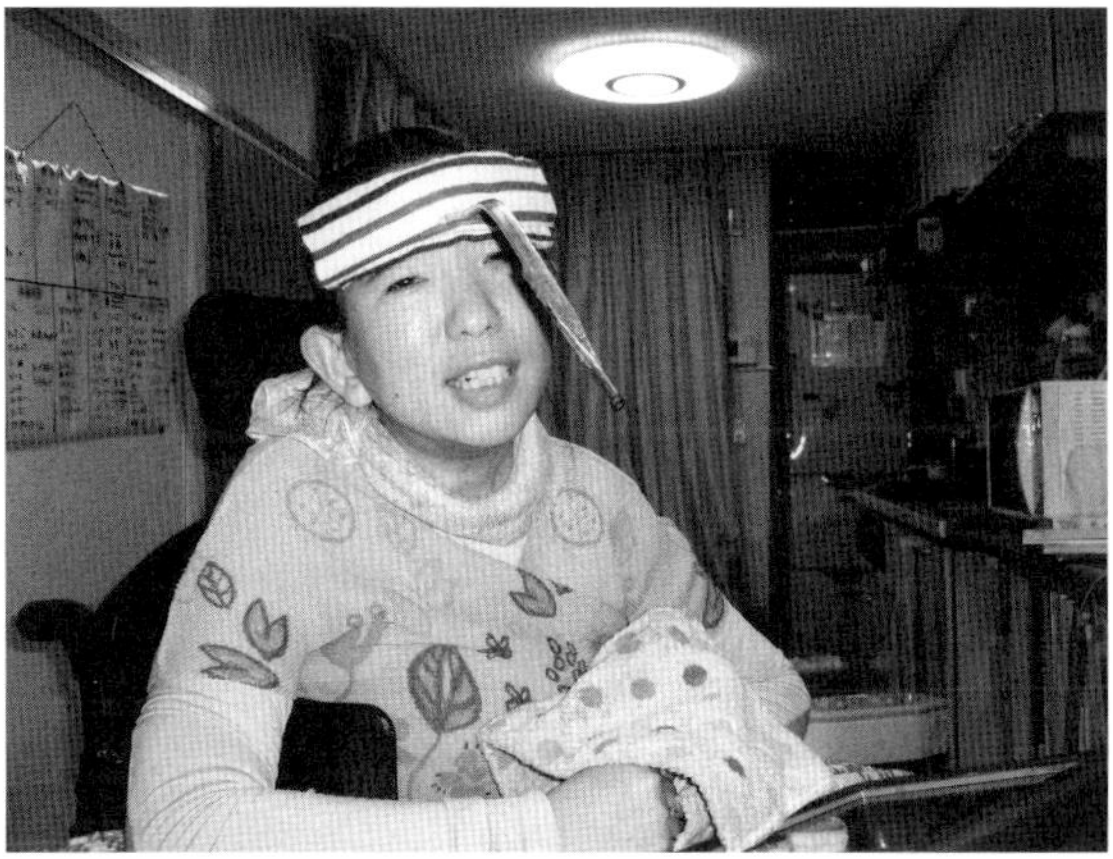

自宅のデスクトップ PC で筆者とコミュニケーションをとる亜沙子さん

数日後、またどうせ手を動かす訓練をするのだろうと思って作業療法を受けにいくと、そこで理学療法士、作業療法士、リハ工学士そして大橋医師が、古い電動車いすを前に、「茉本さんが操作できるように改造しよう」と話しているのに出くわす。やがて、彼女はチンコントロールの車いすを操作して病院中走り回るようになり、提灯あんこうのように装着するヘッド・スティックで仮名タイプを打てるようになる。

神奈川リハビリテーション病院での対応が心の着地点となり得たのは、当事者が必要とする生活行為――コミュニケーションと移動――に、機能訓練という迂遠な道を通らずにじかにつなぐということをしたからだと思う。その出会いが有効に働くには、もしかしたら、一年という時間が必要だったかもしれない。

そして、大橋医師らにとっても、亜沙子さんとの関わり（治療）は大きな経験となり、「27年経過した『閉じこめ症候群』の1例」として、二〇〇八年の『総合リハビリテーション』誌[15]に報告している。そこには、LISは脳卒中では起こり得るが脳外傷では大変まれなこと（三〇年以上脳外傷を診てきてLISは彼女一人だけという）、コミュニケーションがとれるようになるとその豊かな感性に大橋医師自身が驚いたこと[21]、自立生活を送ることが可能だということ、つまり「私も思っていなかったけれど、ここまで可能なんだよ。リハビリテーションに携わる人々よ、知っておいてよ」と、（そう書いてあるわけではないのだが）たぶんそういう思いで、敬意をもって、専門誌にはめずらしい熱い語り口で書かれている。

自立に至る道

亜沙子さんが一人暮らしを開始したのは二〇〇五年九月、一三歳で受傷して二五年目である。そしてこの二五年は、一三歳というしなやかな心身が、まぎれもなく自立に向けての力をつけた時間だ。

たとえば、一四歳から自宅で家族の介護を受けて暮らしはじめるが、生活体験が少ない時点での受傷ということを自覚していた彼女は「いつか自分も文章を書けるように、たくさんの言葉を知らなければ……」と、大きな辞書を買ってもらい、ヘッド・スティックでめくりながら語彙を増やしたり、電子漢字辞典のテストで遊んだり、友人のみならず、『四季抄 風の旅』（立風書房、一九八二）の著者、星野富弘さんや、新聞社にも、ワープロで手紙を書いて送ったりしている。[22]

ある朝、途切れた中学校生活。それは訪問教育というかたちで再開され、その後、養護学校高等部へ行く。だが、高校卒業後にどんな生活を形づくっていくのか、社会とどう関われるのか皆目みえず、彼女は悶々としていた。病院で自由に使いこなせた電動車いすは、自宅でも学校でも使えず、社会への扉は閉じられたままだった。

そんなとき、母が新聞の切り抜きを見せてくれた。「シルクロード触れてみたい　いろいろな障害持つ人　40日間の旅計画」[23]という見出しのそれは、障害者三〇人、ボランティア六〇人、医師・看護師等の医療班六人、指揮班四人の一〇〇人が、シルクロード六〇〇〇キロメートルを踏破しようという、壮大な企画だった。

母の付き添いを要求される旅には行きたいと思わなかったが、この旅は「障害者は重度から選考。全介助でも、なるべく付き添いをつけないで参加してほしい」と呼びかけている。親から離れて旅をすれば、きっと何か得られるはずだと確信した彼女は、一人での参加を決めた。受傷から六年のことだ。会話はヘッド・スティックと文字盤。すべての日常生活に介助が必要なことには変わりなかった。

この旅は周到な準備がなされている。シルクロード出発の九カ月前と三カ月前に二回、参加者の事前キャンプがあった。彼女は一回目のキャンプには母と参加したが、初対面の人と母抜きで会話すること――それは、まずヘッド・スティックと文字盤が、車いすのポケットに入っていることに気づいてもらうことから始めなければならない――に成功した。シルクロードに出る前に、もう大きな一歩を踏み出したことになる。一緒にこの旅に参加する予定の大学生たちとは、このキャンプをきっかけに電車やバスを使って新宿、渋谷、原宿等に出かけ、外泊もできるようになった。

そして実に、一九八八年五～六月の三〇日間、新聞を見て集まった一五～七五歳の八一人が、ウルムチからバスでタクラマカン砂漠を旅するのだ。パオやテントに泊まり、ビニール囲いの折りたたみトイレを使い、カザフ族と交流し、砂嵐に遭いながら。障害者二四人、健常者五七人。ヘッド・スティックと文字盤でコミュニケーションをとりながら、全行程に参加した彼女は、日常に必要な介助を家族以外の他人に頼むという、自立生活の原型を強烈なかたちで体験したことになる。

この旅に一人で参加すると聞いた父と親戚は猛反対した。設備の整った欧米へならともかく、タクラマカン砂漠で寝袋……。だが、母はこの旅を成人祝いのプレゼントとし、ポンと背中を押したのだ。

旅を経験した亜沙子さんは、それまで母のそばでいつも感じていた「自分はあってないような存在」という思いから抜け出した。旅を共にした大学生たちと積極的に交流し、自立への模索を始める。考えた末に、まずは家を出て施設へという道を選んだ。少なくとも電動車いすに乗ることができるし、二四時間介助者がいる(24)。

一九九一～二〇〇五年、一四年間の施設での暮らしは、電動車いすやトーキングエイド等、さまざまな福祉機器を使いこなし、社会への発信をし、一人暮らしの機が熟するのを待った時期といえる。

福祉機器を使って一人暮らし

いつか一人で暮らしたいと考えていた亜沙子さんだが、本格的に施設を出ようと思ったのは二〇〇四年、身体が硬直し唾液で窒息しそうになったことがきっかけだった。施設にいても一〇〇％安全というわけではないなら、生命を自分で守らなければならないなら、いよいよ一人暮らしを始めよう、と。だが、親に言ったら反対されると思ったので、一人で自立生活者の家を見学しにいったり、都内の自立支援センターで情報を集めたり、東京で自立生活プログラムに参加したり、知人に相談したりしていった。

やがて、彼女の自立の意向は母の耳に入り、予想通り反対メールが届く。反対メールを見ながらも、彼女はなんとか協力者を募ろうとし、反対メールを送りながらも、実は両親は都内の区役所を回ったり物件を見にいったりしていた。そして、二〇〇五年六月、「突然、両親が施設に来て、空き部屋だった現在の家に私を連れていって『ここに住むのなら家族で応援する』と言ってくれ、私はいつの間にか親が自立に賛成してくれたことが信じられないまま、うなずいていました」という。

場所は前節の実方裕二さんと同じ、世田谷区だ。実家は千葉県。なぜ世田谷区が選ばれたのだろう。まず東京都は、国の制度である障害基礎年金に加えて、東京都の重度心身障害者手当が月六万円、さらに区からも手当が出る。これは大きい。世田谷区は、亜沙子さんが二〜五歳のころ、一家が住んでいた場所だ。シルクロードの旅の仲間だった重度脳性麻痺者がすでに一人、自立生活をしているのもこの区。役所で相談にあたった職員がシルクロード仲間と同じ大学の出身で、そこで知らされた、この区で展開されていた障害者の運動とその成果。母はここなら娘の自立生活は可能かもと思って、その足で不動産屋に入ったという。

自立生活で皆、苦労するのが家探しだ。だが、これは亜沙子さんが知らないうちに事が運ばれ、家の購入や手続きは家族総出の協力で進められた。支援費制度などない時代（母の言葉を借りれば化石時代）から、亜沙子さんが人格をもった個人として生きられることに心を砕いてきた両親にしてみれば、自立生活はひとつの「開花」だった。トイレ・浴室の改造、天井走行リフト、シャワーチェア等の設置は区の理学療法士等に相談して進め、彼女自身が決めたのはヘルパーの時間数くらいだったが、二〇〇五年九月、いよいよ一人暮らしを開始した。

最初は母も泊まってくれたが、一四年の施設生活で、以前母がしていた介助とは変わっている部分があるとわかると、母はさっと手を引いた。このあたりが絶妙だ。家が荷物で散乱し、電動車いすもトーキングエイドも古くて使いにくくなっていた状態で、ヘルパーに一つひとつ説明しながら始まった、ゼロからの一人暮らし。施設で介助してもらっていた部分を、家ではヘルパーにやってもらえばいい。やってもらうことはシルクロードの旅のときとさほど変わっていない。身体を起こすこと、着替え、車いすへの移乗、トイレ、シャワー、洗面、歯磨き、整髪、ヘッド・スティックをつけること、装具をつけること、食べること、飲むこと、これら身体介護と家事援助――買い物、洗濯、調理、掃除等だ。

しかし、これは簡単なことではなかった。コミュニケーションはトーキングエイドか口文字盤（施設で行っていた方法。両親と同じように空で「あかさたなはまやらわんがざだばぱ……」と言ってもらい、うなずきで音を特定して言葉をつくる）、パソコン等のＩＴ機器やティルト機能付き電動車いす。なじみのない道具やコミュニケーション方法

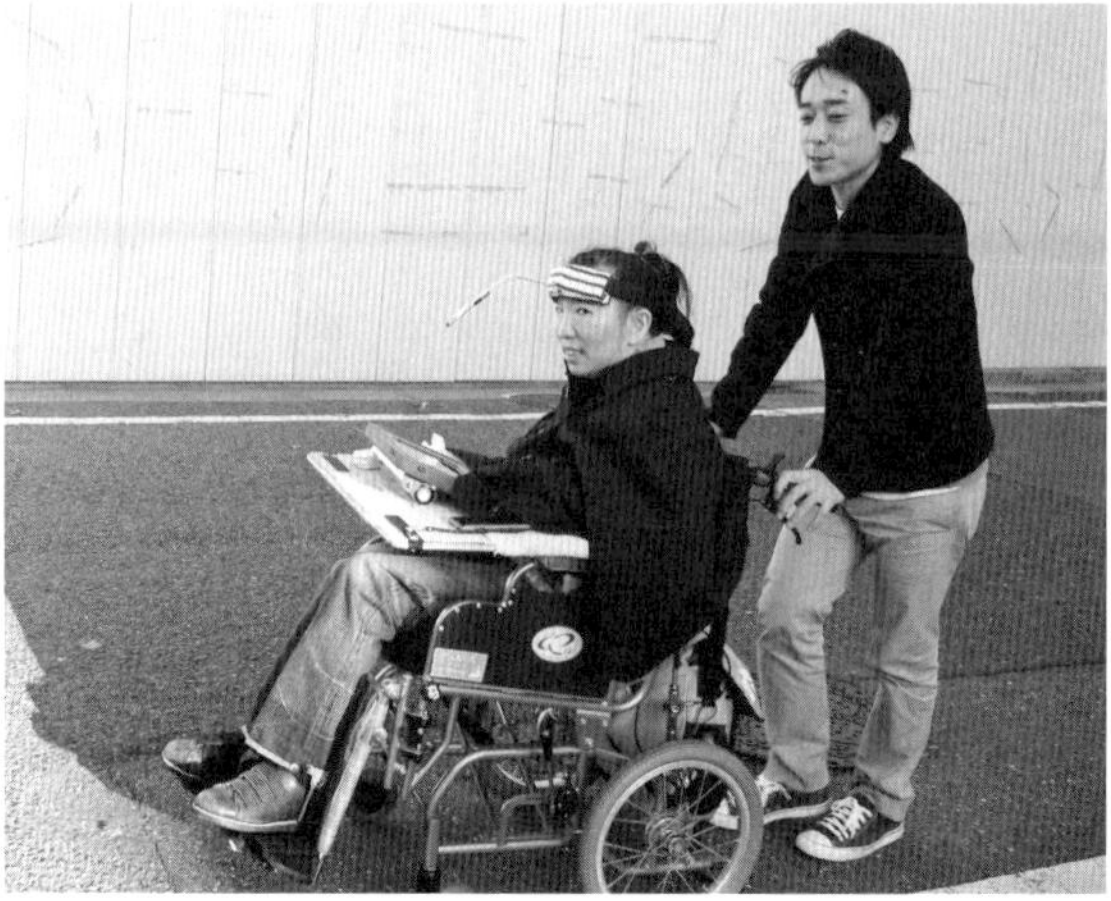

ふらっとのスタッフとコンビニへ

に音を上げるヘルパーもいたし、引き上げる事業所もあった。一時は精神的にも参ったという。

だが、すべては慣れだ。二〇一二年一二月現在、二カ所の事業所からの二〇人のヘルパーがローテーションを組み、一日一六時間、一カ月五一〇時間の重度訪問介護で生活が形づくられる。時間帯は朝八時～一四時、夜一七時～二二時、夜間一時と朝六時に水分補給と身体をずらすのに三〇分、これが通常のヘルパーが入る時間帯。シャワー介助は二人体制だ。

週に二回は「ケアセンターふらっと」（通所サービス）を利用している。ふらっとは、中途障害、特に重度脳障害や高次脳機能障害の人を対象としており、何をやるかは利用者が自分で決めるという基本ルールがある。午前中は外出体制が整えられており、亜沙子さんはこの外出で必要な買い物等をすませることが多い。

一二月、取材した日、冬物のシーツとAmazonのショッピングカードが買いたかった彼女は、ふらっとのスタッフが運転するバンで、横浜のショッピングセンターへ出かけた。ほかの利用者と別れ、一人でゆっくり丁寧に値段と質を吟味し、ブランケットを購入していた。

さて、肝心の福祉機器の話をしよう。まず、車いすは施設入所を決めた時点で室内用電動車いすをつくった（その時点で右手での操作が可能となっている）。情報は国際福祉機器展から得た。その後、クイッキー（米国製）、国産と変え、現在はクイッキーの低床タイプ電動ティルト機能付きを使っている。これで、年配のヘルパーでも姿勢を立て直すことができる。外出時は、介助用車いすと使い分けている。

コミュニケーションは、まばたきとうなずきから出発し、口文字盤となり、ヘッド・スティックができてからは仮名タイプ、ワープロ、施設入所時は合成音声器（ナムコのトーキングエイド）とパソコンを使用していた。この使い勝手に関して、改良点等をワープロで打ってはナムコにＦＡＸしていた彼女は、一九九四年には「21世紀のテクニカルエイド研究フォーラム」のユーザーのワーキンググループに入り、積極的に発言するようになり、[25]二〇〇三年にはパートだったがナムコで働くことになる。つまり、施設の自室にいながらの勤務で、パソコンで会社とつながり、ユーザーとしての提案のみならず会社のホームページ制作や広報関連、新製品チェックやユーザーサポートを行っていたのだ。[26]

一人暮らしを始めた時点で、ナムコは退社した。在宅生活に慣れたら復帰するつもりでいたが、一つひとつヘルパーに指示出しをする生活は施設より手間がかかる。今では「在宅で仕事は無理」とさえ言う。

現在はiPadにトーキングエイドのアプリケーションを入れたものを常に車いす上のボードにのせ、さらにiPhone、パソコンを必要に応じて使い分けている。

もう一つ、家で使っている大事な道具が食事支援ロボット・マイスプーンだ。嚥下がスムーズでない彼女は、口に入れた食塊を上を向いて飲み込むのだが、これを使えば、次の食塊を口に入れるタイミングが自分で計れる。ジョイスティックを操作して、特製のスプーンフォークで弁当箱に仕分けられたおかずを選んですくい取り、口に運ぶ。この部分を自分の意思通りにできるというのは、本当に大事なことではなかろうか。

ヘルパーとのやりとりに悩み、時間的余裕もなくなった彼女だが、普通の暮らしができる今、施設にいたときのようなストレスはない。パソコンを使いこなし、自室で仕事をしていた彼女は、施設では「浮いていた」と感じている。一人暮らしは大変だけれど、普通に暮らすということ自体、大変であってもうれしい体験なのだという。

ある日の朝、訪問すると亜沙子さんはちょうど身支度を整え、ポニーテールのシュシュの柄を選んでいるところだった。壁に貼ってある食料ストック表を眺め、献立を決めてヘルパーＩさんに伝える。不思議なゆで玉子のつくり方をしていたので聞くと、「亜沙子さんに教わった簡単なつくり方なんです。『ためしてガッテン』でやってたんですって」とIさん。壁にはスープのつくり方、タオルの管理のこと、すべてのヘルパーに知っておいてほしいことが文章化され貼ってある。Iさんが調理している間、亜沙子さんはパソコンのメールチェックをし、透明文字盤の改訂盤の作成をしていた。

コミュニケーションツールの文字盤は、IT機器がいくら発達しようと、欠かせない。ヘッド・スティックを外している食事のときや、ベッドに入ったときの会話は透明文字盤を使っている。五〇音が横並びになったものではなく、上下左右の視線で特定しやすいように文字を配列したオリジナル・バージョンだ。

Iさんは、やっと最近慣れて読み取れるようになった、と言いながら、「食事中に足を上げているのはなぜ?」という私の問いに「このときくらいしか足を上げる時間がないので」と、亜沙子さんの答えを読み取ってくれた。時間は、かからなかった。

今や彼女は、閉じ込められてはいない。彼女が発する「アー」という音は、さまざまなニュアンスを帯び、時には音楽に合わせて歌っている。母からかかってきた電話にも、声音で答える。言語が必要なことはメールになるが、母と娘は声そのもののみで会話していた。LISという言い方は、当事者として当たっているのだろうか。彼女の答えは、こうだ。

「確かに、身体は閉じ込められたような状態で、でも心は正反対に自由に思い描きながら生きてこられたのはよかったです。脳のMRI画像では『閉じ込め症候群』でも、実生活はLISとはかなり違うという妙な状態だと思います。特別なリハビリはしていないけれど、動くようになってできることがわずかずつ増えているので、受傷してからもずっと私の脳の中では新しい神経回路の工事が行われていたんだと思います。人間の身体の自己回復力には脱帽です。閉じ込め症候群といっても、回復するものだと言いたいです」

自立生活というのは、普通に暮らすことだ。何一つ、特別なことはない。彼女は受傷したときの中学の同窓会で、仲間とヘッド・スティックで思い出話に興じたりしている。

道具を使いこなす達人が今欲しいのは、視線入力の意思伝達装置だ。三二年間、文字を打ちっぱなしの首も、パソコン等の画面を見る目も疲れてきた。最近はヘッド・スティックを外して声でコミュニケーションがとれるとホッとするという。よく見えていないのに勘で操作や入力をするために時間がかかり、目・肩・頭が痛み、気持ちが悪くなることが増えている。

（取材：二〇一二年一一月～二〇一三年一月）

その後の亜沙子さん

二〇一五年一月、亜沙子さんから、八王子の言語聴覚士たちの学術集会（八王子言語聴覚士ネットワーク設立10周年記念）で講演をするという案内をもらった。最初の取材から二年以上経っている。私はいそいそと八王子の学会場へ出かけていった。トレードマークになっているヘッド・スティックをつけた亜沙子さんは、「言葉を失った私が獲得したもの〜文字盤から始めて、コミュニケーションボードを作るまで〜」と題して、受傷して以来の四肢麻痺でまったく発話ができない状態での生活の様子と、文字を独自に配列した透明文字盤──コミュニケーションボードの開発の経緯を壇上で話した。[註3]合成音声での講演は抑揚があり、話し言葉の部分はちゃんと男女の声が分けられ、話は機知に富んでいた。あらかじめ文章をつくって用意した講演だけではなく、特製のコミュニケーションボードを使ってのヘルパーとのやりとりも、その場でやってみせてくれた。

滑らかな合成音声は、「指伝話」というiPhoneやiPadで使えるアプリケーションによるのだが、彼女はこのアプリを開発した有限会社オフィス結アジアの研究員という立場になっていた。最初の取材のときは、ヘルパーへの指示出しで暮らしをつくることにエネルギーを使い果たし、在宅での仕事は無理と言っていたが、その後、彼女ならではの仕事の仕方ができる、いい出会いがあったのだった。

障害者のコミュニケーションを特集したNHK番組（「NHKニュース　おはよう日本」二〇一二年一一月放送）で、ヘッド・スティックでトーキングエイドのアプリを入れたiPadを駆使する亜沙子さんが紹介され、そのほかに紹介されたいくつかの試みの一つが指伝話だった。

註3　亜沙子さんが開発したコミュニケーションボード「フリッキー」は、二〇一七年福祉機器コンテスト（日本リハビリテーション工学協会）で優秀賞となった。

この番組に登場した亜沙子さんも、オフィス結アジアの代表・高橋宜盟氏も、番組を見て互いに自分たちの興味と関心が非常に近いところにあると確信し、会いたいと思っていたが、その時点では連絡のとりようがなかった。二〇一四年、世田谷区立総合福祉センターの展示会に高橋氏が指伝話を出すことを知った亜沙子さんは、会場に出かけていき、そこで互いに出会いたい人と出会ったというわけだ。

高橋氏は、亜沙子さんがユーザーの立場で機器の細かい調整を含め、有効なアイデアを提供してくれると直感して、NEDO（国立研究開発法人新エネルギー・産業技術総合開発機構）の「課題解決型福祉用具実用化開発支援事業」の助成金を申請し、二〇一四年度から二〇一六年度まで、開発費用の助成を受け、亜沙子さんを研究員として雇うことができた。

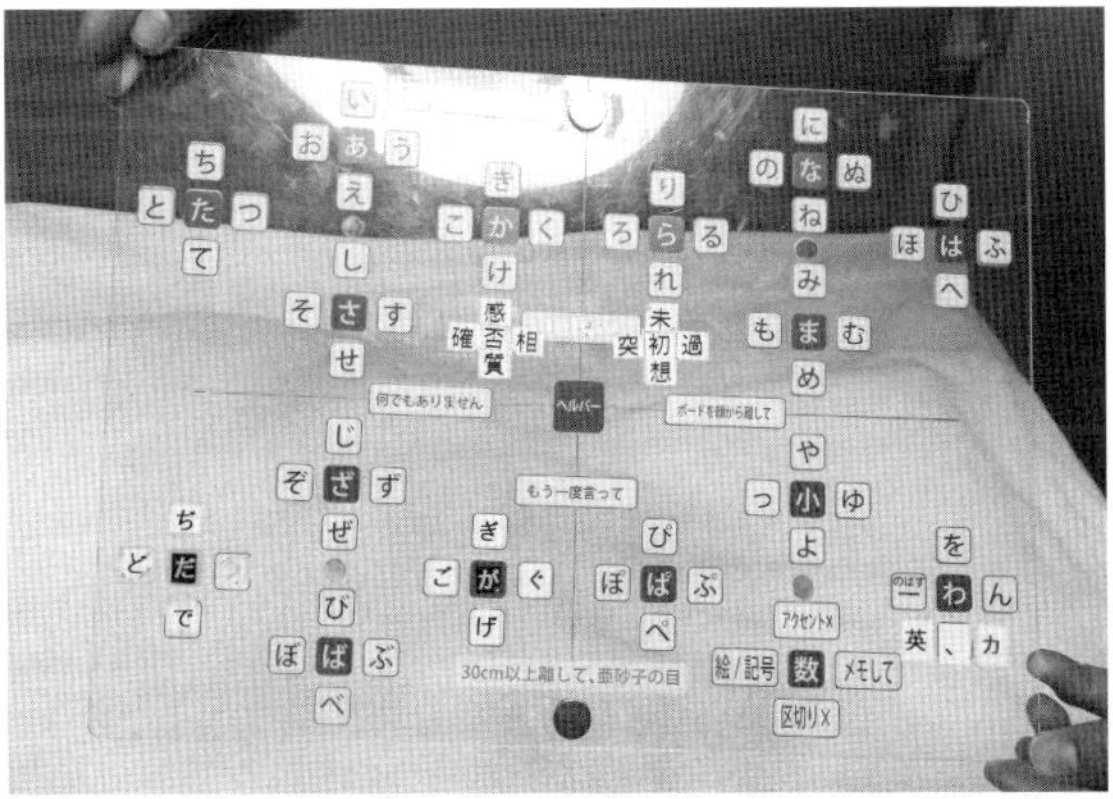

オリジナルの透明文字盤

NEDOの助成は、中小企業対象で、「ユーザー目線に立ち、日常生活において必要とされるような福祉用具の開発支援事業」となっている[27]。

高橋氏は、画面のタップができない人のiPad操作を可能とする機器の開発をしている。そもそも、指伝話とはいかなるものか。もとは電車の中でも声を出さずに電話をするための、ビジネス用途で開発されたiPhone向け発声代行アプリだ。かかってきた電話に電車の中で応答するのに、こちらは声を出さず、相手には音声で伝わる。その合成音声機能が、喉頭がんで声を失った医師が診療に復帰するために、ものすごく役立った。そこに関わった言語聴覚士を介して、指伝話はビジネスの世界から医療福祉の世界へと広がり、失語症や声を失った人へのツールとして展開している。

八王子での講演のあと一度、亜沙子さんの仕事ぶりを見せてもらいに、高橋氏が訪れるときに家にお邪魔した。私自身は仕事上、筋萎縮性側索硬化症（amyotrophic lateral sclerosis：ALS）の人の意思伝達装置に関わることはあるし、スイッチの適合作業もする。すでにある機器と本人の機能をどう合わせるかであればなんとかできるが、それ以上のこととなると、パソコンやiPadの機能などわからないことだらけだ。その日も、高橋氏がアイデアを出し、亜沙子さんが答える、あるいはやってみるというやりとりを、ポカンと見ているのが関の山だった。

普段は、亜沙子さんと高橋氏はもっぱらメールのやりとりで情報交換をし、一カ月に一回高橋氏が訪れ、機器を触りながら、スイッチや必要なソフトの開発をするという仕事の仕方だった。指伝話はかなり気になるアプリで、一度私もALSの人に情報提供したが、そのまま忙しさにかまけて、さらに二年経った。

二〇一七年四月に久しぶりに取材したい旨を亜沙子さんにメールすると、高橋氏が来る日を設定してくれた。二〇一七年三月でNEDOの助成は終わってしまい、お金の出所がなくなったという。現在は、

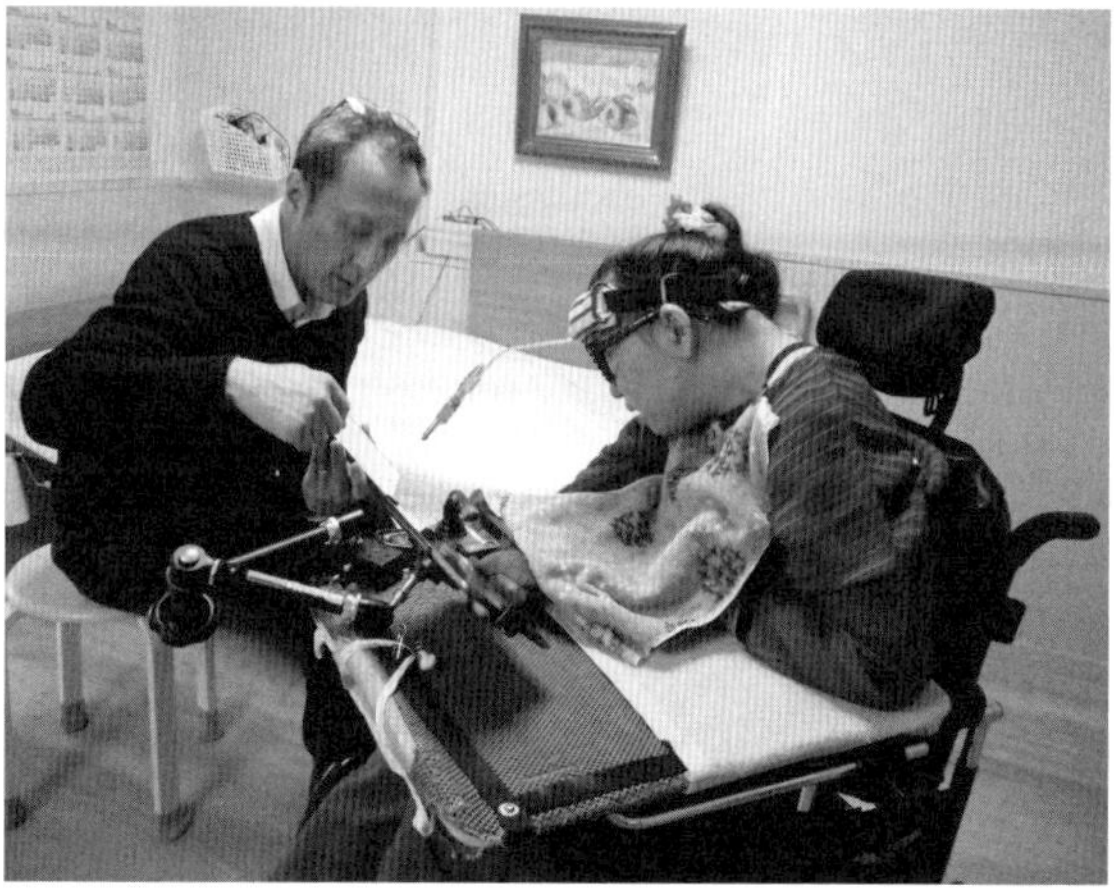

高橋氏と仕事

亜沙子さんは一般社団法人結ライフコミュニケーション研究所の研究員という立場で、今までと同じように高橋氏と情報交換をしながら、日常生活を送るうえで必要なアイテムの試作協力をしている。たとえば使いやすいスイッチ、環境制御・情報整理をiPhoneでもiPadでもテレビの大画面でも同時にできる方法への提案などだ。結ライフコミュニケーション研究所は、二〇一四年、指伝話がコミュニケーション障害の人のツールになるとわかった時点で、医師、言語聴覚士、高橋氏らが会社とは別に立ち上げた。企業からの発信となるとどうしても営業との絡みととらえられがちだが、そこを切り離すことで自由に発信ができ、情報量も増える。会社雇用だと助成金があるときしか雇えないが、

研究員になってもらって、彼女の関わりが重要な鍵となるプロジェクトでお金がつくとなったときにはすぐに雇用というかたちがとれる、そんな体制を今はとっている。

彼女の住まいは以前と変わらぬ集合住宅だが、すっかり中身が変わっていた。以前はベッドルームと居間が分かれていたが、ワンルームにして新しい天井走行リフトが入り、ベッド移乗もトイレへの移動もできるようになり、作りつけの戸棚に物が収納され、空間が広くなっていた。びっくりしている私に、亜沙子さんはキャッという感じで笑い転げ、表情豊かに迎えてくれた。発する声は、あとから考えるとアーという音だけなのだが、そこに込められた音の表情も顔の表情も、格段に豊かになっている。

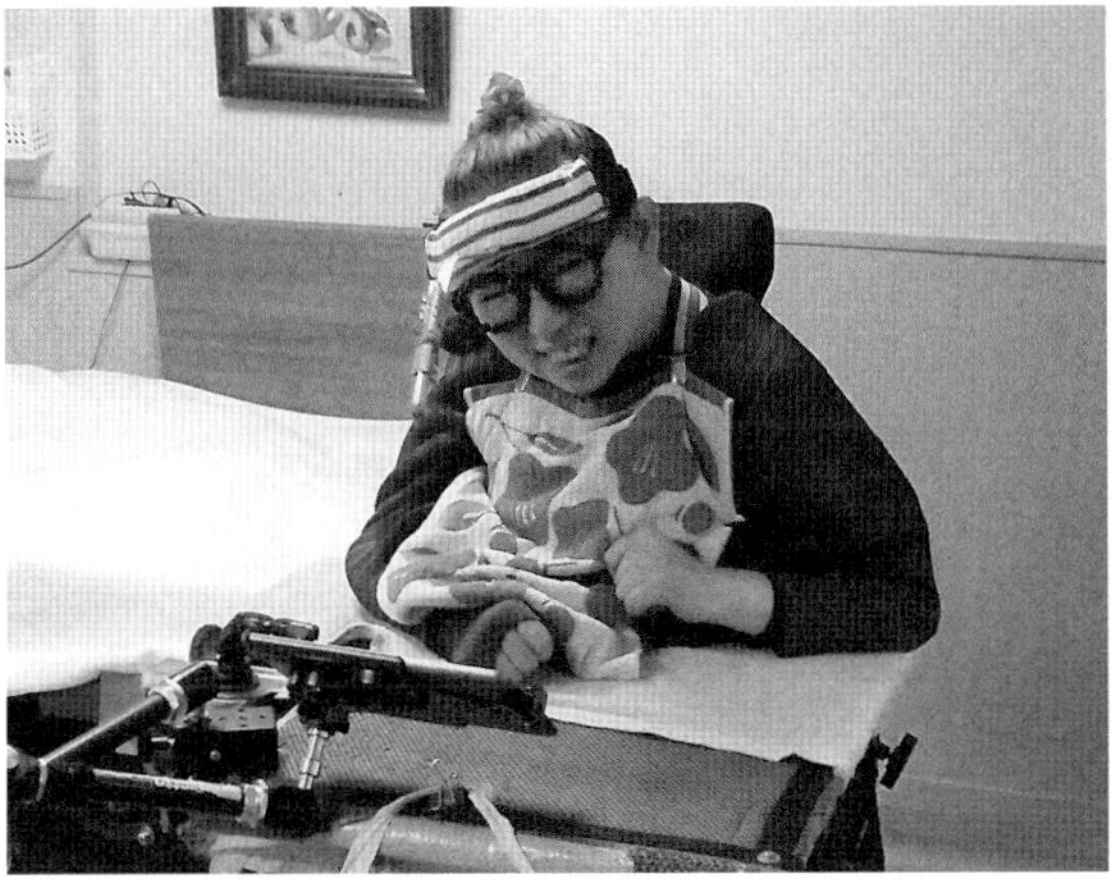
表情も格段に豊かに

高橋氏は、亜沙子さんとの会話そのもの、気づかされるあまたの事柄、ちょっとした生活上の困りごとへの彼女の解決へのアイデアを聞くだけでも、研究員としての役割は十分に果たしていることになると言う。私が見ている前で行われていたことは、スイッチひとつでiPhoneもiPadも、もうひとつ大きいiPadも同時に同じ内容で使える、そんな操作に関することだった。そんな必要があるのかさえ、私にはわからない。

指伝話は発声代行だから、離れて仕事をしているヘルパーに用事を頼むのに適している。いちいち画面を見にこないと指示が伝わらないのでは不便だ。一方、仕事の話をしている最中に、洟を拭いてくださいとか、トイレに行きたいですとか、合成音声で伝えるのは、できれば避けたい。そんなとき、ヘルパーへの指示はヘルパーのiPhoneに文字のみで飛ばすことができる。実際に、亜沙子さんや高橋氏と話している途中で、それまで家事をしていたヘルパーがまったく静かにやってきて、ちょっと失礼しますと、亜沙子さんをトイレに連れていった。なるほど、同時に使える機器。周囲が知らない間に、そっとヘルパーに指示が出せる機能。もう、そこはSFの世界だった。高橋氏は「亜沙子さんは、IT機器では最先端をいっている」と言う。

日々の暮らしというものは、だが実際はそんなにスマートに事が運ぶものではない。ヘッド・スティックでiPadに文字を打つ彼女は、時々首を後傾させて、一息をつく。

「二〇一二年ころから眼精疲労があり、八王子の講演のころから腰の激痛で訪問マッサージを受けるようになり、そのころに首のMRI撮影をしたら頸椎四番に損傷らしきものがあることが判明したんです」

脳性麻痺者の多くが二次障害としての頸椎症になるが、彼女もまた頸椎を痛めている。できれば、ヘッド・スティックで文字を打つ以外の、コミュニケーション方法を獲得したいところだ。視線入力の意思伝達装置も試みたが、思うようではなかったらしい。

iPadに表示した五〇音文字盤から文字を一文字ずつ選択して言葉を伝えることは、スイッチを使った操作だと時間はかかるが可能ではある。指伝話は一文字ずつではなく文章を選んで合成音声で伝えることができるし、選びやすい画面なのでスイッチ操作の効率がいい。さらに最近では、指伝話のカードを選んでLINEやメッセージを送ったり他のアプリを起動することもできる。カーソルを自動移動（オートスキャン）させてスイッチでカードを選ぶことができる。そのためのスイッチ、PPS（ピエゾニューマティックセンサースイッチ）を、彼女はもっていた。このスイッチは圧電（ピエゾ）センサーとエアバッグ（ニューマティック）センサーのセットで、私はALSの人にピエゾセンサーを貼り付け、うまく意思伝達装置が使えるようになった経験がある。亜沙子さんは、「肩が思い通りに動くようになったの。センサーを試してみたい」と言い、右肩をぴくぴくと動かしてみせた。私はすっかり作業療法士のモードになった。随意的に動きそうな皮膚の場所をあれこれ探り、ピエゾセンサーを貼ってみる。もしかしてエアバッグセンサーのほうがいいかもしれない。だが、ALSと違って、反復運動で筋の緊張が高まる。彼女も私も、もっといろいろ試したくなったが、これは一気にやることでもないと判断して、その日はスイッチをもとの箱に収めた。

「動かせるところが増えている。先日も閉じたままの手が、更衣の最中にぱっと開いてしばらくそのままだった」。彼女は、障害がある身体のもつ面倒くささと付き合わざるを得ないのだが、同時に不思議さや可能性を、あくなき好奇心をもって追求していく。足こぎの車いす「コギー」をこいでいる画像をiPhoneで見せてくれた。「足が動いている」。身体障害者生活介護施設「すまいる梅丘」に足こぎの車いす「コギー」があるとわかると交渉して、定期的に使わせてもらいに通う。

中学生のときに受傷し、親が送っている健常者の人生とまったく違う人生を送ることになった亜沙子さんは、親の心配や、よかれと思って申し出る支援を、ずれたものに感じることがしばしばあるようだ。障害のある子どもの自立を願い、そのために動いてきた亜沙子さんの両親だが、実際に本当に自立してしまった娘は、親の想像をはるかに超えたところにいるのだろう。

訪問してすぐに、前とはリフトが違うと気づき、変わった吊り具を見せてもらった。

「父が、この吊り具が絶対いいと言って買ったけど、着脱に時間がかかって、そのまま使ったらトイレに間に合わない。だから、私なりに工夫して使っている。本当は床走行リフトを使いたかった」。四点で吊る吊り具だが、半分巻いて上半身を二点で吊って、下肢は別の吊り具を使っている。

自立生活を二〇〇五年に開始して一〇年以上経ち、最初に入れた外国製のリフトはしばしば故障するなどトラブル続きになった。リフトも含めて家の改修をすることになるが、その間どこで、どのように暮らしたか。改修にかかった二〇一六年一一月から二〇一七年二月までの三カ月間、彼女は世田谷区立身体障害者自立体験ホーム「なかまっち」で暮らした。「なかまっち」は世田谷区に三年以上居住し、自立生活を目指す一八歳以上の身体障害者が最大一年まで利用でき、その間に自立生活のスキルを身につける所だ。亜沙子さんは、自宅で利用している同じヘルパーに「なかまっち」でも介助をしてもらい、そこでリフトのデモ機を試したり、食事支援ロボット・マイスプーンの講習をヘルパーにしたり、iPhoneのキャリアを変えたりと有効に過ごし、その後二週間はリハ病院で久々の病院リハビリテーションを受け、動かせるところを増やして、改修後の自宅に帰った。

食事支援ロボット・マイスプーンは、最初の取材のときに使っていたが、二年後はヘルパー介助で食事をしていた。今回、食事介助をどうしているのか、実は一番気になっていたのだが、マイスプーンは故障などのトラブルを越えて、復活していた。この自助具は、割合に利用する人が少ない機器だ。亜沙子さんが使いこなすか否かで、私の中で人に勧めるかどうかの温度が変わる。「試してみましょうか?」と言うか、「意外とトラブルが多いみたいだからねぇ」と言うか。

今、亜沙子さんは、「ロボホン」(モバイル型ロボット電話)が気になっている。助言やメモのようなリマインダー機能を使えば、ヘルパーにロボホンから指示出しができる。

早く介護ロボットができてほしい、という彼女は、介助者との人間関係に一番心を砕く。どこもヘルパー不足だし事業所との関係もいろいろだ。そして、早とちり、勘違い、誤解、非理解。ロボットが介助を代行できる世界になったときに、人でなくてはやれない部分とは何だろう。そんなSFめいた世界を考える。意外と勘違いや非理解の経験が、大事になってくるのかもしれないという気がしてくる。それがあって、やっと人間をより深く理解する。彼女と接することで、なんと多くのヘルパーが人というものへの理解を深めたことだろう。

IT機器の先端をいく彼女にも、透明文字盤——コミュニケーションボードは不可欠だ。帰り際のヘルパーに、透明文字盤で「お茶忘れてるよ」と、持って帰るのを忘れそうになったお茶を示した。超アナログのこの道具は、首にも優しいし、なんだかほっとさせる。

(取材:二〇一五年一~三月、二〇一七年四月)

四　路地奥で試みられていること——甲谷匡賛さんの周辺

提燈の下げられた町家

この話は少しばかり特殊かもしれない。つまり、道を切り拓くときに要した、人の結集力が尋常ではなかったという点において。そして、特殊ではないかもしれない。人が成し得ることは、あらかじめ誰にもわからないのだから。

京都の路地は、外の者にとっては迷路だ。それでも、何回か足を運ぶうちに、なじみだす。

「スペース　ＡＬＳ－Ｄ」と縦に書かれた赤い提燈と、並ぶお地蔵さんが出迎えてくれる。「ＡＬＳ」が病名だということを知らない人にとっても、知っている人にとっても、この路地を歩くと謎が残るだろう。いったい、この家は何？　店ではなさそうだし、さりとて普通の住まいにしては多様な人々が出入りしている。たたずまいは何の変哲もない四軒長屋のうちの一軒なのだが、その狭い入口からは、毎日午後になるとかなり背もたれを倒した真っ赤な車いすが、若者の手で押し出されてくる。車上の人は世俗の些事から解放されたような澄んだ表情をしている。雨の日も雪の日も欠かさない散歩は、路地から大通りを巡り、時にはバスや地下鉄にも乗り、寺や神社を丁寧に回る。

千本えんま堂、北野天満宮、釘抜さん（石像寺）は、ほぼ毎日の基本コースになっている。自身では手を合わせられない本人に代わって、ヘルパーが手を合わせ、地蔵に水をかけ、像をなでる。本人に代わって、というのは少し違うかもしれない。そこには自他の区別はないような感じがする。京都はさすがに寺社と市民生活が密着している。お使いのついで、という感じで、人々が気負いなく手を合わせている。そんな中に甲谷匡賛《まさあき》さんとヘルパーの姿も溶け

毎日午後にはお出かけ

込んでいる。

甲谷さんとのコミュニケーションは、今やとてもシンプルだ。○と×が白マジックで書かれた透明プラスチック板が一枚きり。

「今日はバスに乗って六角堂のほうに行きますか?」○

「河本さんが持ってきたカレー、ちょっとなめてみますか?」○

甲谷さんの首は不随意にクックッと動くので、○×の判定は慣れない私には難しい。初めて訪れた日、「写真を撮ってもいいですか?」と聞いて、プラスチック板を自分と甲谷さんの間にかざして、彼の視線を追ったら、×を見たように感じた。「ああ、だめですって」とがっかりして、ヘルパーの仁井さんにプラスチック板を渡したが、彼女は再度同じ質問で確認し、「OKですよ」と判定した。

今までの取材は、自立生活をしている当人に話を聞いてきた。だが、今回の主人公、甲谷匡賛さんは、本人とコミュニケーションをとるのは難しくなっていると聞いていた。それでも、ひょっとすると○×のサインで何か聞けるかもしれないと。

だが、人間関係を築いてきたわけでもない他人が、話を聞きたいと訪れて、○×で答えられる質問などできるものだろうか。「この暮らしを気に入っていますか?」「ぜひ伝えたいけれど伝えられないもどかしさはありますか?」。こんなことを聞いて、どうなるというのだ。もう、全然違う位相に、この人はいるという気がした。それで、何を問いかけていいか、わからなくなった。

甲谷さんは、無表情ではない。目は何かをしっかりとらえているようでもあるし、中空に揺れているようでもある。

時々口を開けて、全身を緊張させて泣き笑いの表情をするので、声は出ない。泣き笑いの表情は、窓の外をバイクが通っただけで起こる。だが、こちらで何か甲谷さんのエピソード、何年か前の大変だった時期の話などを聞いているときにも起こる。だから、ちゃんと私たちの話を聞いて、それに返しているのだなと思う。そう思って話しかけても、どこ吹く風といった表情のときもある。わからないのかなと思う。

何一つ自分ではできなくなった人が、丸ごと身体を開けっぱなして、ここに存在している。赤の他人である周囲の人に全幅の信頼を寄せて、どーんと横たわっている。時々ガッと泣き笑いの表情を見せて。そうするともう、わかったのかどうかなんて、自分は何を気にしているのだろうという気がしてくる。

生きる意味がどうのこうのなど、すべて吹き飛ばして無防備にそこにいる人の空間は、なんと穏やかで気持ちがいいのだろう。これは、ひとつの到達点なのだろうか。

だが、数年前を知るヘルパーたちは、異口同音に「あのころは地獄だった」「何度も辞めようかと思った」、大の男でさえ「泣いた」と言う。

ヘルパーたち

甲谷さんは、一日二四時間、ヘルパーによる介助を受けている一人暮らしだ。午後の数時間はヘルパーが二人入ることも含めて月九〇〇時間、八時間三交代でシフトを組む。九時～一七時、一七時～午前一時、一時～九時と、ヘルパーがバトンタッチしていく。自立支援の重度訪問介護のヘルパーたちは、研修を受けて、痰の吸引も、胃ろうへの注入も行う。

ここに来るヘルパーは、少しほかと雰囲気が違うかもしれない。人を世話することに慣れた、ざっくばらんな気安さはない。もちろん、堅苦しいというのではなく、適度な距離の親密さと言ったらいいか。ヘルパーと甲谷さんの関

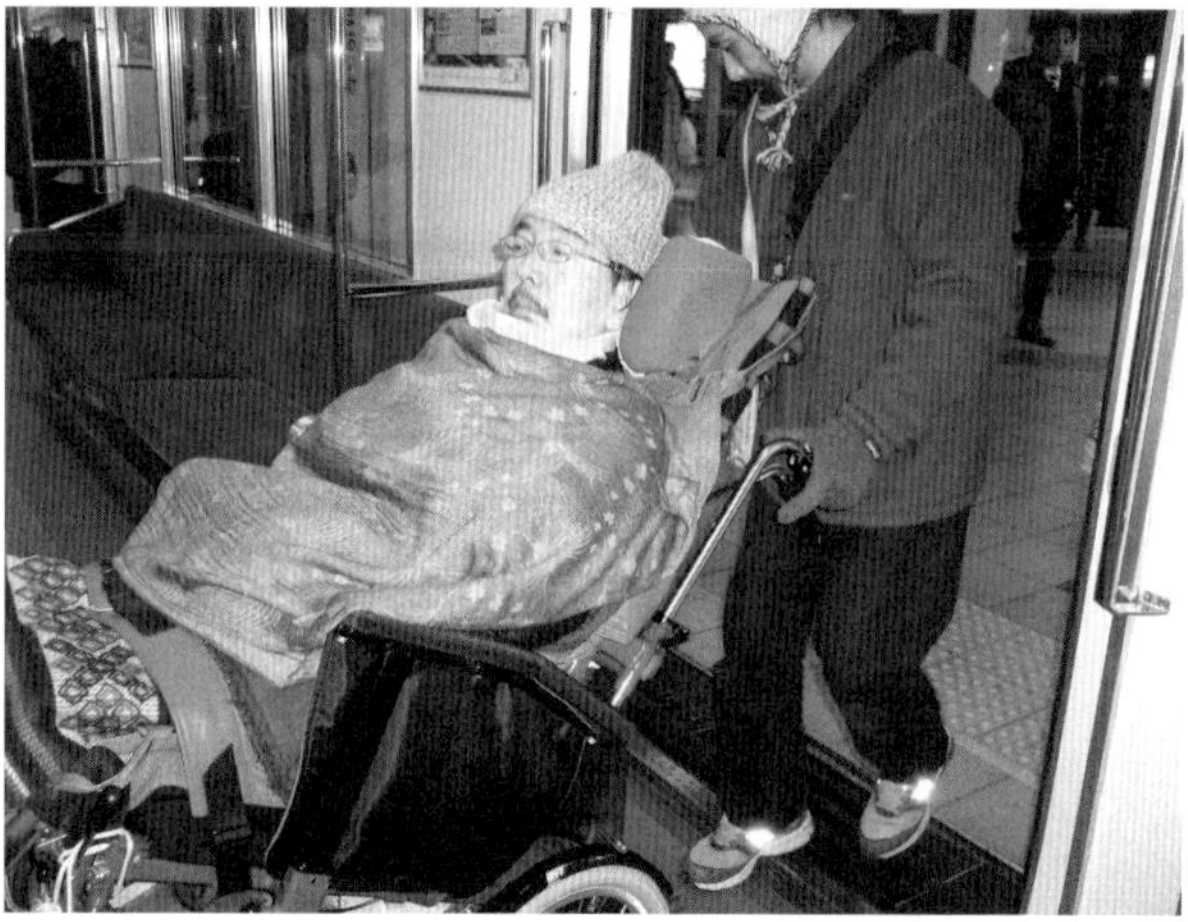
京都のバス・地下鉄は、本人も介助者も無料（85頁・註6参照）

係が、ケアを接点とした契約関係というより、もともと友人だったり、何かと縁がある人たちだということによるのかもしれない。

現在、一人でケアをするヘルパーは九人だ。ほかに午後にアシストで入るヘルパーが何人かいて、この人たちは「二人目さん」と呼ばれており、研修期間を兼ねている場合もある。

この九人が甲谷さんの全生活を責任をもって支えている。責任をもつというのは、健康に関することのみならず金銭管理も行っている、という意味だ。生活費は生活保護で賄われているが、必要なお金を口座から引き出し、現金で支払うものや買い物はそのお金を使い、ノートに記録して管理する。買い物は、そのつど○×で確認するが、現在は甲谷さんから欲しい物を要求する伝達手段はない。だから、現金を使った買い物といっても、おむつ等、生活必需品が主だ。それでも、外出先で本人が欲しそうな物を表情を見て買うこともある。ヘルパーの池田さんは、「昨日はおいしそうなお豆腐があったので買って帰って、少しだけ口で味見をしました」と言う。言語での伝達手段をすべて失った甲谷さんだが、ヘルパーはなんとか表情を読み取ろう、意思を読み取ろうとしている。

九人のヘルパーのうち、四人はダンサー、一人はＤＪで、ヘルパーコーディネーターでもある志賀玲子さんはダンスプロデューサーだ。私が取材した日にいた「二人目さん」は、一人はバンドをやっており、もう一人は役者をしている若者だった。

取材初日に会った仁井さんもダンサーだ。甲谷さんから新体道（武道の一種）を習っていたという縁だ。

「公演とか旅とか、自分の都合を優先して仕事の体制が組めるので、すごく助かります。何もないときは月一三〇時間くらい働きます。今度半年くらいアフリカにダンスの旅に出る予定ですが、志賀さんはその辺の事情もわかってくれるので、楽です」

別のヘルパー、高木さんは言う。

「ちょうど昨日、ダンス公演が終わったところです。しばらくお休みをもらったけれど、何もないときは月八〇時間くらい入ります。甲谷さんのヘルパーになったのは、志賀さんの紹介です。大学のとき、志賀さんが先生でいて。ヘルパーになって五年以上になります。すごく大変な時期を経験して、それで今があって。今は、この空間、本当に穏やかないい時間が流れています。でもあの大変だったときは、辞めた人が何人もいて、自分ももうだめ、もうだめと思いながら、なんとか持ちこたえました。ヘルパーの感覚だとやってこられなかったと思います。やはりアートと関わって、人生勉強と思えたからやれたんです。人間のエゴとエゴのぶつかり合い、もう人の嫌な部分、見たくない部分を突きつけられるんだけど、それって結局、甲谷さんを通して自分の嫌な部分に向き合ってるってことなんですね。で、越えなければ、と思った。これを越えて、いいダンサーになる、と思った。今思うと、いい経験をしたな、特別な時間を過ごしたなって。

ヘルパーは辞めようと思ったらいつだって辞められます。私には選択権があるけど、甲谷さんは辞められないじゃないですか。甲谷さんは、すべて抱えなあかんのだから。だから、付き合いますと思った。だけど、あんときは本当に地獄やった」

この仕事をして、高木さんのダンスは変わったのだろうか。

「ダンスというより、身体に関する考え方が変わった。心と身体をつなげなさいとワークショップなんかでよく言われるけど、それへの違和感があります。甲谷さんを目の前にしていると、感情と身体が分離していく感覚が真実と思えてくる。自分が踊るときも、だから身体を物質的に扱うというか、ドライになりましたね。甲谷さんを見ていると、

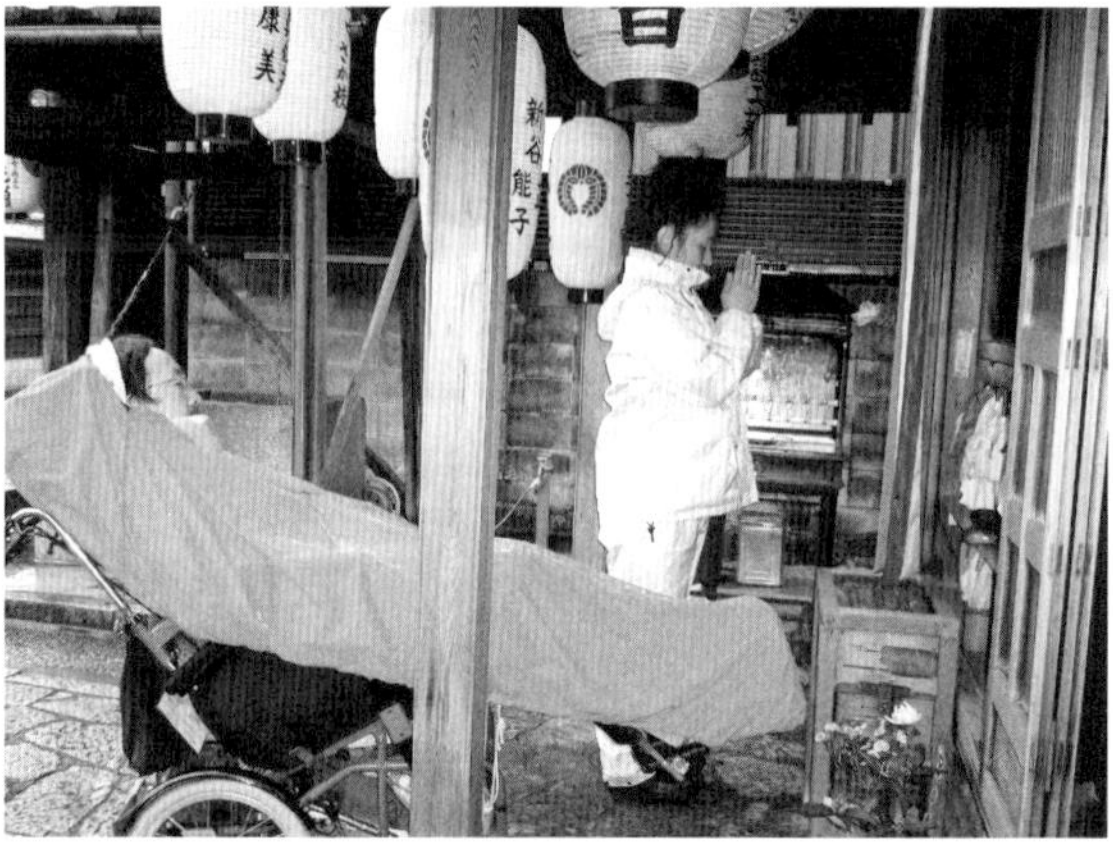

ヘルパーとお参り

すべてを受け止めて、ただここにいるという……圧倒的に強い身体がある。この身体を見ていると、ダンサーの身体が弱く思える。ただいるということを肯定するとは、どういうことかと思わされます」

ヘルパーの池田さんは一年目だ。やはりダンス関係かと思ったら、「いえ、自分はダンスとかは知らなくて、仏教に興味があって。知り合いが甲谷さんのヘルパーをしていて、一緒にお参りができるのでいいんじゃないかって紹介されて」。

池田さんは一年半くらい寺にいたという経歴の持ち主だ。その前は障害者と農場で仕事をしていた。今は週三〜四日は甲谷さんのヘルパーをしているが、畑を借り、無農薬の野菜をつくろうとしている。

彼は地獄のようだったという時期は知らず、安定してからの甲谷さんに入っている。すでに文字盤によるコミュニケーションがとれなくなってからだ。痰をとる、おむつを換える、尿量を測る、胃ろうへの注入をする、体位を整える、着替えをする、車いすにリフトで移乗する、出かける、必要な買い物をする、必要な支払いをする、洗濯をする、掃除をする、記録をとる、引き継ぎ事項をパソコンに入力する、音楽を選ぶ、テレビをつける、来訪者への対応をする、電話での対応をする。本人が生きていく、暮らしていくのに必要なことを、本人に代わってする。身体の表情を読み取りながら、○×で確認しながら。

「注入とか排泄とか、生命をつなぐことはもちろんですが、それ以外の大切なことがあると思っています。そのことで生気が湧いてくるような刺激です。散歩で外に出るときは、そんなことを意識しています」

ALS-D

屋号のように赤提燈に書かれた「ALS-D」とは、いったい何か。ALSはもちろん、筋萎縮性側索硬化症（amyotrophic lateral sclerosis）のこと、そして、Dはダンス（dance）、独居（dokkyo）、ドキュメント（document）の頭文字だ。ドキュメントとは、研究者らを巻き込み、ALS者の在宅移行と独居の試みを発信していくという、独居という社会的行為（この言い方は変だが、でもそうなのだ）をテーマとしたドキュメントだ。(28)

その名の通り、ALS-Dというこのプロジェクトには、いくつかのドキュメントが、京都新聞記者の岡本晃明さん、ヘルパーコーディネーターの志賀玲子さんらの手によりなされている。それらをも参考にして、まずは甲谷匡賛さんの紹介をする。

彼のALSの発病は二〇〇二年、四四歳のときだ。京都で指圧や整体等を主にした手技治療院を開業していた。ヨガや新体道にも精通し、東洋思想やチベット仏教にも詳しい彼のもとには、「抜きん出た身体観や思想にひかれ、数多くのダンサーが通院していた」(29)。まず、言葉がしゃべれなくなった。だが、手足は動かせていたので、筆談でコミュニケーションをとりながら、一年くらいは新体道等を教えていた。そして、徐々に手足の動きが落ち、それからは進行が速く、二〇〇四年には寝たきりとなり、入院となる。

「ALS-Dプロジェクト」の中心人物の一人である志賀玲子さんは、コンテンポラリーダンスを中心に、劇場やフェスティバルの企画をするプロデューサーだ。甲谷さんの治療院に十年来指圧を受けにいっていたという関係だが、単にそれだけではなく、志賀さんがプロデュースするダンス公演を甲谷さんが観て、ダンスや身体のことを話し合う仲でもあった。だが、二〇〇四年に甲谷さんが入院してからは、ALSという病気の深刻さに腰が引けて、お見舞いも一度行ったきりだったという。(30)

二〇〇五年、もう一人の中心人物、舞踏家の由良部正美さんの呼びかけで「甲谷さんの支援と学びの会」ができると、志賀さんはその世話役を引き受けた。メーリングリストをつくり、ローテーションを組んで、病院にマッサージや散歩の援助に行くようになった。登録メンバーは四〇人近くになっていた(31)。

病院という所は、在宅生活のめどが立っていなくても、三カ月もすれば退院を迫る。障害が重度なためなかなか受け入れ先が見つからない状況での、三カ月ごとの転院先探しは、コミュニケーションが困難になっている本人にとっても妻にとっても過酷なものだった。終身入院ができるという病院を見つけて転院したが、そこも結局は一年で出るように言われる。もうあとがなかった。

この病気はいずれ呼吸苦が出たら、人工呼吸器装着の決断をしなければいけない。七割の患者が人工呼吸器をつけずに亡くなるといわれている。また、全国で六七〇〇人いるALS患者の二三%が人工呼吸器を選択しているが、京都府の装着率は一三%と、平均を下回っているという調査結果があるという(32)註4。甲谷さんは、最初は人工呼吸器をつけないという決断をしていた。

志賀さんは、全身が動かなくなり、「死」を射程に入れてそこにいる甲谷さんと関わるようになると、劇場でお金をとって観せるパフォーマンスというものが色褪せてみえてくる。二〇〇五年の夏、入院している甲谷さんに、「ダンスを今でも観たいと思う?」と問うと、「観たい」という答えが返ってきた。そこで彼女は病院と交渉をし、食堂でダンスの会を開いた。観客は甲谷さんら神経難病の入院患者たちだ。五人のダンサーが一〇分ずつ踊った。おそらく、甲谷さん以外の患者たちにとってはなじみのない、前衛的なダンスだったはずだ。だが、彼らはものすごい集中力でダンスを観た。そして終わったあと何人もの人が「ダンスをありがとう」と言ってきたという(29)。これはプロデューサーとしての志賀さんを、根底から揺さぶった体験だったようだ。

二〇〇六年一月には、由良部さんが主になって動き、「一畳百色」甲谷匡賛作品展が京都のギャラリーで行われた。

註4　ALS患者数は平成二七年度末で九四三四人と、増加傾向にある。

若いころ美術学校に学んだ甲谷さんは、寝たきりになってから、左手の甲をわずかに動かしてタッチセンサーで操作し、パソコン上に色彩鮮やかな絵を描いていた。それらは身体の動かなさとは裏腹に、観る者をたじろがせるほどにエネルギーに満ちあふれている。この個展で甲谷さんは記者である岡本晃明さんに出会う。

甲谷さんをめぐるこうした動きは、やがて渦のように人々を巻き込んでいく。京都での個展をきっかけに、二〇〇六年一一月には横浜美術館アートギャラリーで「A-LSD!〜ALS（筋萎縮性側索硬化症）の病床におけるHIGHな出来事〜」という展覧会が、国際的なALSのシンポジウムに合わせて行われた。これは甲谷さんの作品と映像、ダンス、鷲田清一氏〔大阪大学副学長（当時）〕の講演と、九日間にわたる大きな催し物だった。六〇〇人もの来場者があり、甲谷さん自身、新幹線に乗って一泊の旅程で会場に行った。

横浜行きは甲谷さんに、「できないとあらかじめあきらめていることが、あまりにも多いということに気づいた」と、ひとつの力を与えた。

さて、ここまで多くの人が関わり出すと、甲谷さんの存在は社会性を帯びてくる。そんな渦の中に、退院を迫られる本人と家族がいる。制度として家族介護を前提にデザインされる在宅生活は、どんな展開をしようと、見えないところで家族に苦汁を飲ませることになる。結局、甲谷さんは家族も財産もすべて手放して生活保護を受ける選択をしたうえで、独居の在宅生活を決めた。

それぞれの思い

「ALS-Dプロジェクト」は、甲谷さん、志賀さん、由良部さん、岡本さんの四人を中心にして進められた。志賀さんはプロジェクトを進めるプロデューサーとしての触覚が鋭く働いた。だが、甲谷さんは人工呼吸器をつける決意をしたわけではないし、呼吸器をつけて一人暮らしをするということがあり得るのかどうかも、わかってはいなかった。

岡本さんは新聞記者として、ALSや筋ジストロフィーの患者が家で暮らしたいと願いながらかなわない、あるいは、独居に挑み無念にも倒れていった、そんなケースを取材していた経緯があり、豊富な情報と人脈をもっていた。二四時間のヘルパーがいたら生きられたかもしれない人々の無念さを、彼はどうしようもないまま受け取っていた。

由良部さんは、甲谷さんとの付き合いは二五年くらいと最も長い。東方夜総会という舞踏グループから出発し、ソロで作品を発表し、やがては海外のダンスフェスティバルでも活躍しているが、甲谷さんとは若いときに一緒にアルバイトをした仲だ。折に触れて身体をめぐる問いを突きつけてくる甲谷さんは、重要な友人だった。「甲谷さんの支援と学びの会」を呼びかけた由良部さんの文には、「人工呼吸器装着と介護をめぐる社会全体に関わる問題」への意識と、(軽々には)「呼吸器をつけるべきだ」とか、「できるだけ力になるから」などとは言えないという揺れ動く気持ちの中で、「まず集まって話し合う」提案がなされていた(31)。

人工呼吸器をつけて一人で暮らす方法があることを、岡本さんは知っていた。自身、ALSの母の介護経験をもち、日本ALS協会の理事をしている川口有美子さんの提唱する「さくらモデル」だ。岡本さんに紹介される直前に、志賀さんも「さくらモデル」の発表をネット中継のシンポジウムで観ており、岡本さんに紹介されることでこの方法は一気に志賀さんの中で現実味を帯びてきた。

二〇〇七年一月、川口さんは甲谷さんの病室を訪れ、「さくらモデル」を紹介した。「家族はひとつもケアしないで、患者自身が社長になって、素人をヘルパーに育成するの。東京ではそうやって暮らす人が出てきている。関西では誰もやっていない。一緒に風穴をあけようよ(32)」。そして、さらりと、「人工呼吸器はつけてよね」と言った(28)。

二月には、川口さんによる「難病と倫理研究会」が京都で開催され、国立病院機構新潟病院副院長(当時)の中島孝氏の講演を甲谷さんは聴きにいった。そこで知ったことは、リハビリテーションの一環として日々使いこなすツールとしての人工呼吸器の考え方だった。研究会には、長年人工呼吸器をつけて寝たきりの一人暮らしをし、SMAPのコンサートを追いかけたり、海外に出ていったりもする「さくらモデル」の実施者、日本ALS協会会長(当時)・橋本操さんも来ていた。「甲谷さんが独立すれば、京都に遊びに行く口実ができる」という強者は、「ちょっとずつ慣らしていったほうがいいよ」と伝えてきた[33]。

甲谷さんも、志賀さんや由良部さんら支援者も、人工呼吸器をつけて一人暮らしをするという選択が可能なことがみえてきた。三月には、痰のむせ返りがひどい甲谷さんは気管切開し、喉頭全摘出の手術をした。

そして八月、甲谷さんは三年以上に及んだ入院生活から独居に踏み出した。もちろん、ここに至るまでの準備は簡単なことではなかった。志賀さんらがまったく知らない、魑魅魍魎な福祉の制度、抜け道。まず、二四時間のヘルパー利用が、まだ京都市では前例がなかった。住む場所も探さなくてはならない。経済はどうするか。痰の吸引ができるヘルパーはいるのか。

大変ではあったが、このプロジェクトは夢を実現させる、関わる人がそこに自分の夢を重ね合わせる楽しさがあった。二〇〇三年（平成一五年）にできた支援費制度が障害者の自立生活を実現させるパワーをもっており（その後、破綻してしまったが）、社会的にもひとつのうねりがあった。

川口さんらは、橋本さんに続いて二人目となる人工呼吸器をつけたＡＬＳ者の一人暮らしの実現に向けて、協力を惜しまなかった。二〇〇三年に自身が介護事業所を立ち上げ、東京都内でＡＬＳ者宅へヘルパーを派遣するということを始めていた川口さんは、さらに二〇〇四年には京都の立命館大学大学院に進み、ＡＬＳに関する研究に取り組んでいた。二〇〇七年は、ちょうど、「ある女性ＡＬＳ患者の在宅療養における介護の質と量の関係」というテーマで論文を書いていたときである[34]。生きたいと思っていても、介護体制が整わないゆえに人工呼吸器をつけるとは言えない人々の存在を知っている川口さんは、甲谷さんに「甲谷さんだけの問題ではなく、京都近県の難病患者の将来がかかっている一大プロジェクトと思ってほしい。前例ができれば、後の人に道ができる[31]」と言っている。

ヘルパーは志賀さんや由良部さんが探した。まず志賀さん自身、甲谷さんの入院生活にボランティアで通ううちにヘルパーの勉強をすればもう少し役に立てるかもしれないとの思いで、二〇〇六年ころにホームヘルパー二級の資格を取っている。また由良部さんの舞踏ワークショップに来ていた参加者に、すでにヘルパー資格をもって働いていた人たちがいた。

由良部さん自身は、東京で川口さんらが展開している「さくら会」の講習会で、重度訪問介護従業者の資格を取った。高木さんや仁井さんも、さくら会の講習を受けている。二四時間介護はヘルパーを見つけるのが大変といわれている。だが、志賀さんの実感からいえば、それはそう難しいことではない。ダンス、芝居、音楽等、アートに関わる人にとって、時間の融通が利き、人の生き様にじかに触れるヘルパーの仕事はうってつけなのだ。

ヘルパーはなんとかなりそうだったが、京都市がいつまでも支給時間を示してこないことが志賀さんたちをいらだたせた。支給時間が決まらないとヘルパーに時給を示すことができない。退院の一週間前に、やっと京都市が言ってきたヘルパー派遣時間は一日一九時間だった。もちろん、甲谷さんを五時間たった一人にするわけにはいかない。だから、二四時間体制、時には二人ヘルパーで在宅生活に踏み出したが、しばらくは事業所の持ち出しとなった。

「さくらモデル」は、当事者がヘルパーを育て、ヘルパー事業所を立ち上げ、運営し、そのことによって経済の自立を得るという、別名「社長モデル」だ。だが、事業所運営は困難と判断した志賀さんは、ヘルパー登録を大阪の事業所「ココペリ121」にした。ココペリは、ケースカフェ、書評カフェ、介護者バンド「コマイナーズ」等、特異な発信をしている介護事業所だ。代表の長見有人さんは、重度障害の人が施設を出て一人暮らしをすることを支えるためにココペリを始めた。一九七〇年代にハンガリーで療育（Peto 方式）の勉強をしたという逸物だ。志賀さんはココペリの雰囲気に、自分のなじんでいたアートの世界と共通するものを感じ、一気に介護事業所という未知の業界への不安が消えたという。

一日一九時間というヘルパー支給体制で開始した独居生活だが、もちろんそのままというわけにはいかない。志賀さんらは京都市との交渉を続けた。岡本さんの人脈がそれらを支えた。弁護士と共に不服審査請求をし、生活保護の他人介護料を運用できないのは生存権の侵害と訴えた。二四時間訪問介護保障に向けて活動していた日本自立生活センター（ＪＣＩＬ・京都）も共闘した。甲谷さん自身も京都市役所に行き、痰の吸引を受けながら市職員と向き合った[35]。

結局、京都市役所は制度の運用基準を見直すというかたちで、月八六一時間のヘルパー支給を二〇〇八年二月に決定した（二〇一三年三月現在は九〇〇時間）。

住む場所は、最も関係者の思いが結集した所だ。かつて志賀さんが夢のような話として甲谷さんと交わした会話。「甲谷さんが町家の奥で一人暮らしをしていて、道に面したスペースはスタジオになっていて、ダンスや新体道の稽古に来る人が、そのうち介護に入ったり、介護の人がダンスの稽古を受けたり、時には甲谷さんが稽古をつけたり、そんなことができたら、呼吸器をつけて生きていくのも楽しくない?!」[31]。人工呼吸器をつけないつもりでいた甲谷さんは笑っていただけだったが、志賀さんはその時点でこのプランに根拠のない自信があったという。

実際に、町家を探し改築しダンスの稽古場と甲谷さんの生活スペースが一緒になった住まいをつくった実働部隊は、京都工芸繊維大学の阪田弘一氏とその研究室の学生たちだ。岡本さんの人脈だった。学生たちは不動産屋巡りから改築の設計、工事まで経験した。西陣の築八〇年の織屋だった家が、かつて志賀さんが語った形に生まれ変わった。改築にかかった総額六〇〇万円を超える費用は、「京町家まちづくりファンド」の改修助成費約六〇万円を充て、あとは甲谷さん、志賀さん、由良部さんで負担した。甲谷さんは自分の住まい、志賀さんにとっては実存的なプロダクト、由良部さんにとっては舞踏の活動拠点。金銭感覚は人それぞれだろうが、人生の踏ん切り時に夢を実現させるために要した金額としたら、決して高くはない。

独居六年目

人工呼吸器はどうなったか。甲谷さんが生きる覚悟をし、ヘルパーたちは吸引の手技を看護師から学び、必要ならいつでも人工呼吸器をつけるつもりで始まった独居生活だが、六年経った取材時、つけないで暮らせている。それどころか、痰も減り、吸引せずとも気切孔からのティッシュでの拭き取りですんでいる。

甲谷さんの身体に何が起きているのだろうか。何も起きていないのだろうか。進行は止まっているのだろうか。

三年前の本当に大変だった時期のことを由良部さんはこう言う。

「（あのころの甲谷さんは）全身が発作的に硬直して、ベッドから飛び出しそうなくらいになる。怒ったら本当に般若のような形相になり、何かが取り憑いているのかと思ったくらいで、『出てこい！』と言ったこともある。しゃべれないし、エネルギーの行き場がないのに、意識は覚醒しているから、細かいところまでこだわりが大きくなって、介助者に対しても『あなたが嫌いです』とか言っちゃう。そんなこと言う人じゃなかったのに。体位交換も一つひとつ一〇〇くらいの手順があって、一つひとつ手順を踏んで形が決まったと思った途端に突っ張って崩れて、一からやり直し。それらの指示を文字盤でやるから、意味がわからないこともあって……。連続して人が辞めたときはさすがに危機感があって、仕事全部辞めて僕と志賀さんで頑張んなきゃと思ったりもしたけど、これがずっと続くわけでもないだろうとも思った。どうしてもわがままと思ってしまうんだけど、そうじゃなくて、これが身体の出来事なんだって。身体の出来事だから、話し合っても無理なんだなと。もう『社長モデル』じゃなくて、『出家モデル』でね。以前、甲谷さんは身体のコントロールができなくなってきたとき、『私と人の身体のさかい目がなくなった。私と人の感情のさかい目がなくなった』と言っていたけど、一種の自我の死を体験したんだと思う。溺れる……、助けて……みたいな、怒っているような嘆願しているような、そんな時期を経て……ね」

身体をめぐって問い、身体を表現し、身体に触れる。この舞踏家は究極のヘルパーだ。

甲谷さんの居室の隣は、天井の高いスタジオになっている。ダンスの稽古に来る人もいるし、毎月一〇日にはマンスリーダンスセッション「リーラ」が由良部さんとＤＪのヘルパー白石哲さんにより開催されている。観客がどんな参加の仕方をしてもいい、というリーラにはもちろん、甲谷さんも車いすで参加している。時々、泣き笑いの表情をしながら。

こういう暮らしのつくり方は、誰にでもできるというわけではない。甲谷さんの独居生活が知れるにつれ、甲谷さんのような友人や支援者をもたないＡＬＳ者は、自分には無理と打ちひしがれる。(28)だが、最初に道を切り拓くときには、それだけの人の結集とパワーが必要なことは確かだ。そして、甲谷さんのあと、人工呼吸器をつけたＡＬＳ者の独居は京都市で二人続いている。ＡＬＳ-Ｄはまさしく道をつけた人たちの屋号なのである。[註5]

（取材：二〇一二年一二月〜二〇一三年三月）

註5　その後、ＡＬＳ-Ｄには「認知症を伴うＡＬＳ（ALS with dementia）」という医学用語があることを知ったが、志賀さんたちは「甲谷さんは、それも一興と笑っているに違いない」と意に介さない。

その後の甲谷さん

変わりない日々

最初の取材から四年経過した。彼は人工呼吸器をつけないで暮らしているのだろうか。ダンサーでもあるヘルパーは、今も同じように入っているのだろうか。在宅生活に終止符が打たれたなんてことはないだろうか……。二〇一七年四月、四年ぶりに志賀玲子さんにコンタクトをとるとき、少しだけ緊張した。何となく同じ生活が続いているという気がしていたが、人生はわからない。何といっても、甲谷匡賛さんはALSなのだ。

志賀さんから、人工呼吸器もつけずに同じように暮らしているというメールをもらい、安心した。同じような暮らしなら、ちょっとだけお邪魔して、と軽い気持ちで京都に行った。

「スペース ALS-D」と書かれた提燈も、家の前のお地蔵さんも何一つ変わることなくあり、昼間シフトの由良部正美さんが迎え入れてくれた。甲谷さんはまったく変わりなくベッドの上にいて、かっと泣き笑いの表情で迎えてくれた。身体は少し固くなってはいて、左ひざはまったく屈曲しないし、両手もさらにギュッと握っている。だが、どこ吹く風の穏やかな表情も、彼のいる空間の心地よさも、なんら変わらず、それは生命の本来の姿のようにさえみえる。

本人は変わりないが、周囲は年齢に応じた変化がある。初めての取材のときに会ったヘルパー仁井さんは、結婚して甲谷さんと同じ長屋の隣に住むようになっていたし、ヘルパー高木さんは母になったばかりで産休中ということだった。

「私たちも歳をとっていくし、この一角がグループホームになったりして」と、冗談とも本気ともつかない発言をして、志賀さんは笑っている。

由良部さんは、身体ほぐし担当を自任し、甲谷さんの固くなった身体のストレッチを丁寧にしていた。「身体を動かすのは大事だと思ってるから。それと口腔ケアですね」。ストレッチが終わると尿パッドの交換だったが、彼は私と志賀さんとの会話に加わりながら、電子レンジでホットタオルをつくり、まったく無駄のない動きで甲谷さん周辺を行き来し、いつの間にやらパッド交換は終わっていた。あり得ないと思った。私も普段の仕事上で、ＡＬＳの人のストレッチをし、そこでパッドが濡れていることに気づくときがある。パッド交換はヘルパーの仕事だが、ヘルパーがいない時間帯で、ズボンまで濡れていたら、当然私だって交換する。手慣れていないということもあるが、ジャージー素材のズボンを下ろすのに側臥位にし、紙パンツを破り、仰臥位にして前部分のパッドを取り、また側臥位にして紙パンツを抜き……そんな、いつの間にやら終わっているなど、あり得ない。

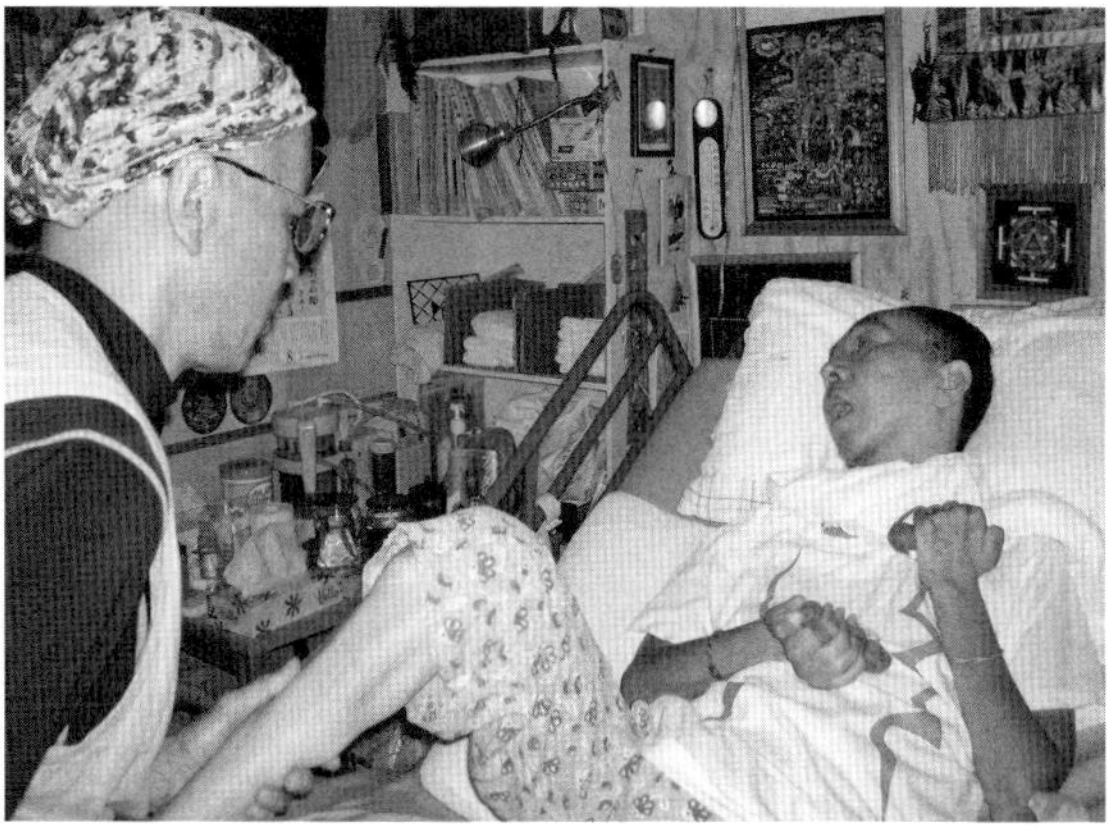

由良部さんのストレッチ

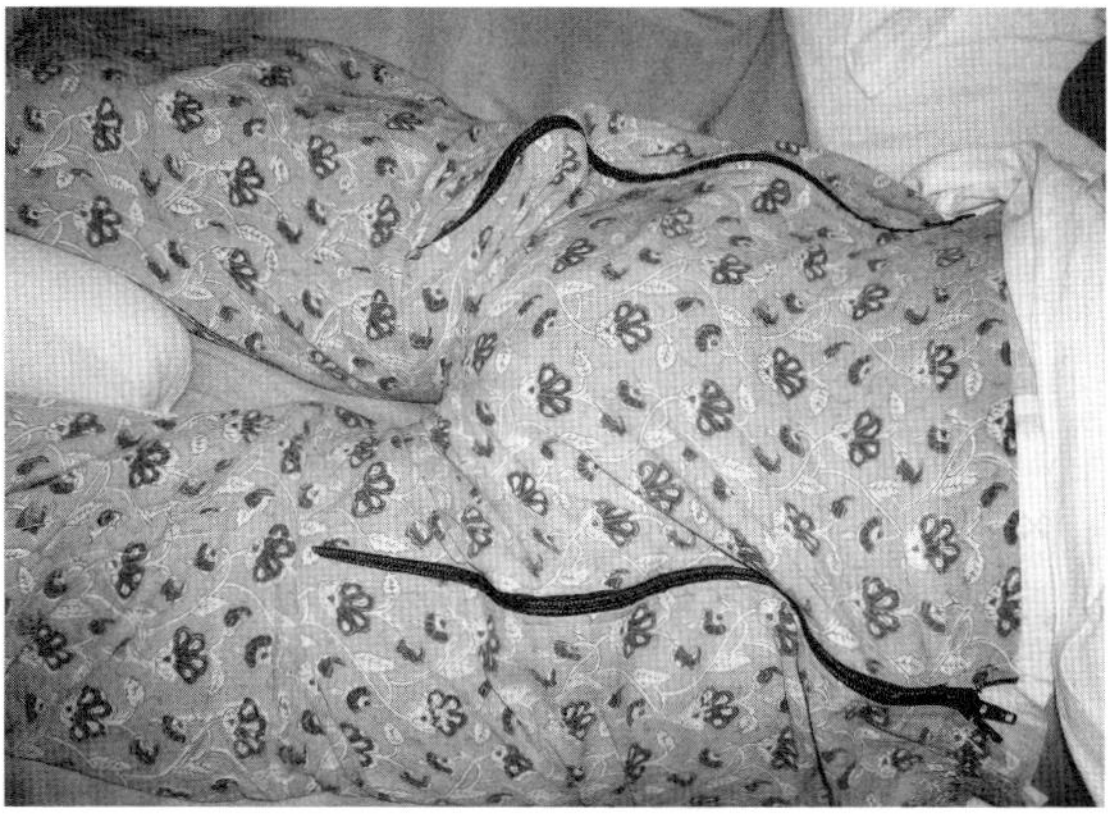

志賀さん手づくりのズボン

よく見ると、ズボンに特別の工夫が施されている。前部に縦に二本のチャックがついていて、そのチャックを下ろすと、ちょうどペニス部分を覆う尿パッドだけを取り換えることができる（**写真**）。

「この前、薪能を観にいって。車いす席は一般客席から離れていたし、防寒用に着ていた雨ガッパの中で、誰にも気づかれずにパッド換えちゃいましたよ。近くにトイレがないから、私は我慢だったんだけど、甲谷さんのほうがずっと自由ですよね」。そんな荒技も、ズボンを見て納得した。

ズボンは志賀さんの手づくりだ。「叔母に洋裁を習いにいく中で、相談しながら開発しました」。何枚かスペアがつくってある。

より、普通に

ケアの内容も、大きく変わるところはない。痰の吸引は時々必要だし、食事は胃ろうから注入している。車での外出は、むしろ遠くまで行っている。西国三十三番観音霊場を全部巡り、三三番目の岐阜のときは片道三時間、一一時ころ出て一八時ころ帰ってきた。吸引器は持っていかなくても大丈夫だった。

四年前には○×の書かれた透明プラスチック板で本人の意向を確認していたが、目の動きが揺れるようで、確認ができなくなった。今は、話しかけるが、問いかけに対しての確認はできないし、しない。「だから、ほんとのところ、甲谷さんがどう思ってるのかはわかりません」と志賀さん。

尿パッドの交換のタイミングは、「時間をみて、あるいは表情を見て少し力んだ感じのときにします。だいたいわかるかな」と、由良部さん。健康だったとき、病気が進行し動けなくなってきたとき、コミュニケーションがとりにくくなり生活が修羅場と化したときを知っている二人は、今、本人の意思を確認する術はまったくない状態の甲谷さんとの不思議な、でも確かな交流の方法を、「わからない」「わかる」という反対の二つの言葉で言い表している。

食事は注入だが、口から食べることも増えてきていると聞いて、それもびっくりだった。四年前とそう変わらないと思うと志賀さんに言われたが、いやいや、四年前はなめる程度だった。今回、志賀さんが自分のお弁当のおかず、ラタトゥイユをスプーンで食べさせている。ぱくりと食べてごくんと飲み込んでいる。五口でやめているが、もっと食べても大丈夫そうに見える。喉頭全摘出手術を受けているので、むせたり誤嚥したりはない。

以前から、食べさせていいという前提ではあったが、最近ヘルパーが不安になってきて、喉頭全摘出の手術をした病院で嚥下造影検査を受け、問題はない、嚥下機能は残っているということが再確認された。

志賀さんは、もっと経口摂取を進めたいと思ってはいる。だが、本人が決めて指示出しをする自立生活と違い、ヘルパーが自己判断で食材を買って食べやすく調理して食べさせたとしても、量はほんの少しだし、残った食べ物や食材の管理をシフトが変わるヘルパーにどう伝えていくかなどを考えると、現実的には難しい。第一、彼は口を開けてくれない。もし甲谷さんが意思を表明できるとしても、食材という限りなく幅広いものの選択肢を提示するのも難しい。もともと野菜中心の人ではあったが、魚が食べたい日だってあるかもしれない。

志賀さんは、自分のシフトのとき、少し多めにお弁当をつくってきて、数口食べさせている。それが一番、現実的にいろいろなものを食べていただける方法という結論だ。志賀さんの食事介助は、ちょっと不思議な光景だった。「こう～た～に～さ～ん」と唸るような声で話しかけ、笑ったような甲谷さんが口を開け、閉じる寸前にひょいとスプーンを口に入れる。「ホーミーなんです」と言う。ホーミーとは、モンゴルの伝統的な喉歌の発声で、二種類の声が一人の人の喉から同時に出ている。地声のほかに、高い倍音が聞こえてくる。とても不思議な発声だが、このホーミーだと、甲谷さんは口を開ける。志賀さんは別にホーミーを習ったわけでもない。彼が口を開けるように、試行錯誤で語りかけているうちに、自然と倍音が出るようになり、確実に彼が反応するようになったという。

ほかのヘルパーも、それぞれが独自の方法で、甲谷さんが口を開ける声かけをしている。ホーミーができるのは、志賀さんだけではないらしいが、「私のは能的なホーミーって言われてます」。能に詳しく謡や仕舞もする志賀さんは、食事介助のとき、甲谷さんと確実なコミュニケーションをとっているように見える。それは、秘儀というにはあまりに開けっぴろげで、日常的な光景となってしまっているが、あとから思い出すと異次元の出来事のように感じる。能の世界に、暮らしの次元が滑り込んでいる。

経口摂取は、できるとはいえ、たぶん疲れる。かーっと口を開けるのだって、身体中の緊張を伴う。だから、五口でやめて、あとは胃ろうから栄養液の注入をシリンジで行う。手際よくそれらをすませた後、志賀さんはさらに驚くことを言った。

「夜、映画を観にいこうと思うけど、一緒に行きませんか？ 映画って結構、甲谷さん、反応するんですよ」

夜二〇時半からの最終ロードショウに、バスに乗って行こうというのだ。

「甲谷さんの反応って、ほかの観客が反応する場面より、一瞬早いんですよ。ここぞというところの一瞬早くに、甲谷さんが反応するの」。それは、ぜひとも一緒に映画を観たい。というか、映画を観ている甲谷さんを見たい。

「甲谷さん、映画に行きます？」と聞く志賀さんに、甲谷さんはかっと笑って反応した。楽しそうな表情で、明らかに行くことに賛同しているように見える。だが、志賀さんは言う。

「甲谷さんは、外をバイクが走っても反応するし、ほんとのところはわからないんですよ。

視力検査ができず眼鏡がどのくらい合っているのかわからないし、字幕は読み取りにくいので、邦画や、たとえば『ジャングル・ブック』みたいなシンプルな洋画です。聴覚の反応が大きいので。昔だったら私も甲谷さんもたぶん行かない、メジャーな映画ばかり行ってますけど、意外と面白いですよ。夜の時間って、ヘルパーは何かとすることはあるけど、甲谷さんは寝るまでの間、何もすることないじゃないですか。それってつまんないかなと思って、映画に行ってみたら、結構充実した時間をもてたんです」

映画に行く準備は、もう簡単なものだった。パッドを換えて、靴（先が割れていないイエローの地下足袋、履きやすくて脱げにくい——おしゃれ）を履き、気切孔の上にスカーフを巻いただけ。以前は気切孔のところにホコリよけのために小さな茶こしをあてたり、首にカラーを装着したりしていたが、それらもやめた。あとは眼鏡と数珠（ブレスレット）をつけ、小さな袈裟を首にかける。いつもの散歩、寺社に行くときの格好だ。志賀さんは「映画だからこれはいいいか」と言って袈裟をやめ、「映画は『花戦さ』だから、やっぱりつけよう」と言って、いったん外した袈裟を首にかけた。『花戦さ』は野村萬斎主演の、花僧（池坊専好）の物語だ。

持っていく荷物も身軽なものだが、注入用の逆さにつるすプラスチック容器やチューブを袋に入れている。そんなふうにして、一九時四五分ころに家を出た。路地を歩いて、バス停に。

普通にバスが来て、普通に後ろのドアが開き、志賀さんはさっさと乗り込んで車いすの場所に座っていた乗客に立ってもらい、座席をパタパタとたたんで降りてきた。そのころには、下車客の対応を終えた運転手が降りてきて、車いす用のスロープをセット、志賀さんは甲谷さんの車いすを押してバスに乗り込んだ。かかった時間は三分に満たないくらいだ。私も申し訳程度に、車いすに触っていた。京都のバスは車いす利用者と介助者三人までは、無料なのだ。[註6]

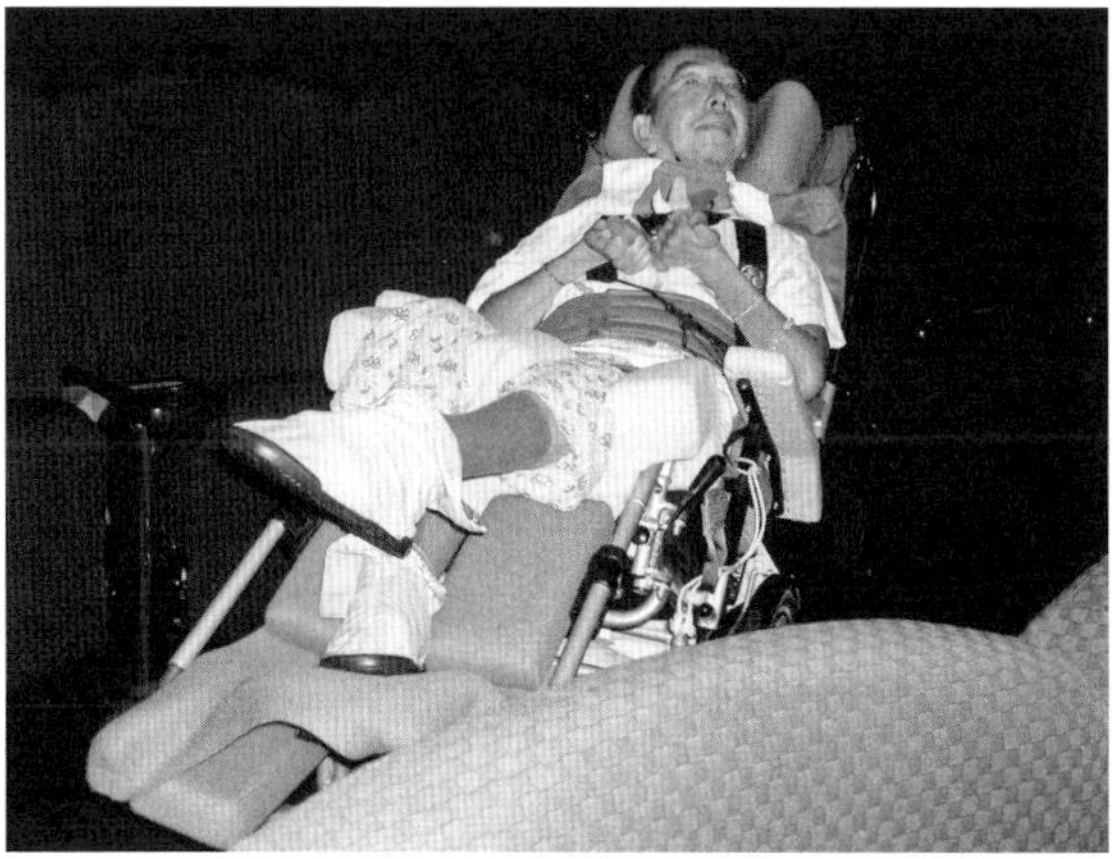

映画を観る甲谷さん

バスの中で、さっきからの疑問を聞いた。つまり、注入セットを入れていたけど、いつ、どこで、するのか。

「どこでも必要なときにね。薪能のときも注入したし、Sカン（S字フック）持ってるから電車の中では、吊革にぶら下げて注入することもできます。これ（Sカン）、どこでもできて便利ねえ。映画館の中でもね。だって、私たちだって、映画を観ながらお茶飲むじゃないですか。注入を家の中だけでやってたら、どこにも行けないでしょ?」。それはそうなんだけど、やっぱりびっくりだった。注入をしている人、特に時間

註6　京都市在住の身体障害者手帳所持者で、「福祉乗車証」を交付されている場合には、本人と介助者三人が無料となる。

がかかる人たちは、本人も介助者も出かけるためのまとまった時間がとれていない。そんな利用者の話をよく聞く私も、注入は家の中でと思い込んでいる。さっき、岐阜まで七時間の外出の話を聞いたばかりの私は、その間のケアに思い至っていない。普通の暮らしを可能にするのは、普通の考えなのだ。

「一度、電車の中で注入してたら、女の人が『ああ、そうやれば、出かけられるんだ。お父さんにもやってみよう』ってうれしそうに言って降りていったの。こういうやり方を見せるって、甲谷さんの役割よね」と、志賀さんは彼に語りかけた。彼は淡々とした表情だった。

映画館では観客は少なく、従業員が車いすの場所に志賀さんと私用に二つの椅子を持ってきてくれた。

席につくと志賀さんは甲谷さんの車いすフレームに、注入容器をつるすための棒を取りつけ、ペットボトルのお茶を三分の一ほど容器に入れ、注入を開始した。映画が始まると、甲谷さんはしっかりとスクリーンを見ている。確かに決め台詞のところで、甲谷さんはかっと泣き笑いの表情をする。「赤には赤の、金には金の、黒には黒の美しさがある」という千利休の言葉のときとか。一瞬早いかどうかまでは、見極められなかった。私もついスクリーンを見てしまっていたので。

二時間半、彼はずっと映画に集中していた。終わって二三時近く、「甲谷さん、あとは帰って寝るだけだねえ」と言って、二人はバス乗り場に向かった。それにしても、京都のバスはなんと使いやすいのだろう。甲谷さんが乗る路線は、もうそんな光景が日常だ。

「でも、ひとつ路線が違うと、対応がこんなじゃない場合もありますよ。なんか面倒くさそうな顔する運転手もいますよ」。だから、街に出て、バスも映画館も利用して、それをあたり前の光景にするのは、当事者の大きな社会的役割であり仕事なのだ。道をつくるという、大事な仕事。高齢になっても安心して地域に暮らす道筋は、彼らがつくったのだ。

ほんとのところ

志賀さんは、ほんとのところはわかりません、とよく言う。甲谷さんの意向を確かめる術がない中で何年もケアを続けてきた人は、そう言いながらも、医療的な力や常識が人の生活や心に必要以上に大きく制限を加えていることを、実感してきたようだ。

「前頭葉や側頭葉に萎縮がみられると言われてるし、その影響がどのくらいかもわからないけれど」と言いながら、彼女は映画での甲谷さんの一瞬早い反応に、甲谷さんの能力を感知している。わかっている。確かめようがないだけだ。

文字盤でのコミュニケーションがとれなくなったころ、「硬直ナビゲーション」と皆が称するサインを読み取っていた時期があった。「散歩のとき、ここで曲がりたいというところで、甲谷さんの腕が硬直するんです」。映画での反応もだが、薪能でもいいところの直前で反応する甲谷さんの感性を、ただの反射と言う人は、つまらない人だ。二〇年くらい前、私は似たような場面で、友人の看護師と「あれって、反射だよねえ」と言っていたことを苦く思い出す。

「ヘルパーの仕事は、基本的なことはもちろんだけれど、プラスα、生活を豊かにすることをどこまでやるのか、それぞれのヘルパーがそこにどこまで関われるか、どういう体制がいいのか、結構悩みます。私は欲張りなので、あれこれしたいほうだけれど、人によっては静かにしたいだろうし、甲谷さんがどうしたいのかはわからないのだし。自分が入るときにできることはやる。私はこうしてるということは記録に書くけれど、皆が同じことをやらなくてもいい。それぞれが思ったことをやるのがいいと思っています。

私は、今までの長年の関係ができているから、映画だって行ってみようかーって言えるけど、それは新しく入った人には難しいだろうと思う」

「呼吸器は今でもつけないですんでいますが、それはやはり大きいです。呼吸器をつけたら、やっぱり出かけるときの、今のような気楽な感じはないんじゃないかな。

ＡＬＳというとすぐに、呼吸器をつけるかどうかというところまで話がいってしまいますが、それはやはりちょっとどうかなと思う。どんなふうに生きていきたいか、生きていくのかということがまずあるわけで。ＡＬＳというだけで呼吸器ばかりが云々されてしまうのは」

訪問看護ステーションで仕事をしていると、ＡＬＳはめずらしい病気ではないと実感する。そして病態は、さまざまだ。人工呼吸器をつけずに何年も暮らせる人もいるし、あるとき、あっという間に進行してしまう人もいる。動かなくなってきた身体という事態に直面している当事者も家族も、初めての固有の経験をしているのだが、医療関係者はＡＬＳの人の通る道を先走って想定する。あたかも知っているような態度でいるが、固有の経験をどこまで丁寧に聞き取っているだろうか。甲谷さんの発病時からの経験にゆっくりと耳を傾けてきた志賀さんや由良部さんは、今は語らない甲谷さんの経験にやはり耳を傾けていて、それはちょっとうらやましいような、豊かな仕事の仕方だ。

コミュニケーションがまったくとれなくなってから入った、新しいヘルパーも一人いるということだった。由良部さんの舞踏ワークショップに参加し、舞踏的身体への関心からヘルパーになった。「前は、文字盤のコミュニケーションがとれるようにならないと一人立ちできないというプレッシャーがあったけれど、今はそれがないので、ある意味であわてることもなく、おむつを渡してそれで寝て実体験してもらったり。意思表示できない甲谷さんとどんなコミュニケーションが立ち上がっていくのか、どういう関係性が成り立つのか、未知の世界になっていて、そこをみているところです」と、志賀さん。

コンテンポラリーダンスのプロデューサーだった彼女は、今はもうその仕事はしていない。

「でも、仕事は同じことで、甲谷さんとの暮らしをつくることは、今の私のプロデュースです。甲谷さんのありようそのものが、ものすごくたくさんのことを考えさせる。自分で何もできなくなった人のことを不幸と人は思うかもしれないけれど、食事にしても映画にしても、私たちの働きかけ次第でできることがいろいろある、その可能性を試してみたいんですね。

甲谷さんの病気が進行していく中で、彼は発病前に大切にしていた宗教や芸術から力を得たいと思っているのではないかと思いました。私自身も厳しい現実と立ち向かうために、支えてくれる、力を与えてくれる芸術を求めていた。だけど甲谷さんの現実のほうがはるかに切実で、ほとんどの芸術を観ることができなくなりました。それでも、今もまだどこかで、もっと強い芸術、この厳しい現実を生きる人に力を与える芸術、あるいは宗教はあると信じてもいます。

外からみると、どうして芸術から福祉にジャンルを変えたのかって思うみたいだけど、私にしてみれば、自分の問題意識を刺激し、自分が関与して何かを変えていくことができるのであれば、それは仕事として同じことで、ジャンルを意識したことはありません。たくさんの気づきと学びがあるので、アーティストがヘルパーやるのは、ほんとにいいと思う。お金もらってじゃなくて、払ってでもやるといいと思う」

甲谷さんとヘルパーたちは、アートの中に入ってしまった。既成のアートをとっくに凌駕しているそのものの中に。

志賀玲子さんはプロデューサーとして、怖いくらいに目利きになっている。

由良部さんは、舞踏家としての活動を続けている。身体と対峙するワークショップも公演も、本来の彼の仕事だ。

二〇一六年、京都の古い土蔵が世界初の舞踏専用劇場としてオープンした（京都舞踏館）。観客席八席限定。由良部正美さんは、毎週、そこで舞っている。

甲谷匡賛さんと彼をめぐる人々がみようとしているのは、人のありようのほんとのところなのだと思う。

（取材：二〇一七年六月）

五　「三・一一」を経験した人――鷲見俊雄さん、そして千葉修一さん

あの日、障害のある人はどう逃げたのだろうか。あるいは、逃げられなかったのだろうか。その後、どう過ごしているのだろうか。

『逃げ遅れる人々―東日本大震災と障害者』というドキュメンタリー映画は、あの日のこと、それ以後のことを、かなり丁寧に記録している。津波は、端的に言ってしまえば、逃げ遅れた人々を呑み込んだ。障害者だけでなく、高齢者を、病人を、情報が届かなかった人を、そして逃げ遅れる人々を助けようとした人を。

岩手、宮城、福島の沿岸部では、障害者の二%が亡くなっているという。これは、住民全体の死亡率の二倍以上だそうだ(36)。障害と共に暮らすということの、これは厳しい現実だ。逃げ遅れてしまうのだ。

二〇一三年七月、八月と仙台に行った。震災から二年四カ月経っている。何事もなかったかのように、街中は賑わっている。だが一たび、市役所、区役所、県庁へ足を踏み入れ、広報やさまざまなパンフレット、チラシを見ると、またたく間に被災と復興関連の案内が両手いっぱい集まる。その中に、東北大学災害科学国際研究所のニュースレターがあった。表紙には「国連が主催する、国連防災世界会議が二〇一五年に仙台で開催決定！」と書かれていた。

世界会議誘致の立役者で防災の専門家、小野裕一氏（東北大学災害科学国際研究所教授）によると、「日本は地学的・地理的な要因からこれまでも多くの自然災害に見舞われ、だからこそ〝備え〟の文化と技術を有する防災先進国に発展(37)」したという。にもかかわらず、この日本で一万九〇〇〇人近い人命が失われた。この事実は、震災当時、国連の仕事でタイに勤務していた小野氏の「背中に冷たいもの」を走らせ、奮い立たせた。「災害弱者をなくし、被害を最

小化するための防災戦略を担う」という勇ましい見出しには、災害時、逃げられない人たち、居場所をなくす人たち――災害弱者――が少なからずいたことへの衝撃と、その体験を世界に発信できる知見・技術に昇華させようという決意がみえる。

鷲見俊雄さんの暮らし

鷲見俊雄さんは、一人暮らしの脳性麻痺者だ。一〇階建てマンションの二階の三DKに一三年住んでいる。それまでは両親と暮らしていた。本章第一節の水島秀俊さんが施設を出ようと思ったのは四〇歳を前にしてだったが、鷲見さんもやはり四〇代になるにあたって、そろそろ一人暮らしをと思ったという。

そのころ、両親は仙台を出て静岡に住むことになり、仙台を離れたくなかった鷲見さんはそれを機に一人暮らしに踏み切った。

その時点では、まだ室内はなんとか歩けていたし、膝歩きもできていた。一人で入浴もしていた。だが、やがてしびれがひどくなり、歩くことも膝歩きもできなくなる。ベッドから出るのも困難になった。脳性麻痺者は中年にさしかかるころ、筋緊張や不随意運動による二次障害で、頸椎症になる人が多い。頑張って動けと言われ続けた、健常者の倍頑張らないと社会でやっていけないと言われたと語る脳性麻痺者たち。そのあげく、頸椎が摩耗する。

鷲見さんは二〇〇六年、頸椎の手術を受けた。その結果、一番ひどかったころよりは動けるようになったというが、膝歩きは無理で、室内は足蹴りの車いす、外出は電動車いすを使用している。しびれは日常的にある。

一人暮らしを始めたころは、家事援助だけでよかったが、頸椎症となってからは身体介護が必要となった。

取材を開始したのは、震災から一年九カ月後。すっかり元通りの生活に戻っている。食事、トイレ、パソコン、電話、室内車いすから電動車いすへの移乗は一人で行っている。毎日、朝七時半から八時の起床介助、夜一二三時から二三時半の就寝介助、週に三回は朝の起床介助プラス三〇分の入浴介助、週に四回は調理、洗濯、掃除の家事援助が一時間三〇分。二カ所の事業所からヘルパーが入るが、朝八人、昼六人、夜三人とだいたい決まった人がローテーションを組んでいる。月約一〇〇時間の居宅介護（ホームヘルプ）だ。

今まで取材した四人の人たちは、重度訪問介護を利用していた。つまりヘルパーは、まとまった時間滞在し、時間軸に沿って必要な援助をする。今回、初めて居宅介護の三〇分の援助に同行させてもらった。いやはや、その三〇分の目まぐるしかったこと。

朝七時二〇分、鷲見さんの玄関前で待っていると、ヘルパーAさんがやってきた。鍵を開けて中に入り、声をかけてから洗面の準備とゴミ捨て、着るものの準備をする。寝ている鷲見さんに靴下をはかせ、パンツを換え、ズボンをはかせベルトを締める。それから、抱えて起こし車いすに移乗介助する。シャツを脱がせて上半身の清拭（まず濡れタオル、そして乾いたタオル）。それから指示に従って選んだTシャツを着せる。水と電動歯ブラシを渡し、彼が歯磨きしている間に朝食の準備。彼は歯を磨きながら、「ごはんに卵をかけて卵とじにして」「ラップで包んで熱々にして」と指示出し。その間Aさんはポットにお湯を入れ、歯を磨き終わった鷲見さんは口をゆすぎ、Aさんがホットタオルで彼の顔を拭く。前日、家事援助のヘルパーがつくりおきしたおかずが、冷蔵庫に入っている。その中のおかずが一つ、「鷲見さん、これちょっとヌルヌルするけど」「じゃ、やめとく」というやりとり。「薬飲む？」と、Aさんが薬を袋から出し鷲見さんの口に入れ、本人が水を飲み、その間に上ばきを履かせ、梅干しを出し、冷凍ごはんをチンし、ほかのおかずもチンし、ストローの入ったお茶のみと食器に盛られた朝食（ごはん卵とじ、おひたし二種、みそ汁、梅干し）がテーブルにきれいに並んだ。

ここまでで、きっちり三〇分。中年のヘルパーAさんは、汗をかきかき、「時間との勝負だから」と言いおいて、帰っていった。

鷲見さんは、このあとゆっくり一人で朝食を食べ、食器を流しまで運び、ひげを剃り、外出する。彼は、きょうされん（旧・共同作業所全国連絡会）宮城支部の事務局長として、週二日、事務所へ出勤する。仙石線と東北本線を乗り継いで、事務所のある船岡駅まで電動車いすで行く。切符を買うときは本章第二節の実方裕二さんと同様、行き先を駅員に告げ、駅員が彼の財布を開けてお金を出し、切符を渡すという方法だ。

話が本題から少しずれるが、仙石線下車から東北本線乗車まで、仙台駅でずっとついていた駅員は、サービスマネージャー、サービス介助士というネームプレートをつけていた。JR東日本が進めているサービスで、介助の仕方等の講習と試験があるそうだ。仙台駅の駅員二〇〇人のうち、五〇人くらいがこの資格をもっているという。[註7] ついでにいうと、下車駅、船岡は駅員が少ない。ここでは、ジャージを着たおじさんが、スロープ板を持って下車介助のスタンバイをしていた。シルバー人材登録の人だそうだ。ちょっと感動した。こういう方法もあるのだ。

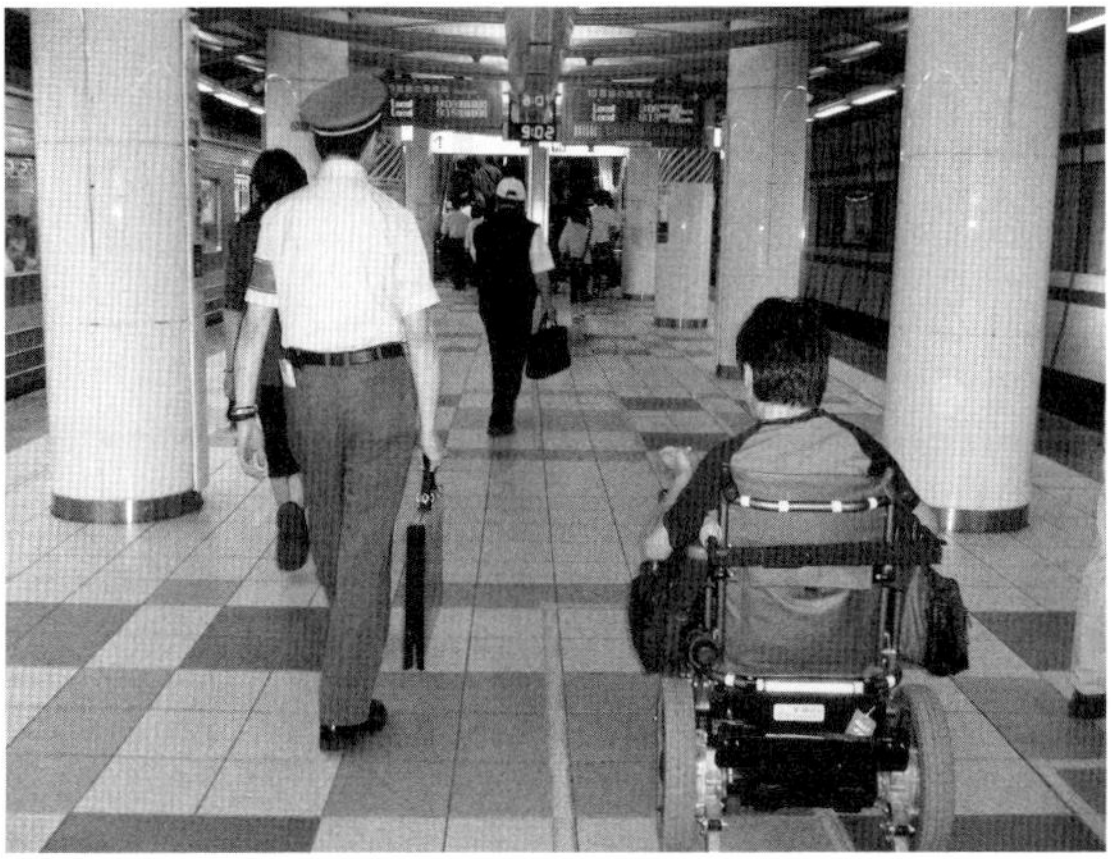
サービス介助士の駅員、折りたたみスロープを持って同伴

大事なのは、仕組みだ。車いすの人が一人で、行きたい場所に行きたいときに出かけられること。鷲見さんの行動には、その後も会議から居酒屋、夜中のスーパーでの買い物にもくっついて歩いた。何の問題もなかった。居酒屋では日本酒を大きめのグラスに入れてストローをさしてもらう、スーパーではお金のやりとりや品物を袋に入れてもらうことを従業員に頼む。手助けを伝えること。これが自立生活の基本技能だ。そして、彼らが生活をつくっていくことそのものが、社会の仕組みを整えていくことになる。

註7　取材時、JR西日本にこのサービス・資格はなかったが、二〇一六年より同サービスが開始された。

鷲見さんの活動は、ほかに、ひまわり号を走らせる会、みやぎアピール大行動実行委員会、全国障害者問題研究会宮城支部等、まだまだあり、自宅の一室はひまわり号（ボランティア団体貸切臨時列車）の事務所だし、毎週なんらかの会議があり、月何回かは活動のための街頭募金に出る。

そんな暮らしをしていて、震災に遭う。

▼その日、自宅にいた

三月一一日、金曜日、一四時四六分。家事援助のヘルパーは、一三時半に帰る。鷲見さんは、外出の準備をしていた。『新聞うずみ火』の記事によれば「車いすに乗った状態で激しい揺れに翻弄」され、「目の前で壁に亀裂が走って」いき、「携帯電話はまもなく通じなく」なり、「電気もストップ」した。(38)

「僕の3月11日」という、彼自身が作詞した歌がある。

「突然おそった、これまでに感じたことのない恐ろしい程の揺れ。何度も何度も容赦なく揺れは続く。まるで僕の恐怖をあざ笑うかのように。そして僕は明かりを奪われ暗闇の世界に追いやられた。とても心細く寒さと不安は増大、膨らむばかり。外は暗い空におおわれ雪が落ちてきた。何も見えない。何もわからない。何も知らない」

玄関のドアが開かなくなり、車いすで何度か体当たりしてようやく開ける。マンションは六〇世帯、ほかの住人はいなくなっている。夜に就寝介助に来るはずのヘルパーからは音沙汰がない。結局、寒さの中ドアを開けっぱなしにして、車いすのまま一夜を過ごした。夜、暗闇の中、友人がおにぎりを届けてくれた。翌朝、夜のシフトのヘルパーが安否確認に、そして朝のシフトのヘルパーもやってきた。その時点で初めて、マンションに倒壊の恐れがあり、避難指示が出ていたことを知った。

エレベーターは止まっているから、ヘルパーが彼をおぶって一階に行き、そこから車いすで一〇分ほどの避難所、小学校の体育館に行った。すでにそこは、避難者でいっぱいだった。

結局、避難所にいたのは三時間くらい。市内に住む、妹夫婦と甥が捜しにきてくれ、その日のうちに妹宅へ身を寄せた。彼女の家は、道路を挟んで反対側まで津波が来ており、妹一家も津波警報で避難所に行っていたという。

「倒壊の恐れがあるなんて、知らなくてよかったよ」と鷲見さんは今は笑って言う。知っていたら、あの夜の余震の恐怖は、想像を絶するものだったろう。だが、もし倒壊・火災が起こっていたら、鷲見さんはまさに「逃げ遅れた人」だった。

なぜ、避難指示は鷲見さんに届かなかったのだろうか。避難指示は一階には書き出されていたという。管理人が呼んで歩いたともいう。一階まで行った人はわかった。そして、ウイークデイの昼間だ。勤め人は出先で地震に遭い、マンションに戻れた人もなんらかの方法で避難指示を知ったのだろう。

何が悪かったかということではない。システムが整っていても、大災害のときにはこういうことが起こるということだ。だが、ここで浮き彫りになるのは、情報を集める起動力が小さいと、やはり逃げ遅れてしまうということ。そこには、もうひとつ起動力が弱い人のための仕組みが、必要になる。

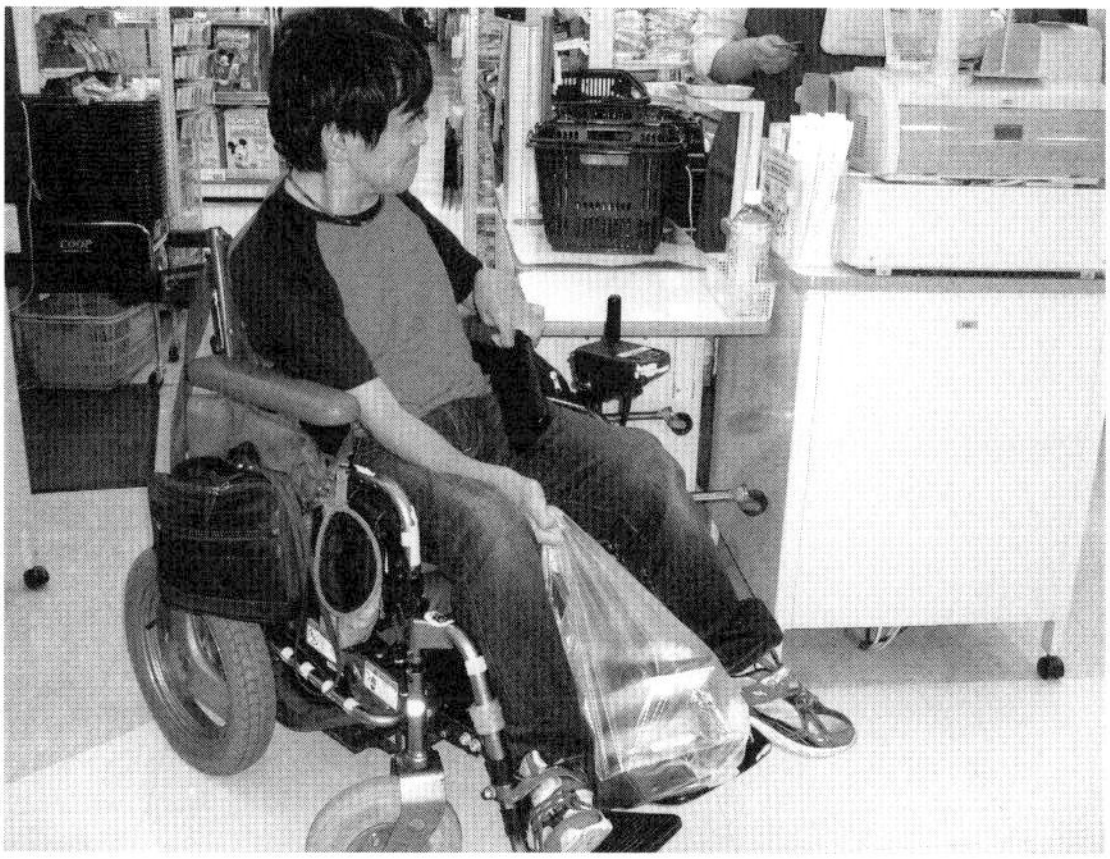

半額セールに弱いんだよなぁと言いながら夜のスーパーで買い物

鷲見さんは、結局妹一家と共に、兵庫の弟の家に一カ月、そして静岡の両親の家に一カ月いた。マンションは調査して、倒壊の危険がないことが判明し、ガスが復旧したのが五月連休後、そのころには、ヘルパーのサービス体制も元通りになっており、鷲見さんの生活も平常に戻った。

障害者のさまざまな運動に関わっている鷲見さんだが、災害時の障害者の状況というのは、結局よくわからない、という。

「障害者手帳をもってる人は行政が把握しているけど、個人情報保護で、僕らが実態把握したくてもできないんですね。自立生活をしてる人は、サービス事業所が入ってるので、事業所のほうから安否確認や状況把握ができるけど、完全に家族介護でやってる人たちのことは、もうわからない。なんらかの団体に入っていれば、情報はそれなりに入ると思いますけど、やっぱり障害を知られたくないっていうのも、特に田舎のほうはあるみたいだなぁ……。だけど、ある程度オープンにしておかないと、サポートもできない部分があるし」

▼「災害対策基本法」の改正

二〇一三年(平成二五年)六月、「改正災害対策基本法」が、成立した。

その中に「避難行動要支援者名簿の作成」というのが、新規に入った。この名簿は、実は二〇〇六年に「災害時要援護者の避難支援ガイドライン」として、政府は市町村に作成を求めたが、法的な位置づけはなかった。[39] だが、今度は名簿作成が市町村に義務づけられ、災害時は本人の同意なしに、外部、すなわち消防や民生委員、法的な守秘義務のない民間支援団体に名簿を提供できるとされている。

二〇一一年の震災時、津波のあった三県の沿岸部三七自治体で名簿があったのは一三自治体、そのうちの、福島県南相馬市を除く一二自治体は、個人情報保護を理由に、支援団体への情報提供をしなかった。南相馬市はためらったが、何せ福島原発事故の避難地域だ。「住民を死なせてしまう」との声が役所内からも起き、市は名簿にない人も含む二七九六人分の情報を支援団体に開示した。これをもとに安否確認できた五九〇人に食料や衣類が届けられた(毎日新聞二〇一三年六月一八日)。

さて、仙台市に話を戻す。

市役所の広報の棚に「災害時要援護者情報登録制度のご案内」というパンフレットとそこに挟まれた申請書が置い

である。発行は二〇一二年五月だ。法律が改正される一年前、そして震災から一年後だ。

鷲見さんは、震災直後に、この制度があることを知ったが、それは行政へのほかの要請行動をしていてたまたま手に入れた情報だった。一応登録をしたが、それから二年以上経っているわけで、「結局、安否確認をするというだけで、どういう支援がなされるのか、さっぱりわかんないんだよね。介助が入れるわけではないから、何かあったときはどうしようもない……」と、言う。

さて、そのあたりのことを、仙台市役所に聞いてみた（取材は二〇一三年八月）。

「具体的な支援方法とかは、これから地域の人々で話し合って決めてもらうという段階ですね。障害者手帳をもってる方や要介護認定を受けてる方、六五歳以上の一人暮らしの方などですが、手挙げ方式なので本人が登録を決めた方です。ここで登録された方のリストを町内会、民生委員、地区社協、地域包括支援センターの四カ所に渡します。地域で詳しいリストをつくってもらって、安否確認だけでいいかとか、重度の人は具体的に避難の方法をどうするかとか、話し合って決めてもらいます」

登録の対象者は、「災害情報の入手が困難な方」や「自力や家族の支援だけでは避難することができない方」で「地域による支援を希望する方」となっている。特に、病気の方として難病や自立支援医療の給付を受けている人も対象としている。二〇一二年四月付で「仙台市災害時要援護者避難支援プラン」というパンフレットが、二〇一三年六月付で「町内会・自主防災組織等で取り組む、災害時要援護者支援の進め方」（第2号）[40]という二八頁の冊子があり、地域の推進メンバー（自主防災組織役員や民生委員等）が、どんなふうに訪問して、どんなことを話し合って決めるか、具体的な手引になっている。ポイントは、災害時に要援護者の安否確認や避難時の介助をしてくれる「支援者」を、どう探すか、だ。ここが一番難しい部分だろう。

支援内容は、①安否確認、②救護・救出活動、③避難誘導（移動介助）、④要援護者への情報伝達、⑤救援要請など、となっている。

さて、仙台市は何人の人がこの登録をしているのか。二〇一三年六月二五日現在、一万二二七〇人とのことだった。人口一〇七万人、要介護認定者三万八四〇〇人、障害者手帳保持者四万二八〇〇人という規模でこの数字は、高いのか低いのかわからないが、これで頭打ちということではなく、手挙げする人は、まだ増えるだろう、と仙台市はみている。

私の住む、浜松市はどうなっているか。仙台市のパンフレット「災害時要援護者情報登録制度のご案内」を持って、浜松市役所に行ってみた。「うちは、そういうのはありません」と、あっさり言われてしまった。だが、「災害時要援護者支援計画というものが平成二二年に策定され、要援護者台帳というのは平成二一年からつくっています」ということだった。これは、市がもっているリスト――身体障害者手帳一、二級、療育手帳、精神障害者保健福祉手帳、要介護者――から、本人の同意を得られた人を台帳に入れているという。同意は、民生委員が年に一回回って聞き、そのとき避難支援者も台帳に書くようにしている。個人の支援者を立てることが難しい場合は、結局自治会（自主防災組織）となるそうだ（個人支援者は特に東日本大震災以後立てにくくなったという）。二〇一二年の調査までで台帳に載っているのは約六九〇〇人。浜松市は人口八一万三〇〇〇人、要介護認定者二万九七〇〇人、障害者手帳保持者三万五八〇〇人。台帳に載った人の具体的な支援計画は決まっていない。[註8]

やはり、実際に被災した仙台市とは、構えが全然違った。台帳もなんだかひっそりと、つくっている感じだ。そういうものがあることさえ市民は知らない。「そりゃ、個人情報のことは、ものすごく気を使いますよ。特に精神の人は知られたくないし、封筒に福祉課と書いてあるのさえ、嫌がる人もいます。なんで、あんたにそんなこと知らせる必要があるって怒られます。地震が起きたって死んだって構わないから、放っといてくれって」ということだった。

註8　二〇一四年三月、「浜松市災害時要援護者避難支援計画」の中で「避難行動要支援者名簿の作成」などが明記された。特に、避難行動支援のための情報提供に同意した人（手挙げ者）については同意者名簿がつくられ、二〇一八年末で一万九九八人が登録されている。仙台市の登録者は二〇一九年三月で一万三〇二一人である。

こういう話を聞くと、障害がある人のいる位置というものの、やはり困難さを知る。そしてあらためて、南相馬市の、情報を支援者に公開したことの決断の大きさを思う。名簿があっても支援団体に見せることを拒否した一二自治体の対応のほうが普通、あるいはマニュアル通りなのだ。そして、非常時は、この〝マニュアル〟が足かせになる。

仙台市役所で「災害時における障害者の避難所のあり方について（福祉避難所の拡充計画）」（二〇一二年七月三一日）という、内部資料の叩き台を見せてもらった。障害者にとって避難所は使えないものが多かったし、福祉避難所とされた場所は自衛隊の物資配送システムからもれていた。この資料は、そんな被災経験を踏まえてとても丁寧につくられている。だが、作成されて一年以上経っても、市としての合意にまで至っていないということだった（取材時）。

福祉避難所のガイドラインは、一九九五年の阪神・淡路大震災の後できた。結局、生かされなかった。

千葉修一さんの体験

場所を仙台市から、東松島市に移そう。仙台から仙石線に乗ると、途中ぷっつりと線路が途切れる。その間（松島海岸駅から矢本駅）は、電車の切符のまま代行バスに乗る。仙石線の代行なのだから、このバスは普通に学生や用事のある人々が乗っている。だが、津波地域を通るというだけに、私は何ともいえずしめやかな気持ちだった。そんな私の気持ちを知っているかのように、代行バスの案内人は帽子をとって深々と頭を下げる。

今回の震災の死者は、仙台市九八四人、東松島市は一一〇七人、行方不明者二六人だ。関連死も含んだ数字だが、九割が津波による犠牲者といわれている。二〇一一年三月一日時点で四万三一四二人の人口だった東松島市は市民の二・六％が命を落としたことになる。

代行バスは海沿いや山の間を走り、野蒜地区に入ると、見渡すかぎり何もなく、いまだに水びたしなのだ。以前は人が住んでいた地域だが、地盤沈下してしまったという。あの日波をかぶって、鉄骨がひしゃげたままの野蒜駅や東名駅は、爆撃に遭ったかのようだ（取材は二〇一三年八月。仙石線は二〇一五年五月三〇日、全線開通した）。

矢本駅まで、千葉修一さんが車で迎えにきてくれていた。彼は一二年前に交通事故で受傷し頸損（C6-7）になった。「一人暮らしではないから、自立生活の取材の意図に合うかどうか」と躊躇されたが、避難所や仮設住宅を体験した人の話が聞きたかったので、ぜひとお願いした。

千葉市で仕事をしていた彼は三〇代半ばで受傷、両親のいる宮城の病院に一年二カ月入院した。褥瘡や仮骨や膀胱結石等で、なかなかリハビリテーションが進まなかったが、その間ひたすらパソコンをしていたので、結構指が動くようになったという。

車いすで生活できるよう実家に彼の部屋を増築して退院した。移乗が自分でできるからADL（activities of daily living：日常生活活動）はなんとかクリアし、ヘルパーの利用はしていない。入浴はデイサービス、排尿は自己導尿、排便は訪問看護での援助だ。

三月一一日、その日はデイサービスを利用していた。「家にいたら、助からなかったよなあ。水が床上一・五メートル。両親は二階に行って助かったけど、僕はどうやったって二階に行けないもの」。想像してみる。九〇キログラム近くあった彼を、七〇代のきゃしゃな両親がひきずり上げられるか……。

デイサービスにも一メートルくらいまで、水が上がってきた。だが、ここはスタッフがいる。隣のクリニックの二階に逃げることができた。その晩は訓練用マットで寝た。一晩で仙骨部に褥瘡ができてしまった。次の日は近くの老人保健施設に移動して二日過ごし、四日目にその後しばらく滞在する高校に移った。

簡単に書くとこうなるが、その間のデイサービスのスタッフの動きを、ひまわり障がい者相談支援事業所の阿部朗さんに聞いてみた。

「クリニックも停電していたので、車いすの方はそのままスタッフが階段を担ぎ上げて二階へ行きました。クリニックの患者さんたちも多くいたので、空いている二つの部屋にデイの利用者の歩ける方と車いすの方と分かれて避難。

車いすの方は一〇人くらいでした」

二階は混雑し、寝るスペースもとれないくらいだった。そんな中、阿部さんらスタッフは浸水していないクリニック一階のベッドに車いすの人を運んだり、余震がきてまた二階に運び上げたりを繰り返したという。食料もなく、次の日にはクリニックの患者もほかの場所へ避難することになり、デイサービスの利用者も避難先を探すわけだが、指定避難所とされた場所は遠かったり、途中水没して行けなかったりで、使えなかった。結局思いつく所をすべてあたり、高校等、公共施設もあたったが避難所に指定されていないので暖をとることくらいしかできないと言われた。とりあえず近隣の施設に事情を話し、ガソリンを手に入れ、何人かずつ移動したが、食料の確保は自分たちでしなければならない。そしてすぐに、次の避難先を探さなければならない。そんな中、被害のなかった地域に住んでいる利用者は、スタッフが行って確認したうえで帰し、帰れない利用者のためにさらに避難所を探した。すると先に問い合わせた高校が指定避難所になったことがわかり、そちらに移動した。

避難所に指定された時点で、食糧等の支援物資が次々と届く。やがて指定避難所になったという噂を聞きつけて、多くの人が避難してくる。そうすると、また食料が足りなくなる。介護が必要な人もいる。

デイサービスの全利用者の落ち着き先が決まったのは三月一七日だった。そこまで支えたのは、震災当日利用していたサービス事業所のスタッフだった。

千葉さんに話を戻そう。高校に避難した時点で、小学校に避難していた両親、高台に住んでいて被災しなかった弟と連絡がとれた。この高校は比較的新しく建てられたもので、身障者トイレも完備したバリアフリーの校舎だそうだ。たが、頸損者の排泄は、少しばかりやっかいだ。車いすで使えるトイレさえあれば大丈夫というわけにはいかない。自己導尿で使うカテーテルやゼリー、排便に必要な浣腸液がいる。千葉さんが家を出るとき必ず携帯するバッグの中にはウェットティッシュ、カテーテル、キシロカイン® ゼリーが入っている〔正確にはキシロカインではなくK-Yゼリー（カテーテル挿入のための潤滑ゼリー）だが、キシロカインの入っていたラミネートチューブのほうが使いやすいため、スチールチューブのK‐Yゼリーの中身をシリンジでキシロカインのチューブに移し替えて使っている。必要な道具、使いやすくするための彼の工夫は、そのほか至るところにみられた」。

さて、導尿用のカテーテルもゼリーもあったので自己導尿はできたが、問題としてカテーテルを何回使えるか、ということがあった。使い捨てのカテーテルだったが、アルコールももっていたので、消毒しては一日四回使い回しした。

水がひいて家の中に入れるようになったのは、一週間後だった。ベッドの下に置いてあったので流されずにすんだ浣腸液、プラスチックのケースに入っていたため水に浮いていて濡れずにすんだ処置セット（パーミロールやガーゼ）や薬を弟に持ってきてもらった。

三月二二日、訪問看護が避難所にも来てくれるようになった。そこで震災後、初めて排便ということになる（最初の三日間はアメやクッキーのみ、その後も通常の三分の一くらいの食事量だったので、便もそんなに溜まらなかったという）。さて浣腸・排便の行為をいったいどこで行うか、という問題があった。これは教頭先生に排便の方法を言って相談し、デイサービスの利用者用に確保されていた教室が提供された。その時点では、介護が必要なデイサービス利用者はほかの介護施設等に移っていたが、千葉さんはＡＤＬが自立していたので、この避難所で過ごせたということだ。

避難所という場所で、個々のニーズに応えるというのは、おそらくとても難しいことなのだろう。極限の状態で、皆が大変な思いをしている中、障害の特性に応じた要求をして、退けられたり、避難所にいられなかったりという事態があちこちで生じたが、[36][註9]千葉さんは大丈夫だった。四月一九日、二日後に始まる新学期に備えて清掃が入るため教室を明け渡す限界ぎりぎりまで、避難所生活を続けることができた。四月になると避難所にいた人たちは、家や身を寄せる先を見つけて出ていったので、最後まで避難所にいたのは、千葉さんと両親の三人だけだったという。その間、

註9　被災したオストメイト（人工肛門造設者）が、装具の持ち出しができず、避難時につけていたものがはがれそうになったり貼り替えの場所が確保されなかったり、困難に直面したという報告がある。[41]

両親は毎日自宅へ戻り、グチャグチャになった一階を片づけ、千葉さんの部屋、トイレ、洗面所だけ直し、四月一九日にいったん家に戻った。

さて、自動車もベッドもパソコンももう一台の車いすも、要は一メートル五〇センチの高さまでにあった物はすべて流されたか使えなくなっている。そもそも、避難所ではどこに寝ていたのだろう。教室の黒板の前、教壇として一段高くなっている所に、家の二階にあった古いエアマットを運んでもらって、マットを重ねてそこに寝ていた。

震災直後に彼のほうから、全国脊髄損傷者連合会の宮城支部長宅に連絡し状況を説明し、必要な物品の話もした。そこから、NPO法人「難民を助ける会」に連絡がいき、二モーターの電動ベッドとエアマットが調達されることになり、四月一九日に家に戻るときには、それが届いた。

薬は、いつも一週間分くらいは持ち歩いているという。弟が濡れずにすんだプラスチックケース内の薬を家から持ってくるまでの間、ぎりぎりだったが、間に合わせた。初日の夜にできた褥瘡とカテーテルの使い回しが原因かで熱発してしまったが、手もちのクラビット®を服用して難をしのいだという。

受診後間もないときの被災だったので、薬は比較的もっていたが、なくなってからは仙台の病院に電話して主治医に必要な薬を処方してもらい、福祉機器の会社の人に運んでもらった。車も流され、移動の足がないのだ。

「僕は、脊損会とかに入っているから、それで自分からどんどん状況を伝えていけて、だいぶ助かった部分がある。ケータイのショートメール機能を知っていたのでそれを使いました。やっぱりこういうときは、なんらかの会に所属しているってのは、とても大事なことですね。個人情報保護で行政は障害者がどこにいるか支援団体に伝えなかったから、必要な支援物資が必要な人のところにいかなかったっていうことが、今回問題になったね」

千葉さんは四月に家へ戻ったが、六月には仮設住宅に入った。家はまだ改修しなければならない部分があり、結局次の年の四月までかかったのだ。海岸から二キロメートル離れているとはいえ、一帯の家の損傷はかなりのものだったという。仮設住宅は、四畳半二間と台所、ユニットバスで、そこに両親と三人でいた。障害者向けということで、六軒長屋の両サイドにスロープはついていた。ただ、ユニットバスは車いすでは使えないので、洗面は台所でしなくてはならず、流しの下に足が入るように直してもらう必要があった。これは、市役所の応急仮設住宅課が許可を出して改修してもらった。費用は全額市が負担した。

千葉さんは、今回の地震の前に、二つの大きな地震——宮城県沖地震と宮城県北部地震——を経験している。やはり伊達ではなく備えの準備が身についている。そんな彼が、さらに備えの品々を見せてくれた。

トランクが一つ、その中にきれいに収まった必要物品——間欠バルーンカテーテル、尿バッグ、消毒液、使い捨てのカテーテル五〇本を二組、消毒ゼリーが塗ってある湿式カテーテル、K-Yゼリー、グリセリン二箱、ウェットティッシュ（アルコールつきとなしの二種）、ペット用シーツ（コンパクトで安価で浣腸のときに十分に役に立つ）。そして、おむつ一袋と浣腸液をまとめた紙袋。戸棚には、トイレットペーパー、キッチンペーパー、お尻ふき、ウェットティッシュ等がストックされてあった。

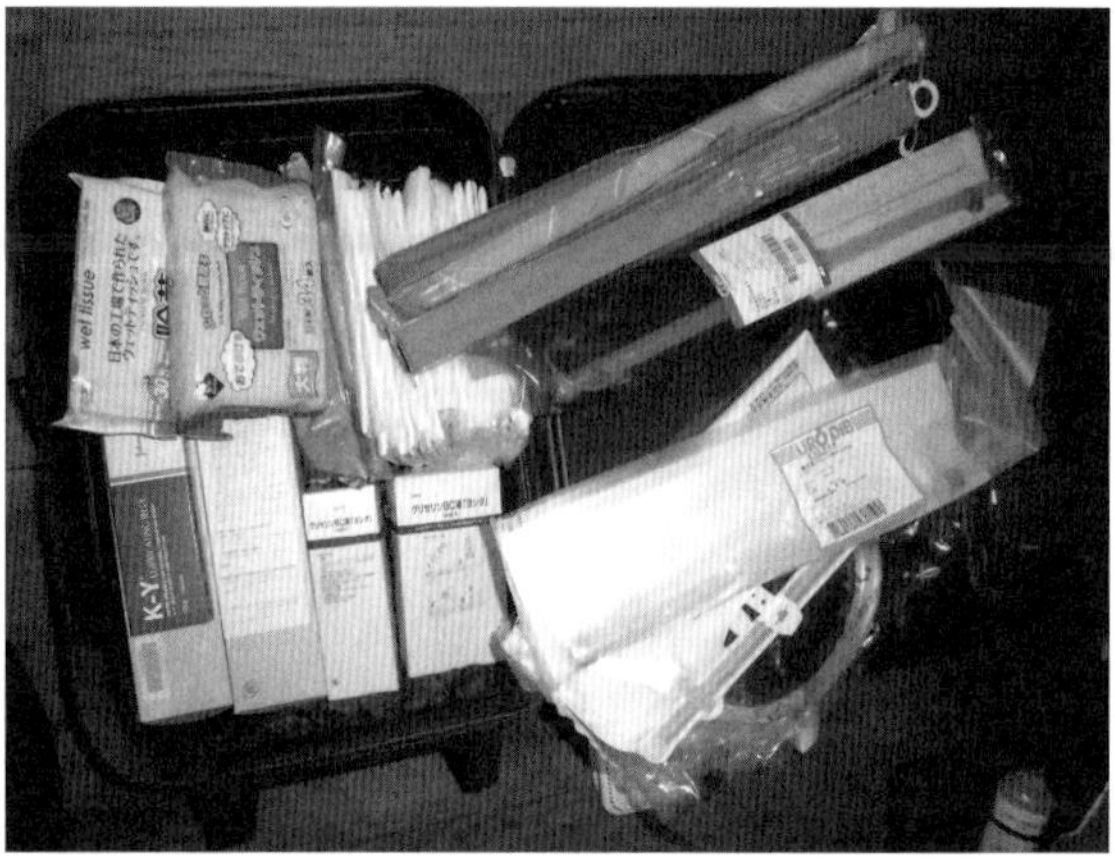

千葉さんの備え。トランクに常備されている自己導尿グッズ

常に二週間分、備蓄している。

「カテーテルは、処方される数が一回に四箱と決まっているので、全部乾式にしないで一箱は湿式にするとか、外出するので湿式が必要とか、そういうことは、こちらから言わないとドクターは動いてくれないから。そして、尿バッグも少し長めに使う。消毒液も少し余分にもらっておく。そんなふうにして、ストック分をつくっておくんです」

必要な手助けを伝えること、これは自立生活の基本技能だ。災害の場合も例外ではない。だが、大災害で混乱をきたしているとき、誰もが我慢を強いられるとき、生きるために必要な援助の優先が、一般には理解されにくい。千葉さんの話を聞くと、自分自身での備えと人的なネットワークをつくっておくこと、そして、避難所でも必要な支援は相談していくことが、大事だとわかる。

一、逃げ遅れないようにすること
二、避難所で障害の特性に応じた必要な支援が受けられること

たぶん、この二点がポイントだ。

実は、千葉さんの取材のまっ最中、突然グラッと揺れた。半世紀以上生きてきて、経験したことのない揺れだった。私はギョッとして身体が固まってしまった。千葉さんは「あ」と言って話を中断したが、落ち着いていた。震度五弱で、今も続く余震だった。

「今、津波が来たらどう逃げるんですか？」

「ウーン、車で逃げるしかないな……」

そのとき実感したことは、地面が大きく揺らぐこの国に、原発があってはいけないということだ。


（取材：二〇一二年一二月〜二〇一三年八月）

六　女性障害者という立場——南雲君江さん

町田と世田谷

毎年、五月の連休から一～二週間後の週末に、世田谷区の千歳烏山区民センター前広場で「路上演劇祭」という祭りが開催されている。二〇〇八年、そこで私はひとつの芝居を観た。タイトルは『キミエズ・ハーストーリー』。出演しているのは、脳性麻痺者と健常者の混成部隊の集団、〝みなせた（水俣世田谷交流実行委員会）〟だ。本章第二節で紹介した実方裕二さんもそこのメンバーだが、この芝居を観た時点では、彼らにコンタクトをとろうとは思っていなかった。

内容は、脳性麻痺のキミエさんが施設を出て一人暮らしを始めるまでのこと、それから結婚後の暮らしまでを描いていた。主人公のキミエさんを本人とは別の脳性麻痺の役者が演じており、本物の南雲君江さんはその他大勢といった役どころで背景に徹していたので、どの人が君江さん本人かわからないままだった。

このときの芝居を画期的と思いはしたが、それほど面白いとは思わなかった。家から施設へ、施設から自立生活へというストーリーが平板に流れ、一緒に芝居づくりをしている演劇専門家たち（健常者）の技術としての演技が当事者の存在感の前には妙な物わかりのよさに変質していた（ただしこれは、活動初期の試行錯誤のころのことだ。今では、脳性麻痺者とヘルパーのやりとりなど、抱腹絶倒の当事者劇に発展している）。

障害者は、家族が面倒をみる。それができないなら、施設に入る。このお定まりのストーリーに異を唱えてアパート暮らしを始めた人々の話は、一歩間違うと、「すごーい」の一言で健常者の脇を痕跡も残さずすりぬけてしまう。私の場合は始末の悪いことに、なまじ知識として自立生活のことを知っていたため、『キミエズ・ハーストーリー』も、その中に出てきた作業療法士らしき人による買い物訓練や炊事訓練とその評価・判定という場面で苦笑したくらいで、スルーしてしまった。

彼女の話を聞こうと思ったのは、最初に芝居を観たときから五年以上経ってからだ。ストーリーにあったように、夫も脳性麻痺という暮らしも知りたかったし、入院や手術という経験もされているので、その間のことも聞きたかった。ということで、二〇一四年一月にあらためてお宅に伺い、名刺交換をしてびっくり。肩書は、DPI(Disabled Peoples' International：障害者インターナショナル）日本会議常任委員、DPI女性障害者ネットワーク代表。あの、開けっぴろげに笑い、おおらかな芝居をしている君江さんしか知らなかったので、その肩書の意味するところをにわかには理解できなかったのだ。

彼女は、脳性麻痺者特有の言語障害がある。聞き取れないというほどではないが、話す側は一音一音全身で確認するように発語するし、聞く側は全神経を集中する。すると、おかずの話でも子宮摘出の話でも、同じトーンの強さになる。

「複合差別」「『優生保護法が犯した罪』（現代書館、二〇〇三）という本に私も書いているの」「『優生手術に対する謝罪を求める会』というのがあってね」という言葉が出てきたとき、ノートをとりながら、私は内心かなりうろたえていた。

夕食の時間になり、座卓の一方では夫の南雲耕治さんが、男性ヘルパーの介助でビールを飲んでいる。「飲むと筋肉の緊張が下がるんだよね」と言いながら。こちら側では、君江さんが女性ヘルパーの介助で焼き鳥を食べながら、「内閣府の第一〇回障害者政策委員会の傍聴申し込みは、あさっての一七時が締め切りだからね。今回は当事者団体の差別に関するヒアリングがあるから、行くつもり」と言っている。「活動家だねえ」とニヤリとする耕治さん。

HANDS世田谷のスタッフとして集会の受付をする君江さん

初めて聞く「複合差別」という言葉、障害者政策委員会の会議を傍聴するなどというアクション。わっ、知らないことだらけだと愕然とした。南雲家をあとにして、夜道を町田駅に向かう私は、寒さも手伝って頭の芯がしびれそうだった。

町田市は、東京都を魚の形にたとえると、ちょうど腹ビレに当たる部分だ。東京なのに神奈川にくい込んでいる不思議な地形そのままに、独特のもち味がある。一九六〇～七〇年代にかけて、収容一万人を超える団地が数カ所建設され、大規模な宅地開発が行われた[42]。大量の転入者を受け入れた当時、革新市政は「福祉の街づくり」を掲げた。今ではめずらしくもない、車いすごと乗れるリフト付き車両を、日本で初めて走らせたのは町田市だ。一九七〇年に市長になった大下勝正氏自身が、いすゞ自動車に協力を頼み特注でつくらせた[43]。施設に住む障害者の、街で自由に買い物をしたいという声に応えてである。リフト付き車両は前例がないため、道路を走らせるまでには陸運局と一年間もめ、一九七二年、日本初のリフト付きバン「やまゆり号」が、車いすの障害者たちを乗せて、街に繰り出した[44]。

車いす利用者が街に出てみると、すぐにさまざまな問題点が明らかになる。車道と歩道の二〇センチの段差、銀行やデパートの入口にも段差。車いすで入れるトイレが街に一つもなかったため、車いす利用者が買い物に行くためには、前日から水分を控えなければならなかった[44]。

市はそれに対し積極的に動き出し、歩道の段差解消や公共施設への車いすトイレの設置を行った。一九七四年には早くも、日本で初めてのバリアフリーに関する行政指導の基準、「町田市の建築物等に関する福祉環境整備要綱」が施

行されている。(45)

君江さんは、一九八一年、一八歳のときに町田市にある重度障害者施設に入所、そして一九九三年にそこから出てアパートで一人暮らしを始めた。今は、町田の都営住宅に耕治さんと二人で暮らし、週に三日は小田急線に乗って「ＨＡＮＤＳ世田谷」に通勤する。

世田谷区がリフトバスを運行し出したのは、町田から遅れること七年の、一九七九年。「福祉のまちづくりのための施設整備要綱」が実施されたのは、八年遅れの一九八二年。(46) 市長主導で福祉を進めた町田とは対照的に、世田谷は市民主導型だ。ＨＡＮＤＳ世田谷は、一九九〇年にできた自立生活センター（ＣＩＬ）だが、ここのウェブサイトによると、日本で最初の養護学校「東京都立光明養護学校（現・東京都立光明学園）」に通わせたいと思った重い障害のある子どもの親が、家族ごと引っ越してきて集まったため、世田谷は他の地域と比べて障害者が多く住んでいるという。勢い、当事者によるさまざまな運動が展開されていったのは、実方裕二さんに語ってもらった通りだ（本章・34〜36頁）。

小田急線が結ぶ二つの地域、町田と世田谷。世田谷在住の〝みなせた〟のメンバーは、新年会等、何かとかこつけては町田に繰り出す。そして、君江さんは通常の仕事や〝みなせた〟の活動のため、町田から世田谷に行く。

キミエズ・ハーストーリー

「去年（二〇一三年）、トリプル・アニバーサリーをやったの」と、写真集を見せてくれた。トリプルとは、自立生活と結婚生活の二〇周年、そして耕治さんの還暦。この三つを祝うパーティーだ。写真を見ると大勢の人々が本当に楽しそうに集っている。

自立生活をしている人は、しばしば自立生活五年とか、一〇年とか、記念の集まりをしている。施設を出ることとか、親元から出て暮らすことそのものが、ひとつの社会活動的要素をもつ。常にヘルパーに指示出しをして暮らしをつくっていくということは、慣れていくにしても、やはり緊張をはらむものでもあるだろう。節目、節目に、ああ暮らしてこられたという感慨とともに、お疲れさま、そして今後もよろしくという、関わってきた人へのねぎらいの集いを何かしらしたくなるようだ。

君江さんは、東京都立光明養護学校高等部の出身だ。実家は世田谷ではなくて中野だが、スクールバスで世田谷の学校に通った。

「二~三歳のころから、小児病院で訓練とかしてたの。四~五歳のころは療育園の幼稚園部に通ってたけど、なぜか私とあと二人の三人だけが、歩く訓練とかして。ほかの子たちは遊んでるのにね。光明養護学校でも訓練はあったけど、あまりまじめにはやんなかった。皆、四つん這いで廊下を這い回ってたよ。小学校のときは補装具つけて歩けるようになってたけどね」

「喘息もあって、公害病の認定も受けて休んだから、勉強が遅れたりして、私は負けず嫌いだからそれは悔しかった。でも親は身体が一番と言って、勉強のことはあまり言わなかったな」

「親はけっこう私を外に出したがらなくて、いつもお留守番ばかり。ずっと家にいていいよって言ってくれてたけれど、私はできないことをやってもらうのは甘えだと思ってたから、親に精神的にも甘えられなくて。遅かれ早かれ施設だろうなって思ったから、どうせなら、周りから言われて入るより自分から入るって言ったほうが、頑張れると思った」

高校三年の秋、町田にある重度身体障害者授産施設から、一人分の空きがあるという連絡が入る。

次にいつ空きが出るかわからないと言われ、あと半年の高校生活から身を引きちぎるようにして、入所した。退学はしたくないと思っていた君江さんは、結局一カ月おきに家へ外泊して通学するというかたちで、東京都立光明養護学校高等部を卒業した。

施設は五〇人の定員で、居室は二人部屋。着替え、食事、入浴、トイレは自分でできること、というのが条件だった。だからもちろん自分でやった。ＡＤＬ（日常生活活動）の自立、というのがリハビリテーションの身上だ。脳性麻痺の人たちも、子どものころからそう言われ続けて育つ。だが、ただでさえ緊張が強く自由がきかない身体でそれらをこなすのは、実は身体にとっての大きな負担になっていた。

授産施設では九時から一七時まで、毎日なんらかの作業に従事する。

「一人ひとりの障害に合う作業が、提供されるの。造花や電卓の組み立てとか、レコードプレーヤーの針の部分の組み立て。バレンタインの手づくりチョコセットとかドッグフードの袋詰めとか、入浴剤の箱詰めとか、もういろいろ」

授産所とか作業所といわれる所でなされている作業、今では様変わりしているのだろうか。内職といわれるこれらの小さな仕事は、毛細血管を通るようにして、末端に流れていく。私は訪問の仕事をしていて、寝たきりの妻を介護している高齢の夫や、夫の介護をしている心配事を抱えた妻が、こういった内職をしているのを見ることがある。やったらいくらかにはなるが、あまりにも安い賃仕事。一九八〇年代、君江さんがこれらの仕事で得た賃金は、月に五〇〇〇〜六〇〇〇円だった。それでも施設にいれば、食費など払うにせよ、年金とこの工賃でやっていけた。

だが、やはり施設は嫌だった。スタッフとの関係、同室者との関係、判で押したような毎日の生活。ここで一生を終わりたくない、一人暮らしができないものかと考えるようになった。一九八九年、町田市にＣＩＬ「町田ヒューマンネットワーク」ができると、そこの自立生活プログラムやピアカウンセリングを受けるようになった。

これらのプログラムは平日の昼間に行われるので、出かけるには仕事を休まなくてはならない。それは、すぐには認められなかった。あなた一人を認めて、皆が行くと言いはじめたらどうするの、とか言われもして。

実際には、五〇人の入所者がいても、出ていこうという人が次々と続くわけではない。むしろ、一人暮らしをしたいという君江さんに施設の仲間は距離を置くようになる。

「ピアカン（ピアカウンセリング）に行って、今まで思っていてもはき出せなかったこと、疑問に思っていたこと、自分だけじゃないんだとわかったこと、すべて言葉にできて、ものすごく楽になったの。施設側は、仕事を休んで行くわけだから最初はいい顔しなかったけど、だんだんと変わって、外で生活できる人はそのほうがいいという姿勢になったのね。やっぱり、ピアカンとＩＬＰ(independent living program：自立生活プログラム）は、大きかったです」

同じころ現在の夫、耕治さんとも付き合いはじめていたし、町の文章サークルにも入って健常者の友人もできた。すでに一人暮らしをしている人を訪ねて、暮らしぶりを見せてもらうなど、着々と歩を進めていた。また、実家のある中野区のケースワーカーの勧めで、一九九一年、東京都心身障害者福祉センターの自立生活訓練と評価を受けた。一カ月入所し、買い物や炊事など日常生活のすべての動作を一人でどのくらいできるのか、判定を受けた。

すべてを自分一人でしようとすると、食事を三食つくるだけで一日終わってしまい、ほかのことは何一つできないということがわかった。そこで受けた判定は、「助けがあれば、自立できます。自立したかったら、自分でやろうとしないで、ヘルパーを上手に利用しながら生活してください。何でも自分でやっていたら、疲れて身体を壊しますよ」というものだった。(47)

「自立したかったら、自分でやろうとするな」。これは、発想の大転換だった。子どものころから「人様に迷惑をかけてはいけない」「自分のことは自分でしなさい」「時間がかかっても自分でできることが大事」と言われ続けてきた。おそらく、今でもあちこちでそう言われているのではないだろうか。

東京都心身障害者福祉センターは、養護学校高等部を卒業した脳性麻痺者たちを主な対象として、一九八〇年度から「自立生活プログラム」を実施している。(48) これは「古いかたちのリハサービス」（障害者個人の身体的損傷やそれに伴う職業能力の不足を問題点とし、医師、理学療法士、作業療法士、職業カウンセラー等の専門的指導による問題の解決を図る）(48)に対し、障害者自身から厳しい批判と問題提起として起こった自立生活運動（Independent Living Movement ―― ＩＬ運動）、あるいは自立生活技能訓練を相当意識しており、「うちは古いかたちのリハサービスではないですよ」と謳っている。米国のＣＩＬへ障害者が研修に行きはじめるのは一九八一年度からだから、一九八〇年というのは先駆的であるし、公立のリハビリテーションセンターが早々と自立生活運動の理念を取り入れたということでは画期的だろう。だが、これらのプログラムは当事者ではなく専門家によって立てられ、実施されていたということもあり、自立生活運動の歴史が語られるときには、あまり出てこない。

君江さんが一人暮らしを始めるのは、一九九三年のことだ。やはりアパート探しが大変だった。絶対に見つからないと思えた。親の反対もあった。文章サークルでできた健常者の友だちにアパート探しを手伝ってもらい、なんとか入居のめどが立ったが、保証人は？　なんと、反対していた父が、なってくれた。それどころか、新しい生活に必要な冷蔵庫やテーブルが、知らないうちにアパートに運ばれていた。

「私は、年金を貯めて、一つひとつあれを買ってとか、楽しみにしてたのに、おいしいところを親にとられちゃった」。古今東西、障害があろうがなかろうが、よかれと思っていてすれ違う、親と子だ。

アパート暮らしを始めるまでの君江さんは、矯正靴（補装具）を履いて、なんとか歩いていた。施設内は、電動車いすは許可されておらず、手動車いすは自分では動かせなかったのだ。親友の形見に譲り受けた電動車いすがあったが、施設には置けなかったので市内の友人宅に置かせてもらい、外出のときはまず友人宅にバスかタクシーで行って、そこから電動車いすで遊びに行っていたという。

『キミエズ・ハーストーリー』は、次のような台詞で終わる。

「長い間、自分を縛りつけていた〝歩く〟という鎖を、私はほどきたい。自ら、電動車いすを使うことで、リラックスして街を行こう。さわやかな風に吹かれ、周りの風景を眺めながら」

二年後（一九九五年）、耕治さんと結婚し、その後バリアフリーの都営住宅に移り、二〇年になる。

ヘルパーは、一人暮らしのときは週二日、一日三時間。ほかに東京都独自の「重度脳性麻痺者介護人派遣事業」のヘルパーがやはり週二日、一日三時間。

当初は今より動けていたし、家事も頑張った。耕治さんも布団の上げ下ろしなどができていた。今は、二人とも月三〇〇時間の重度訪問介護が入っている。家の中は、なんとか歩いている。だが、六〇歳を過ぎた耕治さんは不安をもらす。

「六五歳を過ぎたら、介護保険になるらしい……。二人とも家の中でも車いすになって、もっと介助が必要になったら、この家にいられるかどうか……」

君江さんは週三日は、HANDS世田谷に相談員として勤務している。ヘルパーの入り方は、こんな具合だ。

〈朝シフトのヘルパー〉
六：五〇　着替え等、朝の仕度。朝食づくりと食事介助
八：三〇　家を出て、小田急線に乗って一七駅。電車と徒歩での出勤に付き添う
九：四〇　事務所着
ここでヘルパーは帰る。仕事中は、有償の自主派遣のヘルパーがつくが、これは職場が負担する。
〈夕方シフトのヘルパー〉
一七：〇〇　帰路に付き添う。途中、買い物等があればして、帰宅。入浴、夕食等、必要な介助をする
二二：〇〇　ヘルパー帰る

二〇一四年六月に静岡市でDPI日本会議全国集会が行われ、君江さんはシンポジストとして参加、現地に二泊三日、滞在した。その間は、一人のヘルパーがずっと付き添った。これは、自薦ヘルパーだ。普通、ヘルパー事業所が派遣するヘルパーは、旅行に付き添うことまではしない。こういうとき、利用者が自分で確保したヘルパーに、自薦

登録をしてもらい、時間・内容を利用者のニーズに合わせて介助を得るシステムが自薦ヘルパーだ。月三〇〇時間の重度訪問介護を、こんなふうにやりくりして暮らす。暮らしの采配を振ること、それはやはり施設では不可能にみえる。

複合差別

「障害を理由とする差別の解消の推進に関する法律（障害者差別解消法）」という法律が、二〇一三年（平成二五年）六月にわが国で成立した。二〇一一年（平成二三年）八月「障害者基本法」改正、二〇一二年（平成二四年）六月「障害者の日常生活及び社会生活を総合的に支援するための法律（障害者総合支援法）」成立。これらの法整備を受けて、二〇一四年（平成二六年）一月二〇日、わが国は「障害者の権利に関する条約（障害者権利条約）」(http://www.mofa.go.jp/mofaj/gaiko/jinken/index_shogaisha.html) を締結し、二月一九日、条約はわが国について効力を発生した。

こんなに〝わが国〟を連発しているのは、外務省人権人道課だ。わが国は、先進国の中では人権が守られていないことで有名なので（国連からしばしば勧告を受けている）、外務省としても胸を張りたかったのだろう。「障害者差別解消法」は「差別」という言葉が冠された、わが国で唯一の、初めての法律だ。人種差別については、わが国には、法の整備はない。女性差別については、いくつかの法律はある。複合差別は、障害者であり女性であるとか、女性であり難民であるなど、差別要因が複合的であることを示す言葉だが、はっきりと障害女性への複合差別のことが書かれたのは、二〇〇六年（平成一八年）一二月に採択された「障害者権利条約」の第六条だ。こう書いてある。

第六条　障害のある女性
一、締約国は、障害のある女性及び少女が複合的な差別を受けていることを認識し、また、これに関しては、障害のある女性及び少女がすべての人権及び基本的自由を完全かつ平等に享有することを確保するための措置をとる。〔川島聡＝長瀬修　仮訳（二〇〇八年五月三〇日付）〕

さて、私が「複合差別」という言葉を初めて聞いたのは、君江さんの口からだ。女性であること、障害があること、そしてそれは二重に差別をもたらすのではなく(49)、その背後にある要因は複数の文脈の中でねじれたり、葛藤したり、ひとつの差別が他の差別を強化したり、補償したりする。この概念は上野千鶴子氏によるものだが、彼女は一九九六年に発表した論文で「複合差別」という語を造語したとしている(49)。

君江さんの話に戻ろう。

彼女は一人暮らしを始めてしばらくすると、町田ヒューマンネットワークで、自立生活プログラム講座やピアカウンセリング講座のサブリーダーなどのアルバイトを始める。またDPI女性障害者ネットワークに入り、一九九五年に結婚したころから「なくそう優生保護法・堕胎罪、かえよう母子保健全国連絡会」の活動に加わるようになる。

「結婚後は、やはり赤ちゃんを産みたいと思うようになりました。だけど果たして自分が出産できるのかどうかわからない。私はお母さんにはなれないと思い込んでたの。障害のある人が子どもを産んではいけない、生まれた子どもが苦労するって、そう言われながら育ってきたから。刷り込みだよね」

堕胎罪は、その名の通り「刑法」に規定された罪で、一〇〇年以上前からあり、現在もそのまま存在している。「刑法第二九章第二一二条（堕胎）妊娠中の女子が薬物を用い、又はその他の方法により、堕胎したときは、一年以下の懲役に処する」。第二一四条は、「医師等が女子の嘱託を受け、又はその承諾を得て堕胎させたときは、三月以上五年以下の懲役」[50]。つまり、人工妊娠中絶は現在も罪なのだ（経済的理由という一項によって、実際は問われない）。

一九四八年（昭和二三年）にできた「優生保護法」は「優生上の見地から不良な子孫の出生を防止するとともに、母性の生命健康を保護することを目的」とし、不良な子孫の出生を防止する目的なら人工妊娠中絶は罪にはならない。そして優生手術、つまり不妊手術は、場合によっては「本人の意見に反しても行うことができ」「真にやむを得ない限度において身体の拘束、麻酔薬施用又は欺罔等の手段を用いることも許される場合がある」という、誠に怖い法律だったのだ[51]。欺罔という字を読めるだろうか。「ぎもう」と読むが、「人をだましてあざむくこと」だ。国が、そう言ったのだ。「だましても構わないからやれ」と。これは法律本文には載っていないが、施行についての通達に明言されており、一九九六年まで生きていた。国が、障害のある人を拘束したり、だましたりして、不妊手術ができるこの法律の前身は、一九四〇年（昭和一五年）の「国民優生法」だ。

これはナチスが強制的な不妊手術の根拠とした断種法（優生政策）をお手本としている。ドイツは一九四五年、この法律をなくしたが、日本ではむしろ、戦後に本格的な優生政策が実施されていった[52]。

ナチス断種法は遺伝病限定だったため、「国民優生法」も優生目的の不妊手術の対象を「遺伝性疾患」という概念の枠内に限定していたが、戦後の「優生保護法」は「不良な子孫」という表現のもとで、「遺伝性疾患」のほかに「癩《らい》疾患」（ハンセン病）、一九五二年（昭和二七年）改定で「遺伝性のもの以外の精神病又は精神薄弱」も対象とし、「国民優生法」では凍結されていた強制断種が、「優生保護法」では実施されていったのだ。ナチスを手本とした「国民優生法」より、断然「優生」規定を強化したものが、一九九六年まで続いた「優生保護法」だった[53]。

「なくそう優生保護法・堕胎罪、かえよう母子保健全国連絡会」では、障害者、女性、このテーマに関心をもつ医療・福祉分野の人々によって、地道な活動が展開された。一九九六年（平成八年）、優生条項は削除され、対象となる病名もすべて削除され、「優生保護法」は「母体保護法」へと名称が変わった[54]。

その翌年の一九九七年八月、「スウェーデンで一九七六年まで障害者に強制不妊手術が行われていた」という報道が、一種のスキャンダルとして世界中に流れた[54]。「全国連絡会」は直ちに動き、「強制不妊手術に対する謝罪を求める会」（後に「優生手術に対する謝罪を求める会」）を結成し、一九九七年九月には、厚生省（当時）に要望書を提出している。

要望は、次の三点だ[54]。

> 一、旧優生保護法のもとで強制的に不妊手術をされた人、および「不良な生命」と規定されたことで、誇りと尊厳を奪われたすべての障害者に謝罪し、補償を検討すること。
> 二、旧優生保護法が、いかに障害者の基本的人権を侵害してきたかを明らかにするため、歴史的事実（被害者の実態）を検証すること。
> 三、障害をもつ女性への違法な子宮摘出について、早急に調査を行うこと。今後二度と繰り返させない対策、被害者を総合的に救済する対策を講じること。

「謝罪を求める会」は被害者ホットラインを開設し、実際に子宮摘出や不妊手術を同意なしに受けた人の声を集め、厚生省への要望を再三にわたってしているが、当局は①プライバシーの問題があり調査は無理、②当事者の方にはお気の毒である、と言ったきりで、あとはほっかむりを決め込んでいる。

事の発端となったスウェーデンでは、どう国が動いたか。一九九七年の報道から二週間で調査委員会が設置され、二万七〇〇〇人が程度の差こそあれ強制不妊手術の被害者であるとされた。謝罪として、約二〇〇〇万円相当を支給する法律を通過させた。[55]

優生政策のもととなったドイツではどうだったか。ナチスの時代一九三四～四五年の間に約四〇万人が強制不妊手術をされ、この手術そのものにより何千人もの人が亡くなった。また、安楽死計画で障害者二〇万人が殺された。この人たちへの補償はドイツでも長い間されなかった。一九八〇年代になって、精神科医や被害者の声がやっと政府と議会に届き、一九八七年、①国はナチス国家の法的後継者として、優生学的な強制断種法、ならびにその結果として生じた損害に対する責任を引き受ける、②議会ならびに国は、強制不妊手術を受けた人々を、ナチスの法律によって被害を受けた人として認定する、③強制不妊手術を受けた人々は、自らに対してなされた不正、ならびに健康上の損害に対する補償を受ける、という決議を採択した。[56、57]

日本では本人の自由意志に基づかない不妊手術を受けた人は、一九四九～九四年の間で一万六五二〇人（女性一万一三五六人、男性五一六四人）いるという。[58]

私はこれらのことを、君江さんに紹介された本『優生保護法が犯した罪―子どもをもつことを奪われた人々の証言』で知った。[50～58] なんと間抜けなことだろう。少し前まで、産婦人科の看板には「優生保護法指定医」と書かれていたではないか。それは、中絶をしてくれる医者、という意味でとらえていたのではなかったか。中絶は本来は違法だが、望まぬ妊娠をして困った場合には手術してくれる医者、という認識だ。子どもを産まないという女性の意志は屈折したかたちで、罪の意識をもたせて通す道をつくったうえで、産みたくても産ませないというもうひとつの強制力を働かせていたのが、「堕胎罪」と「優生保護法」だった。そんなことを、今さらのように、本当は何となく知っていたのに、知らんふりをしていた。私にとっては身に危険が及ぶ話ではなかった。

君江さんは、違う。

「私もよく言われてたよ。月経が自分で始末できないと子宮を取られちゃうよって。そんなものかと思った。でも、それだけは嫌だから、なんとか月経の始末だけは自分でやらないとって、頑張った。施設では、看護師も生理の始末は嫌がってたもの」

「『謝罪を求める会』では、施設に入るときに子宮摘出した人の事例を集める電話相談とかやったの。そういう経験がある人が何人も出てきて、厚生省に訴えを聞いてもらおうと意見書を持っていったけれど、とにかく『過去のことだから。お気の毒様ですね』って、それだけだった。私たちの願いは、謝罪してほしいってことです」

二〇〇〇年、君江さんは子宮筋腫の手術を受けた。子宮を残すかたちで、筋腫だけ取り除くことができた。その経緯は「断ち切れぬ想い……」というタイトルで、先に紹介された本『優生保護法が犯した罪』に詳しく書かれている。(59)

障害者は、最初から子どもをもつはずがないと思われている。君江さんも、最初に子宮筋腫の診断を受けた病院で、「子宮を取ればよくなりますから」と言われ、勇気を振り絞って「できれば私、これから子どもを産みたいです」と言うと、逆に「えっ！」と医師に驚かれてしまう。その反応に、彼女はショックを受けた。(59)それでも彼女は「謝罪を求める会」の活動で知り合った産婦人科医の診察や助言を受け、脳性麻痺者で子どもを産んだ経験のある仲間のピアカウンセリングを受け、理解ある医師の執刀で子宮を摘出せずにすんだ。

身体に対する敬意ということを考える。治療のために身体に手が加えられるのは、仕方がない。だが、障害があるために敬意を払われない身体、ぞんざいに扱われる身体、切り刻まれる身体、矯正される身体。

君江さんが子宮を守ることは、健常者が子宮を守ることの何倍もの労力を要した。

ＤＰＩ女性障害者ネットワークは、「優生保護法」が「母体保護法」となった一九九六年以降、いったん活動を休止した。だが、世界的に女性障害者が連帯していこうという動きがあり、二〇〇七年、活動を再開している。(60)君江さんは、そのときから代表をしている。このネットワークでは、障害女性を中心に、障害種別や障害の有無を問わず、全国の女性がゆるくつながっている。

二〇一二年三月、君江さんたちネットワークのメンバーが中心となって、「複合差別実態調査報告書」をまとめ、発行した。今まで女性障害者に焦点を当てた調査はなく、公的な障害者統計にも男女別の集計はない。法制度に盛り込むための官庁や議員、マスコミへの働きかけにも、「公表されている事例は？」「数は？」「割合は？」としばしば聞かれるのだが、障害女性の現状を伝えようにも、具体的な事例は守秘義務で公表されることはないし、数を把握する機関もなかった。(61)女性障害者の生きにくさについては、手記というかたちで出された本にはいくつも出てくる。箙《えびら》田鶴子さんの『神への告発』(62)（筑摩書房、一九七七）は突出している」が、文学では法制度に切り込めない。多くの女性障害者が遭遇する共通の差別体験を、数字で表す必要があった。

やむにやまれず、二〇一一年五～一一月に、DPI女性障害者ネットワークは独自に調査をした。それは回答票と聞き取りというかたちで行われ、八七名の声が集まっている。「障害があり、女性であるために受けたと感じたあなたの経験、困ったこと、暮らしづらいと感じることをお書きください」という調査で、回答が一番多いのは性的被害だ。犯罪といえるものも少なくない。

女性であるがゆえに性的被害を受けやすいこと、障害があるがゆえに性的被害を受けやすいこと、これはダブルに被害を受けやすいだけの話ではない。被害に遭ったうえに口を封じられる、無視される、貶められる、助けを求められない、支援を受けられない。こんな実例が、報告書にはいくつも出てくる。

君江さんは、DPI女性障害者ネットワークの代表として、「複合差別実態調査報告書」の扉に、こういう締めくくりの文を書いている。(63)

「報告書を手に取ってくださった方々がこの現実を知り、仕事や研究、日常に生かし、障害女性に対する施策の充実や、日々の暮らしの向上につなげてほしいと、切に願っています。障害女性の複合差別は、裏返せば、障害男性の差別や苦悩を浮き上がらせます。さらに、障害の有無にかかわらず、この社会を覆っている、生きにくさの原因を紐解く鍵となることと信じています」

地味なアクション

君江さんのおかげでDPI女性障害者ネットワークのメーリングリストに入った私は、一般にほとんど知られていない、さまざまな働きかけが女性たちの手で粘り強く行われていることを、今は知っている。それは、ほとんど何も動いていないようにみえるほどの、水面下の小さな動きだ。

二〇一五年六月二三日、何も知らされないまま一六歳のときに「優生手術」を実施された女性が、日本弁護士連合会人権擁護委員会に「人権救済申し立て書」を提出した。その日に参議院議員会館で行われた会合に君江さんが出席すると聞いて、私も行ってみた。七〇歳になっているその当事者、そして支援者、研究者、そのことに興味と関心をもっている人々などが参加しており、途中で福島みずほ議員も来て、この件に関しては国を追及していきたいと発言した。指定発言者の君江さんは、自分の体験、障害のある身体だと治療の文脈でも、ほかの方法があるにもかかわらず、まず子宮摘出をと何の疑問もなく言われてしまうその偏りを、指摘した。

二〇一六年二月、ジュネーブで開かれた国連女性差別撤廃委員会の第七・八回日本政府審査には、DPI女性障害者ネットワーク（障害当事者六人、通訳・介助者などスタッフ五人）も含めさまざまな女性活動団体から八〇人が、ロビー活動と会議傍聴に出かけている。この委員会では、二年前に日本政府が出した定期報告（「女性差別撤廃条約」批准国は、国連の勧告を受けてどのくらいそこへの取り組みがなされたかを、定期的に報告する）が審議される。また、それに伴い、NGOなど民間団体からは審査の参考とされるべくパラレルレポートが提出されている（DPI女性障害者ネットワークはこれより前、二〇一四年七月の国連自由権規約委員会へのパラレルレポートとして、過去に強制的に不妊手術を受けさせられたことに対して国からの謝罪や補償がないことを報告している(64)）。

定期報告を審議しての総括所見で次の勧告があった。「委員会は、締約国が、（旧）優生保護法の下で、都道府県優生保護審査会を通じて疾病又は障害を持つ子どもの出生を防止しようとし、その結果、障害者に強制不妊手術を受けさせたことに留意する。委員会は、約一万六五〇〇件の強制不妊手術のうち七〇％が女性に対するものであり、締約国が補償、公式な謝罪及びリハビリテーション等の救済を提供する何らの取り組みがなされていないことに留意する」（二四項）、「委員会は、締約国が、（旧）優生保護法の下での女性の強制不妊手術という形態でなされた過去の侵害の程度に関する調査研究を実施し、加害者を起訴し、有罪を宣告した場合は適切に処罰するよう勧告する。委員会はさらに、締約国が強制不妊手術のすべての被害者に対し、法的救済へアクセスするために支援を提供する具体的措置を取り、補償及びリハビリテーション・サービスを提供するよう勧告する」（二五項）。

ここでは、加害者は起訴されるものと言っており、国の犯罪であることが指摘されている。だが、二〇一六年三月二日の参議院厚生労働委員会で、女性差別撤廃委員会の総括所見に対して日本政府は、「旧優生保護法に基づいて実施された優生手術は実施当時適法に行われていたのであり、これに対する補償は困難である」という見解を述べた(65)。その後、微々たる動きではあるが、厚生労働省が「人権救済申し立て書」を提出した被害者の話を聞く機会をもった。日本弁護士連合会は人権救済申し立てを踏まえて二〇一七年二月一六日、当時適法といってもその法自体が憲法に違反している（自己決定権、平等原則）ことを指摘し、「旧優生保護法下において実施された優生思想に基づく優生手術及び人工妊娠中絶に対する補償等の適切な措置を求める意見書」を、国に提出している。

国がこんなに個人を侵害してきたこと、それも障害者や弱い立場の人を侵害してきたこと、それに対して、女性たちは声をあげ続けている。粘り強く、働きかけ続けている。国は、できるだけ知らん顔をする心づもりだ。ほとんどの女性たちが、そのことを知らない。だから、大きな声にならない。私も、君江さんに会わなかったら、何も知らないままだっただろう。

二〇一六年七月、君江さんはＤＰＩ女性障害者ネットワークの代表を、視覚障害者の藤原久美子さんと交代した。君江さんは最後の仕事として、女性ネットワーク会議の議事録を書いた後、次の挨拶文を載せていた。

「私は一九九〇年代に、自立生活を始め、最初にであったのが、『女性障害者問題』という言葉でした。それからこの運動に関わり、途中一〇年間ほど活動停止状態でしたが、どこの集会に参加するときも、図々しく『DPI女性障害者ネットワークの南雲です』と自己紹介をしていました（笑）。

二〇〇七年の活動再開のときに、本当に名前だけの代表をさせていただき……ずっとおんぶに抱っこ状態の、九年間でした。公私共々、女性ネットの仲間たちに支えていただき、本当にどうもありがとうございました。

代表を降りても、女性障害者としての活動は、たんぽぽのように、地べたを這うように、続けていきたいです」。そして「時間をかけて『複合差別』の意味を自分なりに理解することができ、自らなんとか乗り越えてきたハードルが、複合差別の一部だったかという思いを、感じています」。

二〇一七年四月、久しぶりに君江さんに会いにいった。

「代表は、私の能力を超えていたよ。初めから、みんなについていくのにいっぱいいっぱいだった。役員をやったのは、自分がやりたいのはこれだったと思ったから。でも、はっきり言えるものがあったわけじゃなくて、差別とかはなんとかしたいというのはあったけど、複合差別というのも、理解に時間がかかった。報告書（複合差別実態調査報告書）のためのアンケート集計のときに、みんなで一つひとつの事例を読んで、これは性的被害とか、これは間接差別とか分類をしながら、そのときに理解していった」

「今も女性障害者ネットワークの会議には行ってるよ。それと『謝罪を求める会』の活動はやっていく。ただ、こっちは全然進展してないの。[註10] 今、HANDS世田谷に行く日を一日減らして、自由に動けるようにしたいの。議員に会うなどというのも、HANDSに行ってると時間とれないし」

HANDS世田谷への通勤を、週二日に減らすために、重度訪問介護の時間数を三〇〇時間から四〇〇時間に増やしたいと思っている。活動によっては夜の外出や泊まりがけのこともあるので、先に書いたような自薦ヘルパーを五人確保している。自薦ヘルパーは、事業所頼みではなくて自分で見つけ、面接して決め、事業所登録をしてもらう。

「今は、ビラまきとかは体力的にもきついからフェイスブックで告知して、時々これで応募がある。あと、仲間何人かで募集かけて、応募者が来たら、互いに頼みたい時間や曜日なんかがかち合わないように、やりくりして」。なるほど、シェアヘルパーだ。

彼女は、〝みなせた（水俣世田谷交流実行委員会）〟のメンバーだ。本章第二節の実方裕二さんと共に、水俣公演にも参加した。この演劇は、自立生活の様子、特にヘルパーとの関係をユーモラスに演じるが、君江さんはこのとき「私の右手さん」というシーンを創った。

動かない右手を、子どものころから隠していた。親に右手を出さないほうがいいよと言われてきたのが身についてしまったが、ピアカウンセリングで、障害は恥ずかしいことではないんだと思えた。「もう隠さない、私の右手さん」と、動かない右手をゆっくり前に差し出す。これは、名場面だ。

「地域の学校とかに〝みなせた〟の劇をもっていって私たちの暮らしとかアピールできたらいいんだけど。今は、障

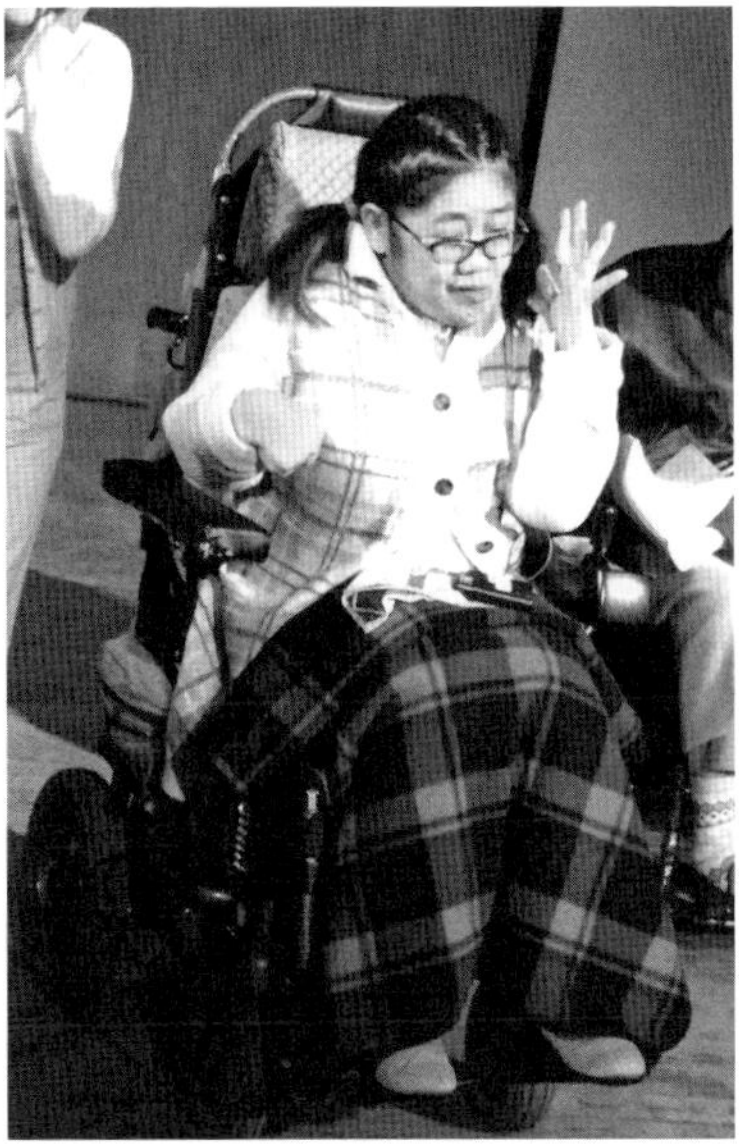

“みなせた” 水俣公演にて

註10　二〇一八年一月三〇日、旧優生保護法下で不妊手術を強制された仙台の女性が、ついに国を提訴した。二〇一九年五月二八日に出された判決では旧優生保護法は違憲とされたが、国の謝罪と賠償はない。この判決の一カ月前、四月二四日に「旧優生保護法に基づく優生手術を受けた者に対する一時金の支給等に関する法律」が成立している。これに一定の評価をした被害者弁護団は、五月二八日の違憲判決は謝罪と賠償がないこと（一時金は賠償ではない）を不当判決としている。現在、七地域二〇人が提訴している（二〇一九年七月）。

害があることで嫌な思いをすることはあまりないけれど、理解はあまり進んだとはいえないかなあ」

自立生活のことは、一般の市民も障害者自身も、施設職員も、結局は知らない。

「施設に長年いる、寝たきりに近いような女の人が、ＨＡＮＤＳのスタッフの家に見学に来たの。『トイレ大丈夫？』って聞いたらついてきた施設の職員が、外出のときはおむつだから気にしなくていいって、あたり前のように言うのがショックだった。アパートに暮らすって、誰が車いすから降ろすんですか？　男の職員じゃないと降ろせないですよって言うのね。自分は施設を出たけど、そうやって暮らしてる仲間がいるっていうのが、なんか……ね」

そうだ。理解が進んだとは、いえないのだ。

（取材：二〇一四年一〜六月、二〇一七年三〜四月）

七　人工呼吸器をつけて、普通に暮らす——佐藤きみよさん

生きることと暮らすことは、別のことだ。生きることを支えるつもりの医療が、時に、暮らすことを邪魔する。医療は生命を支えるというミッションがあるから、あるいは、その意識を強くもった人々（医療職）が従事しているから、暮らしには無頓着になる。

佐藤きみよさんは、ベンチレーター（人工呼吸器）をつけて一人暮らしを始めたころ、半年ほど利用していた訪問看護を、暮らしのスタイルに合わないのでやめた。その理由の一つが、体調が安定しているにもかかわらず毎回血圧を測られることにあった。私自身、訪問看護ステーションで仕事をしていて、毎回すべての人に血圧を測る必要があるのだろうかと思っていたので、佐藤さん自身が書いたこの出来事の記事[66]に納得した。ああ、当事者自身がそう感じているんだな、医療は出すぎたまねをしてはいけないよな、と思った。

その後、スウェーデンではターミナルケアで訪問する看護師もバイタルサインの測定をしないという話を聞いて、ケアということの内容と意味、本当に必要なこと、利用者との共通了解事項の確認等、医療職であるがゆえにスルーしていることがままある、と感じている（つまるところこれは、必要なことは専門職のほうが知っているという、もう身にへばりついた思い上がりだ）。

佐藤きみよさんは先に書いたように、自身のことを二〇〇一年に『作業療法ジャーナル』に四回連載している[66]。人工呼吸器をつけて一人暮らし、「ベンチレーター使用者ネットワーク」代表、これは覚えておこうと思った。私の住む浜松には、人工呼吸器をつけて一人暮らししている人はいない（二〇一五年一月現在）。だが、人工呼吸器の使用者の家

には私も訪問しているし、もし一人暮らしをしたいという人が出てきたとき、なんらかの情報を得るには、ベンチレーター使用者ネットワークはきっと役に立つと思ったからだ。

こうして彼女の名前は覚えたが、コンタクトをとる必然性もないまま、一〇年以上経った。人工呼吸器装着で一人暮らしをされている方は、札幌市には今では一〇人くらいいるという。もともと、当事者の運動が活発な札幌市だ。そういう基盤があったとはいえ、どんなふうに病院を出て、どんなふうに一人暮らしを始めたのか、知りたいと思った。

先に、生きることと暮らすことは別と書いた。人工呼吸器を使って生きている人は、「暮らし」は無理だと思われかねない。機械によって生かされている不動の人というイメージが、一般的かもしれない。だが、在宅支援の仕事をしていると、人工呼吸器は単なる道具にすぎないと思うようになる。それをつけて「暮らし」ている人に出会うからだ。「暮らす」というのは、日々の生活を自分の好みで彩る、裁量の余地がある、ということだ。そんな「暮らし」と、生命のもとである「呼吸」とが、機械を通してなじむ過程は、どんなふうだったのだろうか。

病院を出るまで

彼女の病名は脊髄性進行性筋萎縮症だ。九歳のとき、親元を離れて養護学校が併設された医療施設に入った。一二歳で人工呼吸器をつけた。その施設は、中学校を卒業したら出なくてはならないとされていたが、呼吸器をつけた人が入れる施設がほかになかったため、二五歳までいた。このままおいていていいのかと、ケース検討のたびに議論されていた。

一七歳くらいから二五歳までは、リハビリテーションとして、人工呼吸器を外す練習を猛烈にやったという。一九八〇年ころのことだ。人工呼吸器をつけて病院の外で暮らすことは、考えられない時代だった。どんなに苦しくても、とにかく自発呼吸ができないと外に出られないと言われた。呼吸器からの離脱、乳離れの意味もあるウィーニング（weaning）というその訓練は、一日五分、一〇分、一時間と、呼吸器を外す時間を増やしていく。酸欠で頭が痛く、吐き続けても、どんなに呼吸が苦しくても、「人工呼吸器をつけていたら一生施設から出られないのよ」と看護師は励まして、ウィーニングは続けられた。(67) 肺活量は二〇〇ミリリットルあるかないか。それで、ローソクを吹く練習や、腹部に重りをのせた腹筋トレーニングをする。食物が胃に入ると圧迫により肺が働かなくなり、さらに呼吸が苦しくなるので、あまり食べられない。体重は二〇キログラムを割り、三カ月に一度は風邪をひき、点滴を打つ。(67)

「一歩間違うと拷問ですよね」というウィーニングは、本当に人工呼吸器を外して外に出たいのか自分でもわからなくなるような、苦しくてつらい訓練だった。それでも、わずかな自発呼吸ができると理学療法士や作業療法士が、外に散歩に出してくれた。散歩に行けたなら、もっと自発呼吸ができるようにと言われる。年ごろでもあり、『セブンティーン』等の雑誌を見て、かわいい格好がしたい、スカートがはきたいと言うと、これまた呼吸ができないと無理と言われる。当時の人工呼吸器は、簡単には持ち運べない大きさだった。とにかく、外に出るには自発呼吸、それができなければ、一生病室で手鏡に窓の外の風景を映して見るだけの、人工呼吸器という重い鎖につながれた生活を送るしかないと思われた。

ウィーニングの成果で、一日五～六時間人工呼吸器が外せるようになったころ、彼女が何気なく手に取った雑誌に載っていた写真は、目を疑うようなものだった。米国の障害者が、人工呼吸器を搭載した電動車いすで街を行く。(67) 自発呼吸ができなくても、人工呼吸器をつけて街で暮らすことができる。その写真には、彼女の希望が凝縮されていた。

二五歳のとき、施設から病院に移った。自立生活を夢みていたが、人工呼吸器使用者の一人暮らしは例がなかったし、誰もそれが可能とは言わなかった。しかし、療育の施設にずっといるわけにもいかなかった。施設では、あれほど過酷なウィーニングをやっていたのに、移った病院の医師は、人工呼吸器を外すことに特に積極的ではなかった。「外したくない」と言うと、医師に「つけててもいいよ。できるだけ外す時間はつくっておいたほうがいいけど」と言われた。何が何でもというわけではなかったのだ。佐藤さんは「エ？」と戸惑った。「いったい、あの激しい訓練は何だったの？」と。

二六歳のとき、在宅を支える病院が新しくでき、少しでも自立生活の夢に近づくため、そちらに移った。車いすに乗るときだけ人工呼吸器を外したが、病室ではつけるようになり、ずいぶんと身体は楽になった。そのうち、病院がポータブルの在宅用の人工呼吸器を買って貸してくれることになり、初めて一泊、実家に帰った。ウィーニングに付き合った、施設時代の看護師も来てくれた。母は何より、びっくりしていた。つまり、病院か施設じゃなきゃだめ、自発呼吸ができないと在宅は無理、と言われ続けていたことは、何一つ根拠のないことだったのだ。

おそらく、こういうことはたくさんあるに違いない。私がその施設の作業療法士だったら、そして佐藤さんの自立生活をなんとか実現する手助けをしたいと思ったら、その方法が人工呼吸器からの離脱しかないと言われていたら、せっせと励まして、今日は一時間できた、明日は一五分延ばしてみようなどと、散歩しながら言っていたに違いない。肩で苦しそうに息をしている佐藤さんを後ろから見ながら。医療の世界の中にいると、五時間の人工呼吸器離脱のみが評価され、一九時間の装着は敗北なのだ。

想像するだけで頭が痛くなる。二〇〇ミリリットル以下の肺活量で呼吸している佐藤さんと、それを励ましている自分（若いころは肺活量三〇〇〇ミリリットル以上あった）。車いすを押す私と佐藤さんの間は、見えない壁で仕切られている。たっぷりと空気を自分の肺に送り込みながら、息苦しい彼女に頑張れと言うのだ。茶番だ。相当グロテスクな漫画だ。そして残念ながら、きっとそうしていた。

そういう世界の中にいて、それはおかしなことだ、人工呼吸器をつけて出ればいいじゃないか、と言える人に、どうしたらなれるだろうか。当事者の声に耳を傾け、彼らが望む生活の方法を一緒に考えること。結局、それをやってきたのは、それを仕事としていない人たちだ。それを仕事としている人は、「リスク」という重りに縛られている。これにはしばしば「何かあったらどうするの」というエコーがかかり、実際よりも重くなって足かせとして作用し、結局暮らしを支えるどころか、足を引っぱる人になる。

人工呼吸器使用者が在宅生活をするのに、一番ネックとなるのが痰の吸引だ。佐藤さんは、二〇歳のころから吸引は自分でできるようになっていた。気管カニューレの孔のところまでチューブを持ってきてもらえば、自分でそれを入れることができる。それができたから、まずは一歩を踏み出せた。

外泊用にアパートを借りて、月に一〜二回の外泊から始めた。車いすで外に出るのも二〜三時間以内ですませていたので、人工呼吸器はその間は外していた。当時の公的なヘルパー制度は、週三回、一回二時間というもの。週末のみの外泊で在宅生活の準備をし、ボランティアを探して、一九九〇年、二七歳のとき、一人暮らしに踏み切った。人工呼吸器装着者の一人暮らしは北海道では初めてだった。

アパート暮らし

外泊で慣らしていったアパートは、六畳一間、風呂なし、というものだった。そう簡単に、よい条件の所は貸してもらえない。とにかく、自立生活をしたいという強い意志を表明していたので、親の反対はなかった。心配はされていたし、だからといって手伝いもそうはできないよ、と言われてはいたが、ボランティアがどうしても組めないときは、近所に住む母の協力が得られた。

おしゃれをして出かける、恋をする、映画館に行く、お酒を飲む。若い女の子が普通に夢みる、あるいはやっている暮らしに憧れて始めた一人暮らしだが、現実は生易しくはなかった。暮らしていくために必要な支援は、食事やトイレの介助だけではすまない。トイレットペーパーがない、洗剤が見つからない、醤油が切れた。暮らしに必要な物の補充。何がどこに置いてあり、いつ買い物に行き、誰に何を頼むのか。

とにかく毎日、介助ボランティアを探さないといけない。慣れない一人暮らしは、夢のようではなかった。ボラン

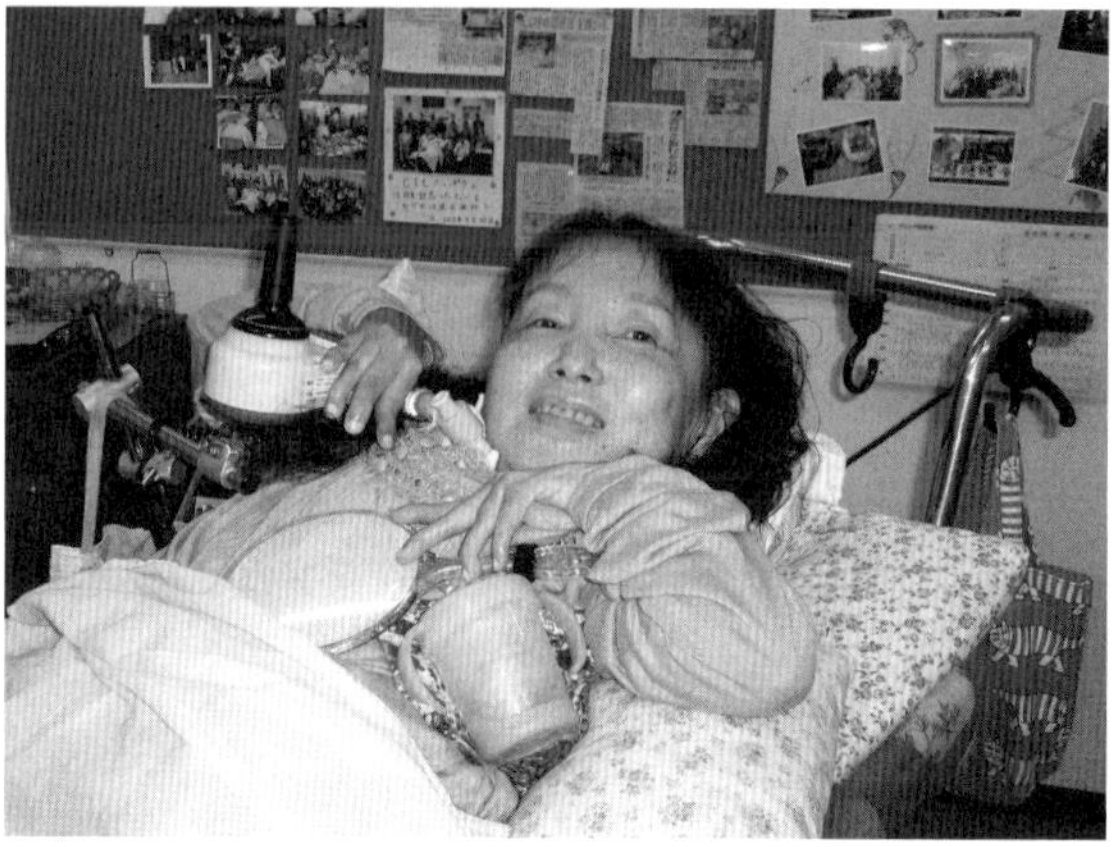
人工呼吸器を搭載した寝台式電動車いすに乗る佐藤さん

ティアリストをつくり、時間を埋めていく。どうしても穴があいたときだけ、母に頼んだ。だんだん疲れてきた。側弯があるため車いすに座っていられなくなり、人工呼吸器も外せなくなり、ボランティアは見つからず、肺炎や膀胱炎で入院も何度かし、救急車を呼ぶこともあり、そんなふうにしてだが少しずつ生活に慣れていった。

　車いすをリクライニングさせ、ボランティアが日曜大工でつくった、ビールケースのカートに載せた人工呼吸器を連結して外出する。離脱をすっかりやめた。すると食事がおいしくとれるようになり、外出も楽になり体力もついてきた。その後、人工呼吸器を搭載できる寝台式の車いすを専門家につくってもらい、行動範囲は、ますます広がっていった。

　現在、佐藤さんは、寝台式の電動車いすを使っている。ジョイスティックは右肩のあたりにあり、右手で操作して自由に移動している。人工呼吸器は、重い鎖でも何でもない。

　さて、風呂なしアパートで、どのように暮らしていたのだろう。まず、生活費は年金と生活保護、トイレは尿器と便器、風呂は障害者の仲間の家へ入りに行っていた。アパートの出入り口には、段差もジャリ道もあった。病院のソーシャルワーカーに業者を紹介してもらい、年金を使ってスロープやアスファルトにした。

　介助者は常に募集しないと確保できない。口コミやチラシで三〇～五〇人のボランティアリストができていたという。

ベンチレーター使用者ネットワークと自立生活センター（CIL）

一九九〇年の一人暮らし開始とともに、彼女は「ベンチレーター使用者ネットワーク（JVUN）」をつくった。人工呼吸器をつけて暮らすということに関して、あまりに情報がなかったし、ユーザーが互いに出会うこともなかったから、ひとつのアクションが必要だった。

まずは、通信をつくり、知り合い五〇人くらいに配ることから始めた。こんな暮らしが可能だ、こんな喜びがある、ということを発信していかないと、一般社会は何も変わらない。『アナザボイス』というこの通信は、人の手から手に渡り、確かに人工呼吸器使用者をつないでいったようだ。在宅生活は無理と言われていた人々が、人工呼吸器の小型化も手伝って、一九九〇年代には全国のあちこちで、少しずつではあるが病院から家へ戻りはじめていた。それぞれが手探りのままで。

私が在宅支援の仕事をする範囲でも、人工呼吸器を小さな身体に装着して家に戻ってくる赤ちゃんたちがいる。障害がとても重く、私には反応や表情を読み取ることができなくても、両親はその子の好きなマンガのキャラクターを見つけ、兄弟姉妹たちは周りで平気で跳びはねたりしながら、普通に暮らしている。

だが、その子の親たちでも、彼らが成長して大人になったときに人工呼吸器をつけて社会の一員として暮らすというその像を、思い描くのは難しいかもしれない。

佐藤さんが一人暮らしを始めたのと同じ一九九〇年に、関西で五歳の女の子、平本歩《あゆみ》ちゃんが人工呼吸器をつけて病院から自宅に帰った。バクバクの会（人工呼吸器をつけている子どもの親の会）に送られた通信を見た歩ちゃんの親から連絡がきて、同じ年に在宅生活を始めた当事者同士、交流が続いている。二四年後、二九歳になった歩さんは、二四時間介助を受けて当然のように一人暮らしをしている（二〇一四年九月現在）。

通信を見て相談を寄せたり、会いに来たりする人たちが出てきた。このまま施設や親元で暮らして一生を終えたくないと思う若者たち、進行性筋ジストロフィーの人たちだ。親は人工呼吸器をつけたわが子を、荒波から守るようにして育て、痰の吸引や体調管理をその手の技に織り込んでいく。だが、いずれ親は歳をとり、介護ができなくなる。そうなってから考える暮らしの場所は、病院か施設しかない。そうなる前、まだ親も子も余力がある若いうちに、一人暮らしという方法を模索しはじめるのは、人工呼吸器という道具が普及した当然の帰結だろう。『アナザボイス』には、人工呼吸器使用者のもうひとつのネットワーク「呼ネット」のコーナーがあり、そこには一人暮らしを始めた当事者たちのエッセイが寄せられている。

一九九六年、佐藤さんは車いすの仲間三人と、それを支える健常者二人と共に「自立生活センターさっぽろ」を立ち上げた。人工呼吸器使用者は、二四時間の介助が必要だから、まずは介助保障を求める必要があった。また、痰の吸引をヘルパーもできるようにしないと、人工呼吸器使用者は一生病院から出られないことになる。だから、吸引ができるヘルパーを育てる必要もあった。そして、自立生活の情報提供や相談を受けられる場所。すでに札幌市では、「札幌いちご会」というCILが活発に活動していたが、人工呼吸器使用者が欲しい情報を提供するためには、もうひとつのCILが必要だったのだ。

最初の事務所には、倉庫を借りた。そこを拠点にして行政交渉を始めた。人工呼吸器をつけて一人暮らしをするには、どうしても二四時間の介助者が必要になる。呼吸のトラブルは生命に関わる。そして、自己管理のもと機械さえきちんと作動していれば、何の問題もなく暮らしていける。

ヘルパー時間数を増やすのは、並大抵のことではなかった。週に一〜二回は市役所に足を運び市長に直接交渉もする。それでも、やっと年に一〜二時間増えるだけ。CILを立ち上げて五年後の二〇〇一年で、札幌市で使える制度すべてをかき集めても、一日一三時間だった。あとの一一時間は、ボランティアに頼るしかない。

自立生活センターさっぽろの運営は、まったく自己資金で行った。寄付集め、街頭カンパだ。大通公園で毎週土曜、日曜、特に「さっぽろ雪まつり」のときは、気温マイナス五〜六度の中、六時間くらい吹雪の中で、車いすをずらっと連ねて身体中に使い捨てカイロを巻きつけて立つ。すると、その期間だけで二〇〇万円のカンパが集まった。それで、センターの年間運営費の半分は賄えた。文字通り、身体を張ってのカンパだ。雪まつりを見にきた観光客は、度胆を抜かれたことだろう。彼らは意味がわかっただろうか。一般的には、人工呼吸器をつけた人を街で見かけることさえ、めったにないのだから、札幌の街は最先端をいっていたといえる。

事業運営の財政面を安定させるためには、市の委託事業を受けるという方法もある。だが、それは、そう簡単にいくものではなかった[68]。

行政交渉には粘りと大胆さの両方が必要だ。彼女たちは、座り込みも辞さなかった。二〇〇七年、遂に二四時間の介助、月七二〇時間の重度訪問介護を公的制度として使えるようになった。

札幌市はそれ以前も以後も、当事者の働きかけで全国に先駆けて実施した制度がある。まずは、二〇〇〇年の「自選ヘルパー制度[69]」。これは、事業所から派遣されてくるヘルパーに介助を頼むのではなく、自分の介助に慣れた人に、資格がなくても自分専任ヘルパーとして登録してもらい、生活スタイルに合わせて来てもらうことができる。自選ヘルパー制度は、全国的にはヘルパー制度の運用面での取り扱い方として普及していったが、札幌市ではこれを明文化し要綱をつくって、きちんとした制度として発足させた。

もう一つは、二〇一〇年から正式に始まった「札幌市パーソナルアシスタンス制度」だ。パーソナルアシスタンス制度は、札幌市にしかない（二〇一四年九月現在）。これは、重度訪問介護で決定されているヘルパー時間数の一部を金額に換算し、そのお金で、自分で直接ヘルパーと契約を結ぶことができる制度だ。ここでのヘルパーについても、資格は問わない。ただし、配偶者や三親等以内の人はなれない。親や兄弟はなれないが、いとこは大丈夫だ。この制度のメリットは、自選ヘルパー同様、慣れた人に介助に入ってもらえること、そして、申請したよりも少ない時間数しか市から得られない場合、時給を少し減らすかたちで時間数を増やせること。画期的なのは、入院中も病院に来てもらって介助を受けられることだ。

重度障害者が一番困るのは、入院したときに重度訪問介護や居宅介護が使えなくなるため、病院の限られた介護体制で満足な介助が受けられなくなることだ。同時に、ヘルパー側からみると、利用者の入院により職を失い、収入が減って生活できなくなる。パーソナルアシスタンス制度は、そこを切り抜けることができる。ただし、障害者自身が契約者になるため、そのサービスを使うにはマネジメントスキルが必要になる。自立生活センターさっぽろは、その部分のサポート、つまりPA（パーソナルアシスタンス）サポートセンターにもなっている。「時々、入院しますよ」という佐藤さんは、この制度の必要性を訴えている。[註11]

人工呼吸器をつけて暮らす

「自立生活」とは、何事も自分で行うのではなくて、障害によって自分自身で行えないことは介助者の手を借り、しかしあくまでも選択・決定は自身が行い、その結果には責任をもつような暮らしであり、これは当事者たちが打ち出した自立の概念だ。これにより居宅介護や重度訪問介護の制度ができ、障害が重くても一人暮らしができるという、なんとかそんな社会にわが国もなった。

とはいえ、そんな暮らしが可能だと思っている人は、まだまだ少ない。特に人工呼吸器使用者にとっては、ハードルが高いかもしれない。

佐藤さんが一人暮らしをするうえで大きな支えとなった人の一人に、熊谷みどり医師がいる。(70) 地域医療のパイオニアで、もう亡くなられたそうだが、熊谷医師は当事者が自分で決めることをサポートするのがうまかったという。人工呼吸器の調整は、医師が本人の呼吸機能をみて行うことが多いが、熊谷医師は、換気量の幅を一〇〇ミリリットル

註11 二〇一六年六月公布の「障害者総合支援法」改正で、重度訪問介護で入院先に入れるようになった〔二〇一八年（平成三〇年）四月施行〕。

以内なら自分で決めていいと言ってくれた。「暮らし」の中で人工呼吸器を使うには、身体の実感を大切にすること、そして当事者にとってよりよい方法、快適な方法を当事者が見つけることが一番という。あのウィーニングを頑張らされたときとは、真逆のスタンスだ。

当然のことだが、そのためには機械の機能や構造を、使用者が熟知する必要がある。必要に応じて目盛を変える、ジャバラ管の交換をする、それらを佐藤さんの口頭指示でヘルパーが行っている。

気管切開している人は、発声できず話せないと思われがちだが、そんなことはない。佐藤さんは、独特の話し方をする。右手で人工呼吸器のカニューレ接続部を、人指し指と中指と親指で挟んで持ち、息を吐くときにヒョイと接続部を外し、人差し指でカニューレ開孔部を塞ぎながら、声を出す。人工呼吸器のリズムに合わせているとテンポよく話せないので、編み出した方法だという。話せる、指示を出せるというのは、自立生活を送るうえで大きな要素ではある。だが、五〇音文字盤や、わずかなうなずきのみでコミュニケーションをとって一人暮らしをしている人たちもいるから、絶対の要件というわけでもない。

結局のところ、人工呼吸器を使用していようがいまいが、暮らしに大きな違いはないのだと思う。ヘルパーとの関係は何よりも大事だということはもちろんだが、彼女の話を聞くかぎりではそれも、人工呼吸器ユーザーだからより注意深くというより、暮らしに必要なこととして話される。

「やってみて、失敗を繰り返すしかないです。自分で悩みながら、模索しながら、失敗しながら、つかんできたんですね。ああ、もっと具体的に言わないと伝わんないんだ、とかね。経験の積み重ねなんです。ピアカン（ピアカウンセリング）は大事ですね。仲間と、こういうときはどうしてる？　とか、失敗談議、こうしたらヘルパーさんとうまくいったとか。介助関係は、結局人間関係ですから、マニュアル通りにはいかないし、具体策はないです。自分の生活がどうなるかは、介助者との関係次第といえます。ぶつかることも、よくあるし、これは答えのない永遠のテーマです。

いろいろな人が介助に来たけれど、老人のヘルパーとか看護助手をしていた人とかは、当事者を見る視線が管理的になることがあって、やはり難しいなと思います。こちらに聞かないで自分の経験でやるので。頼まないのにおかずを小さく刻んじゃうとか。資格のない人のほうが、すっと入ってきてくれます。

今後も、人工呼吸器をつけた方たちが地域に出ることへのサポートをしていきたいと思っています。でも、吸引や導尿または胃ろう等の医療的ケアができるヘルパーを育てていくには、たくさんの根気と努力が必要です」

佐藤さんがアパート暮らしを始めたとき、それは大きな夢をかなえる第一歩に違いなかった。おしゃれをして街を歩く、ハンバーガー店や映画館に行く、友だちと飲み明かす。雨の中でさえ、街を車いすで行くことは楽しかった。

今、若い障害者が自立生活を夢みて、一人暮らしを始めると、思ったほど楽しくないと言うそうだ。

「自立生活の喜びや楽しみは与えられるものではなく、自分でつかんでいくものなのに、今の若い人は、地域に出ても何をしていいかわからないという。小さいときから施設にいると、昔からの幼なじみが地域にいるわけではないし、友だちと街でワイワイやる楽しみもつくれない。結局、アパートから出ずに、ゲームとかテレビばっかりになってしまうんです。施設のほうが行事とかあったりして楽しかった、出てきても楽しくないと言われて、もうびっくり。そういう世代が出てきているんですね」

時代的なものも、あるのかもしれない。施設を出ること自体がひとつの運動だった時代は、当事者の仲間や支援者、学生、ボランティアが一緒になって、そこにはひとつの小さなコミュニティができあがっていた。交渉して制度を勝ち取ることは、何よりリアルな手応えがあったろうし、生きるパワーになっただろう。「暮らし」そのものは、バラ色でも何でもないのだ。

これは、日本に限ったことでもないそうだ。デンマークでも、地域で暮らすこと自体はサポート体制が保障しているが、「結局、自宅にこもってフェイスブックをやったりとか、そうなっちゃうみたいで」、共通した、大人から見た若者障害者への懸念が語られている。

今の佐藤さんの暮らしは、午前中は家のことをあれこれし、自立生活センターさっぽろには、午後から勤務している。月七二〇時間の重度訪問介護で、常時介助者がいる。寝台式の電動車いすを操って移動は自由だが、動くのは手が胸から顔くらいの範囲で使えるだけだ。食事は、数年前までは自分で食べていたが、今では障害が進み、介助者に食べさせてもらっている。

さて、彼女は、今は一人暮らしではない。二〇〇二年に、一一カ月のフィリピン人の女の子を養女に迎え、以来母親業と、自立生活センターさっぽろの仕事を両立させてきた。二〇一四年四月、その女の子、森香ちゃんは中学生になり、母として入学式に行ったことが北海道新聞の記事となっている。

娘さんがいることは、ブログで知っていた。実をいうと、びっくりした。だって二四時間介助を受けて、人工呼吸器使用の人が、なんでまた子どもを引き受けることになったか、それは興味津々ではないか。だが、なぜそれが特異なことに思えるのか、と自分に問う。普通に暮らすということの中には、当然、子どもを育てるということが入るだろう。そこには思いがけない縁もあろう。もちろん、それは大変なことであるに違いないが、変なことでもなんでもない。そう思ったら、子育てに関して特別に聞く気持ちは失せてしまった。

インタビューの間に、佐藤さんはそっとヘルパーに、夕食の材料の確認をしていた。「娘さんがいらっしゃるんですね」と聞くと「そう、今反抗期まっさかりですよ。コミュニケーションをとるのがなかなか大変です」と、佐藤さんは笑顔で語り、ごく普通の会話で取材は終わった。

（取材：二〇一四年九月）

八　エレクトーンとジム――宮武由佳さん

私の職業――作業療法士――は、精神科領域も職域としている。私自身、学生のころはこの分野にいくばくかの興味をもっていた。実習で行った病院では、いずれも芸術療法や音楽療法がなされ、私はのびのびと過ごした記憶がある。それでも、閉鎖病棟で取り付く島もない表情の乏しい少女と過ごした時間、患者のたっての願いでなされた電気ショック、精力的なカリスマ医師がいて、途方に暮れたような表情の医師もいて、訳知り顔（に見えた）の看護婦たちの世界は、あえて近づかなくてもいいと思わせるのに十分だった。一九七〇年代のことだ。

その後、精神科領域でなされた改革や変化や事件に、特に関心ももたずにきた。ただ、『べてるの家の「非」援助論―そのままでいいと思えるための25章』[71]（医学書院、二〇〇二）が出たときは読み、その後の〝べてる本〟もフォローしていた。北海道の浦河にある「べてるの家」の試みや実践や発信は、医療や福祉といったくくりを軽々と飛び越えて、もうひとつの（オルタナティヴな）文化、生き方として、人々を、私を引きつける。

だが、どこまでいっても「べてるはべてる」。日本の精神科医療の今がどんな状況なのかに、自分の関心が向くことはなかった。

そんな私が本章第六節の南雲君江さんの取材から、DPI女性障害者ネットワークのアクションを追っていくうちに、内閣府の障害者政策委員会の記録（動画）を見るようになった。

初めて見た動画である二〇一四年二月三日の第一一回会議は、異例の「病棟転換型居住系施設」に関しての自由討議で始まった。もう、びっくりだった。日本の精神科病床数は三四万床、この数は世界中の全病床数の二割に当たるという。三四万床のうち、二〇万床を一年以上の長期入院者が占めている。

この異様に多い入院患者（長期入院精神障害者）を地域に帰していかないと、まずい（「障害者権利条約」的には、人権問題となる）。だが、退院は一向に進まない。そこで入院病棟を少しばかり変えて居住施設として、入院患者は減ったというスタイルにしようではないか、という厚生労働省（以下、厚労省）の提案に対して待ったをかけるための自由討議であったのだ。もちろん、厚労省が出した資料には、もっときれいごとに書いてある。

「長期在院者への地域移行支援に力を注ぎ、また入院している人たちの意向を踏まえたうえで、病棟転換型居住系施設、たとえば介護精神型施設、宿泊型自立訓練、グループホーム、アパート等への転換について、時限的であることも含めて、早急に議論していくことが必要。最善とはいえないまでも、病院で死ぬということと、病院内の敷地にある自分の部屋で死ぬことには大きな違いがある」(72)

障害者政策委員（半数近くがさまざまな障害の当事者）は、この提案を欺瞞として、四〇分にわたって厚労省の役人とやりとりが続いた。「病院で死ぬことと、病院内の敷地にある自分の部屋で死ぬことは同じだ」「やるべきことは、退院への働きかけをして、病床を減らしていくことではないか。厚労省は、民間病院の経営のみを配慮しているのか」「いったい、その検討会には、精神障害の当事者は何人入っているのか（答えは二五人中当事者二人）」「『病院で死ぬよりまし』というのは、そもそも障害者は二級市民という意識がにじみ出ている」

これらの発言を聞きながら、その時点では厚労省の役人は、たじたじとなっている印象を受けた。発言をしている政策委員には、精神障害の当事者、知的障害の当事者もいることに私は驚き、感動してもいた。

「6・26緊急集会　STOP！　精神科病棟転換型居住系施設!!」というビラを受け取ったのは、二〇一四年六月一四日。静岡県清水市で開催されたDPI日本会議全国集会でのことだった。それまで問題意識のなかった私でも、そのビラの意味するところは理解した。その場で精神障害当事者から緊急動議が出され、DPI日本会議全国集会in静岡参加者一同として、「病棟転換型居住系施設」に反対する緊急アピールをすることが採択された。

二〇一四年六月二六日、東京の日比谷野外音楽堂で開催された緊急集会には、全国から三二〇〇人が集まったという。多くの当事者と家族がいた。長期入院経験者が、次々とマイクを持って発言した(73)。私は残念ながら集会に行けなかったが、当事者たちとそこに連帯する人々のうねりが、もしかしたら体制を変えるかもしれないと、久々に身体中が熱くなった。

もちろん、そんなことはまったく事情を知らない部外者の感傷にすぎなかった。集会五日後の七月一日が、検討会〈厚労省内に設置されている「精神障害者に対する医療の提供を確保するための指針等に関する検討会」〈改称後、「長期入院精神障害者の地域移行に向けた具体的方策に係る検討会」〉〉の最終回で、ここで決められた「とりまとめ」には病棟をグループホームにする内容が盛り込まれた(74)。

障害者政策委員会は、これらの動きのあった二〇一四年五～八月、休会している。そして、九月一日に再開したときは委員が変わっており、二月三日の政策委員会で発言していた精神障害当事者の関口明彦氏〈全国「精神病」者集団〉と、知的障害当事者の土本秋夫氏〈ピープルファースト北海道〉は、メンバーではなくなっていた。精神障害と知的障害の当事者が委員から外れたことに対する疑問が、何回か委員の口から発せられたが、結局そのままうやむやとなり現在に至っている。

精神障害という「苦労」

障害のある当事者に、地域で一人で暮らすそのかたちを語ってもらおうと思って始めた取材だが、精神障害の当事者の話を聞きたいと思った途端、自分の前に大きなバリアが出現した。

それは、言ってみれば精神障害という、いったい何が障害なのかよくわからない、それゆえに人を不安にさせるもの、紛うかたもない私自身の中にある偏見と言っていいものに、自分で折り合いがついていないことへの困惑だ。

身体をほとんど動かせない重度の肢体不自由者は、誰が見ても暮らすうえでの一つひとつの行為に、介助が必要なことがわかる。そしてしばしばそこには、暗黙のうちにだが、身体は動かないけど頭は大丈夫だからね、という了解がある。

精神障害者が、もろに社会から受けてしまう偏見や排除の圧力とは、「頭は大丈夫なのか」ということだ。当人にとっての実感や違和感を口にすると、たちまち〝おかしなことを言う人〟になってしまう。まともに相手にされなくなる。幻聴や妄想、薬の副作用による肥満や振戦や口渇や流涎、それらを目にしてわれわれが心の中で押してしまっている精神障害という烙印〔スティグマ（stigma）〕、そのマイナスイメージは、ちょっとやそっとでは消えない。だが、実際のところ、彼らが何に困っていて、どのようにすればその〝困り〟が解消されるのかに、耳を傾けたことなどないのだ。

ところで、障害という概念が精神病者に使われるようになったのは、一九九三年（平成五年）の「障害者基本法」からだ[75]。それまでは、公的には精神障害者という立場は存在せず、「精神疾患を有する者」、すなわち病者にくくられており、病院外での自立した生活を支える公的サービスは医療の範囲では病院のデイケア、福祉では生活保護のみだった。逆にいうと、それで事足りる人だけが、単身で地域に出られたのだ。

精神病者が受けてきたひどい扱いに関しては、洋の東西を問わない。だが、「うちだけじゃないでしょ」と居直るには、わが国のさまざまな数値は、群を抜いて恥ずかしい事態を示している（174～176頁）。

一九九五年（平成七年）に改正された「精神保健及び精神障害者福祉に関する法律（精神保健福祉法）」で、「精神障害者の社会復帰対策・福祉対策の充実」が謳われはした。だが、身体障害者・知的障害者と同列に並び、同じ在宅支援のサービスが受けられるようになったのは、それから一〇年後、二〇〇五年（平成一七年）〔二〇〇六年（平成一八年）施行〕の「障害者自立支援法」からなのだ。精神障害者はこんなにも長い間、制度としての支援もないまま排除のまなざしのみ向けられてきた。

「病気」「病状」としてのみとらえられてきた症状は、いつまで経っても回復しないという失望とともに、医療の場に置き去りにされたが、それなら「障害」というキーワードは、マイナスをプラスに転換させることができるだろうか。

映像人類学者・文化人類学者の中村かれん氏は、「べてるの家」で長期にわたってフィールドワークを行い、見事な記述を残しているが、そこには重要な指摘がある。(76)

「回復するまであなたの人生の続きは始まらないのだが、精神医学はいまだ精神病を回復させるには至っていない。精神医学はただいくつかの症状を一時的に緩和する薬を見つけているだけである。そこで必要なのは、『精神病』をむしろ『精神障害者』として理解しようとする努力である。それは、病気やインペアメント（機能障害）が完全に回復していなくとも、社会の参加は可能であるという主張なのである」

自立生活運動の先駆者たちが主張してきたことは、まさにこの一点「インペアメントが回復していなくとも、社会の参加は可能」ということだった。リハビリテーションがインペアメントを回復させ、健常者の行動様式に近づけることを目指すなら、そこに強烈な異議申し立てをしたのが、「青い芝の会」だった（第二章参照）。

精神疾患は、実は疾患そのものが障害と呼ばれている。WHO（世界保健機関）が出している「国際疾病分類」（ICD-10）では、ありとあらゆる病気の診断名が分類化されコード化されているが、他のすべてが病名となっているのに対し、精神疾患のみが「精神と行動の障害（Mental and Behavioral Disorder）」と名づけられている。diseaseではなくdisorderなのだ。もっとも、disorderを「障害」と訳すことが適切かどうか。「国際生活機能分類」（ICF）では、disorderは「変調」と訳されている。

ICD-10で、精神科領域にdisorderが使われることに対しては〝用語の問題〟として次の説明が載っている。(77)

「disorderという用語を、疾病（disease）や病気（illness）のような用語の使用にまつわる本質的に重大な問題を避けるために、ここ（精神科領域）では使う。disorderはぴったりの用語ではないが、ここでは、苦痛と個人の機能不

全が関連している臨床的に多くのケースに認められる一連の症状や行動を、そういう」(筆者訳)

診断名のリストとしてはもう一つ、米国精神医学会が作成している「精神疾患の診断・統計マニュアル」(DSM)というものがある。ICD-10では、disorder は「障害」と訳されているが、DSM-5のほうでは、翻訳にあたった日本精神神経学会が、「障害」と言ってしまっていいものか相当悩んだようだ。障害を表すほかの言葉、disability や impairment と混同するし、それはもう治らないことを意味し、児童青年期の人たちには衝撃が大きすぎるというわけだ。[78] そこで、基本は〝障害〟が使われているが、子どもの診断名は〝自閉スペクトラム症／自閉症スペクトラム障害〟というように併記し、とても長いものになっている〔DSM(Diagnostic and Statistical Manual of Mental Disorders)の mental disorder は精神疾患と訳されている〕。

そもそも、精神疾患は病気なのか、という問いには答えがない。DSM-Ⅳの作成委員長だった精神科医のアレン・フランセス(Allen J. Frances)氏は「私は精神疾患(mental disorder)の定義を何十と調べたが(しかも一つは自分でDSM-Ⅳに書いたが)、どういう状況だと精神疾患とみなすべきかを決めるのに、また誰が病気なのかを決めるのに、少しでも役立つものは何一つないと思っている」と書いている。[79]

病気(illness、disease)という用語の代わりに、disorder という用語を使うのは、精神疾患はその原因が結局何一つわかっていないからだ。DSM-Ⅳの作成委員を務めた日本の精神科医・大野裕氏は、disorder(障害)という用語を使うことについて、「治療には医師だけでなくコメディカルとの協力が必要だという意味が込められている」[80] とともに、「心理職などのコメディカルを精神医学の中に取り込むという政治的判断が働いていた」[81] と書いている。

mental disorder が、ICD-10では精神障害と訳され、DSM-5では精神疾患と訳され、そのほかに impairment(機能障害)と、制度で使われる精神障害(disability)があるから混乱を極める。

なぜ、障害というところで、これだけ私がつまずいているのかというと、障害のある人の暮らしにくさが身体障害と精神障害とではずいぶん違うし、身体を動かせないという不自由さとは違う、疾患名と混然一体となった精神障害は、フランセス氏に言わせると「ギリシア神話の海神プロテウスのように、とらえどころのない」ものだからだ。[82]
もっとも今では、精神疾患は脳における神経伝達機構の機能障害ともいわれている。[83] だから、認知行動障害があるし、統合失調症のように、若いときに発症することで生活技能を学習する機会を逸してしまう結果としての行動障害がある。統合失調症のように、長期入院などで生活技能が使えなくなる廃用症候群（二次障害）もある。[83] また、「社会的偏見を取り込んでしまう本人・家族・専門家の『内なる偏見』で、できるはずのこともできないと思い込まされてきたために、ますますできなくなっている歴史がある」と、精神科リハビリテーションの第一人者であった野中猛医師は書いている。[83]
このように整理しても、なおすっきりしない精神疾患・精神障害、生きづらさをまとめて浦河べてるの家では「苦労」と呼んでいる。[84] そして彼らは病名を自分でつけ、研究対象とする（当事者研究）。
統合失調症を抱える当事者の多くが、受診時に「決して本当のことを言わない」という。理由は、「少しでも悩みを話したら、病状の悪化と考えられて、薬を増やされるから」と。[85] 当事者は口をつぐみ、周囲の者は耳を貸さないできた、彼らの「苦労」。べてるの家では、幻覚も妄想もミーティングでどんどん語る。当事者の仲間もスタッフも、その語りの中で、内面で起きていることを共有し、対処の仕方を発見していく。
向谷地生良氏（社会福祉法人浦河べてるの家・理事、ソーシャルワーカー）は「『病気も回復を求めている』という考え方を大切にしている」とし、以下のように書く。[86]
「病気や症状のシグナルは、私たちの暮らし方全体を回復に向かわせようとする見落としてはならない一つのサインなのである。たとえそれが、神経学的には情報伝達物質の過不足に起因していたり、生理学的に説明がつくようなエピソードであっても、それが生じている人間としての全体状況には、常に、ある意味と背景があるからである」

ぴあクリニック

私が住んでいる地区に、「ぴあクリニック」という名の精神科クリニックがある。ちょっと、そそられるネーミングだ。

ある会合で出会った作業療法士、菅沼映里さんがぴあクリニックで在宅支援の仕事をしていると知り、当事者と出会うための何のつてももっていなかった私は、渡りに船とばかりに彼女にコンタクトをとった。取材意図を話すと、たちまちクリニックのスタッフミーティングにかけてくれ、院長の新居昭紀医師に会う手はずを整えてくれた。

平屋のこぢんまりとしたクリニックの玄関には段差はないが、靴を脱ぐよう下駄箱がある。中で履くスリッパというものはなくて、ちょっと戸惑う。え、裸足で入るの？　ささいなことと思うかもしれないが、お仕着せのスリッパがないということが、こんなにも気持ちを楽にさせるとは思わなかった。受付脇の壁にはスタッフの顔写真と名前が貼ってある。私はそこにぴあスタッフの写真を見つけ、お！　と思った。当事者スタッフがいるんだ！

職員は誰一人、ユニフォームも白衣も着ていない。靴下だけで、ペタペタ歩いて出てくる。菅沼さんが、取材候補に挙がった当事者のリストを用意して現れ、やがて新居院長が現れた。チェックのシャツにジーンズという格好で。それはおしゃれというよりも、近所で梨を売っているおじさんといった雰囲気を漂わせていた（周りは梨畑だ）。私は思わず凝視してしまった。やはり靴下のままだ。

それだけで十分だった。こんなにも自然に無防備なままの精神科医が目の前にいる。私は、身近なところに貴重な鉱脈を見つけた気がして、心の中でやった！　と叫んだ。

ぴあクリニックは包括型地域生活支援プログラム（assertive community treatment：ACT）を展開しているクリニックだ。assertive という英語が少しわかりにくいが、包括型というぬるい言葉ではないことは確かだ。精神障害が重度であっても、病院ではなく地域で生活することを支援するための assertive な（そのようにすることを強く決意した）働きかけとでも言ったらいいか。一九六〇年代に米国で生まれた。特徴は、多職種チームが二四時間三六五日訪問〔アウトリーチ（outreach）〕という体制で、必要に応じて何回でもどこにでも行く。[87] アウトリーチというのは、家への訪問に限らず、一緒に買い物へ行ったりファストフード店へ行ったり、外に（out）、支援の手を届かせる（reach）。

ACTが日本で初めて試みられたのは、二〇〇三年、国立精神・神経センター（現 国立精神・神経医療研究センター）精神保健研究所でのパイロット研究だ。まだ、研究成果が出ていない二〇〇四年に、新居医師は重度の精神障害者を訪問して支援するボランティア活動「静岡県西部ACT研究会」を立ち上げた。

訪問が面白く、のめり込んだ。だが、ボランティア活動には限界がある。そこで、二〇〇七年にぴあクリニックを開設、その半年前にはボランティア時代の仲間が、精神科に特化した訪問看護ステーション不動平（通称ぽっけ）を立ち上げていた。

ぴあクリニックでは新居医師のほかに、二人の看護師、四人の精神保健福祉士、一人の作業療法士、そして一人の当事者スタッフが外来と訪問を、そして訪問看護ステーション不動平の六人の看護師がタイアップして訪問を行っている（二〇一四年八月取材時）。さらに、クリニックには虹の家というスペースが併設されている。そこはコーヒーが飲めて、当事者がただいるだけでもよし、何がしかの活動に参加するもよし、時々イベントもありという、そんな場所だ。

「病院にいたときは、患者のためと思っていろいろなことをやったわけだけど、病院という所は、どうしても抑圧してしまうんですよ。地域に出ると、病院から見放された人、病院には絶対にかかりたくない人、そういう当事者や家族だから、つながりをつけるまでが大変なんですね。だけど、関係がつけばそれは対等な関係となり、まったく違う視点で付き合うことになる」

「病気は治さなくてもいいんです。地域でその人が生活していくのを、どう支えるか。それはもう、いろんなことが考えられる」

地域へ出たら面白くてしょうがない、と言いながら、新居医師は菅沼さんと何人かの取材候補者の様子を話してくれたうえで、宮武由佳さんを紹介してくれることになった。当事者研究や発表もやっているという。私はどきどきしながらも、見つけた鉱脈から目を離すまいとしていた。

由佳さんの語り

スタッフがそう呼ぶように、私も由佳さんと呼ぼう。由佳さんは統合失調症を発症して二〇年以上経つ。ぴあクリニックには、二週間に一回通院している。通院とは別の日に、週一回虹の家にピアノを弾きにくる。また、週一回はエレクトーンのレッスンを受けにいき、スポーツジムにも通っている。

初めて会った二〇一四年は、一人暮らし歴丸四年となっていた。今や暮らしは落ち着き、「一人暮らしができるなんて、スタッフも誰一人思わなかった」という声をよそに、悠然とほほ笑んでいる。とても、おしゃれだ。いつも似合う服を着て、シックな出で立ちだ。

考えてみると、今まで取材してきた人たちは皆それぞれにおしゃれな格好をしていた。自分の好みに合わせて身を飾って、出かけたり人と会ったりするのは、人の営みの中にある当然の楽しみだ。病院にいると、その楽しみが奪われる。由佳さんの当事者発表のスライドに、次の一枚があった。十年以上前に、病院の「保護室」に入ったときのことだ。

「私」じゃなくて「患者」
＊トレーナーとジャージという「精神科の服」を着せられた。大嫌いな服なのに……。
＊まともじゃないグループ（そこに慣れてしまっている人たち）に入れられた。

＊「患者」という感じで応対された。

▼音　楽

「自分にとっては、一人暮らしの部屋は落ち着けます。できたら一〇年以上、こんなふうに暮らせたら、幸せだなって。六五歳までエレクトーンを習って。それから教えられるといいけど、仕事となるときついから。短大のころは、ギターやドラムをやったりしていたけど、そのころから病気っぽくて、何か原因があるのか知らないうちに、病気になってて」

「今のエレクトーンは母が買ってくれて。もう一〇年以上経ちます。今は、一日四時間くらい弾いています。前はハモンドオルガンをやっていたんです。短大を出て、ハモンドオルガンの会社に二年くらいいて。ハモンドオルガンの講師の資格はもっていて教えることができるんですけど。ヤマハのエレクトーンのほうはグレード六級。もっと上の資格を取ると教えられるんだけど、現実的に教えるというのはまたストレスになるかもしれない」

「エレクトーンは、先生とはマンツーマンで、ずっと私がしゃべりっぱなしで、気が張っています。曲は、自分で本を買うときと、先生から渡されるときとがあって。カーペンターズとか。

ピアノは、小学校低学年から習っていました。バイエル一〇〇番までやったら、根性がついた感じ。松田聖子ちゃんの曲を三〇曲弾くとすっきりします。家では、毎日四時間くらい弾いています。本でいうと十一冊くらい。一冊に五曲くらい入っています」

「ピアノを弾いているときは、理想の人とデートしている感じで、何時間でも弾けます。前はマイクを持って歌いたいとかありました。昔から麻丘めぐみとか天地真理とかのファンで憧れていました。高校に入ったときに、自分の目で感じ取れなくなって、つまんない人生になって、聖子さんに夢を託したんです。

音楽がずっとあってよかったのは、人に話すときに、名刺代わりに音楽やってますって言えるってこと」

▼暮らし

「一人暮らしを始めて四年になります。その前は母と弟と一緒でした。私は一緒にいたほうがお金がかからないと思っていたんですが、親切な人が、一人暮らしできるよって言って。やってみようかなって。一人暮らしを始めて困ったことは、睡眠不足でボーっとして。最初のころは、起きたらすぐタバコに飛びつく感じ。一回吸うと、あとひっきりなしに吸いたくなって、一日一箱とか。タバコのせいで、よく眠れない感じだった」

虹の家でピアノを弾く由佳さん

「タバコで火事になったら弟に殺されると思って、一人暮らしになって一年くらいしてタバコはやめようと思って、やめられました。禁煙できたから、もう大丈夫」

「買い物は苦じゃないです。調理も楽しいし、毎日つくってます。ハンバーグとか」

「お母さんは、今でももし大変だったら戻ってきていいよと言ってくれてるけど、私は絶対いや。せっかくお城があるのに」

「今、ジムには二日に一回くらい行ってます。身体のふしぶしが毎日痛くなって、スポーツしてないからって最近やっと目覚めて行きはじめて一年くらい。二〇年のブランクがあったから、六〇分タイマーでやってることは、ストレッチと内もも・お尻の筋肉を鍛えるマシン。一回二種類のビデオを見ながらやって、気持ちいいです。

シャワー浴びて化粧して、シャキンとして」

「ジムは、最初は入れてくれなかった。ぴあクリニックのスタッフが言ってくれて入れました。最初はなじめなかった。挨拶してくれなかったりしたけど、次の日行ったら挨拶してくれてよかったと思った。ジムのスタッフの人とすれ違うのも不安だとか思ったりしたけど、徐々になじんできました」

「花は好きです。花屋でバイトしたことあるんです。部屋に花を飾ったら明るくなって、それから花が好き」

「部屋の中はきれいにしてますよ。一人暮らし、毎日新しい。目覚めたら一人の空間でルンルンです。でも一人暮らししてるのに、好きな人が来てくれない」

「声は聞こえてくるから、私を入れて五人です。お父さんの声、エアコンから聞こえてくる。それから理想の彼と悪ガキと昔からの女友だちと。自衛隊の飛行機からも聞こえます。変なことは言わないです。聖子さんの声が聞こえてきて、一緒に歌ったりします。それっていいですよ」

「寂しいのは、常々寂しいから」

「菅沼さんを誘って、パフェ食べにいくことがあります。菅沼さんって短大のフォークソング部時代の友だちと似てるんですよ」

▼病気と家族
「今は、いい感じ。

昨日まではそう思ってたけど、今日は救いようがないというか、落ち込んじゃった。好きな人にふられる感じとか。私なんか消えた存在みたい。好きな人に二股かけられている。私も気が多いけど。そこが病気だけど」

「小学校四年生のとき、学校で一番いじめられて、脅されて人が怖くて」

「小学校のときのいじめ、普通だったら自殺しちゃうと思いますよ。こういう運命なのかなと思った。チェッカーズのフミヤさんの曲がなぐさめになった。桜田淳子の歌は怖い感じになったり」

「病気と言われたのは、二五歳のころ。分裂（精神分裂病）って。そりゃ、普通のほうが（病気じゃないほうが）いいですよ。父が高級なマンションに住んでて、自分は三九〇〇円の服着こなして。あ、決まってるなと思ってたら、その日に病院に連れていかれて。それから、太ってめちゃくちゃになって、悔しい。会社辞めて解放されたと思ったら、つかまっちゃって」

「岡山のホテルで、頭がクラクラして、ゲロゲロ吐いて。ホテルの人が心配して父が浜松から迎えにきて、次の日浜松で病院に入れられて」

「鏡を割ったことがあります。お母さんが玄関に鏡をつけたんだけど、それがあると家から出られない感じがして。それで鏡を割って、警察に連れていかれて」

「お母さんが雑で、スーパーの袋を丸めて置いてくのが嫌で。子どものころ、お母さんがグータラして嫌だなって。中村さんや竪山さん（二人とも訪問看護師）に会ったときはひどかったんです。米をばらばらにしちゃったり」

「精神科にかかるようになって、人と話してて固まっちゃうときがあって。それで人を不快にさせるかもしれないって。で、スポーツジムに行ってるんです」

「幻聴は四人います。はじめはからかわれているのかなと思ったけど、話してるうちにちゃんと行動を見てるから。お父さん（の幻聴）は親だから聞かなきゃと思って」

「お父さんの声がエアコンのところから聞こえて、気に障ること言うから、私がお父さんを怒るんです」

「寂しいから、お父さん（の幻聴）と一緒にいるけど、私とか元カレとかに文句を言ってくるから、うるさいんです。

親が死んだら、（エアコンから聞こえてくるかというと、）聞こえてこないと思う」

「病気の自覚はないけど、損してると思います。ここに来てる人は、皆ほとんどそうですけど、統合失調症と言われています。二〇～三〇代の記憶がなくて。やっぱり病気もってると、できない（ことが多い）のが、大きい」

「声（幻聴）は、干渉はしないです。嫌なことではないです」

「お薬は、年に二回くらい飲むのを忘れるけど、そのときは世界が真っ暗になり、寝た気がしないです」

「両親は一応いますけど。初めて病院に入れられたときに、もう親の冷たさが。縁が切れた感じ。寂しくてしょうがないときも来てくれなかったし。今は、お母さんしか心配してくれる人がいないし。お母さんとはおしゃべりするけど、こないだケンカになっちゃって。あの人もくせがあって。お母さんにも幸せになってほしいけど。そんなお母さんを見るのはつらいし」

「私にとって父と母はひどいケンカばかりして。私には関係ないと最近ようやく平静になりましたけど」

「お母さんが、いじめのとき休ませてくれなかった。（病気は）お母さんが原因です」

「お母さんを恨んでるけど。でもエレクトーン買ってくれたし」

「いろいろあるけど、今はいいです。総合的にみればいい。お父さん（の幻聴）が、うるさいけど。お母さんがお父さんを嫌がる気持ちがわかったし」

▼仕　事

「セブン-イレブンの面接に行ったけど、見事に断られました。いろいろ、面接に行ったほうがいいよと言われ、ほかにも書類書いたけど、大変そうなとこなのでどうしようかなって」

「レストランにも面接に行ったら、喫煙と禁煙の席があって。喫煙席があると、怖いなって」

「障害年金なかったら働かなくちゃならないけど、あるからそれは考えなくていいと言われているから」

「今はいいけど。働いてないですもの。でも本当は、働いたほうがいいですか？」

（私に向けられた質問だったが、なんと答えていいかわからなかった）

▼支　援

「ぽっけ（訪問看護）の人が、（エレクトーンのことに）協力的で、〝じゃんだらにぃ〟（年一回の当事者発表の会の名称）のときにステージで弾きました。ぽっけの竪山さん（訪問看護師）の旦那さんが、会場までエレクトーンを運んでくれて。そのとき五曲弾きました。いつかコンサートをやるのが夢です。

一人でいろいろ考えて、消えてしまいそうなときに、竪山さんのことを思い出して。竪山さんに会う前は、資格を取ってとか思ってたけど、会ってからはこういう方法（資格を取らなくてもエレクトーンを楽しむ方法）もあるかなって」

「竪山さんが寄ってきて『いいねぇ』と言ってくれたのを覚えています。それで、やる気になっています」

「当事者研究は、夢とかいろんな発想があって、その続きみたいな感じですが、言うとまとめてパソコンに入れてくれて。ソーシャルワーカーの人は頭いいので、整理されます。発表の自分のしゃべり方は嫌でしたが、エレクトーンはやってよかったです[註12]」

「訪問看護は、来たらお茶して。はじめは困ったことなんかを言ってたけど、言ってるうちに元気になってきたから。友だちは来ないので、ぽっけの訪問が友だちみたいで。にぎやかになるし」

「アパート借りるときも、ぽっけとお母さんが一緒に探してくれました」

由佳さんの「苦労」

今は落ち着いて一人暮らしをし、一回も入院することなく過ごしている由佳さんだが、それまでは二〇回の入退院

註12　ぴあクリニックの当事者研究は、べてるの家のとは少し違い、ナラティブアプローチに基づいて、当事者と支援者が共同で病をめぐる物語を作り上げ、発表する作業。

を繰り返している。措置入院もあれば、保護室も経験した。地域のサービスにつながったのは、何回目かの入退院後、通院していた市内のクリニックで母がぽっけ（訪問看護ステーション不動平）のパンフレットを見つけて、コンタクトをとってきてのことだった。

母との関係が決してよくない由佳さんだが、母は母で一生懸命だったのだ。母は医者への不信感もあり、薬に頼らずよいものに触れさせたいと、音楽や他のアート、運動を勧めたりしていた。薬は、本人は飲まず母も飲ませず切れた状態で、そんなとき、ぽっけの看護師である竪山禎代さんが入った。

「由佳さんはお母さんのつくったものは食べないので、やせてきて目ばかりギョロっとして。入浴もせず、いつも同じタンクトップとロングスカートで、リビングのせんべい布団に座っていて。体感幻覚で物が飛んできて、お話ができない状態。布団の横に五～一〇分座らせてもらって話しかけるけど、なかなか入らない状態でした」

「お母さんとの葛藤が大きくて、ものすごい攻撃的でした。でも、たまたま彼女がお母さんに向かっていっているのを目にしましたが、三〇センチくらいの木の彫刻でお母さんを叩こうとしていても、ちゃんと外して打ってるんですね。それで、人に向かって打たないんだな、見境なくやってはいないんだ、と。どんなに怒っていても自分に危害が加えられることはないと思いました」

由佳さんの当事者研究のスライドでは、次のようにまとめられている。

「ぽっけ訪問看護始まる」
＊二〇〇七年五月七日開始。
＊一番初めの訪問で、竪山さんの前で米をばらまいた。竪山さんはきっと驚いたと思う。
＊最初は構えていた。お母さんの要望で来ていたので。

＊三回目以降は、話しやすいなあと思うようになった。

由佳さんが話しやすいなあと感じはじめた三〜四回目、実は竪山さんは、「友だちでもないのになぜそんなに馴れ馴れしく話しかけるの」と言われて、はっとした。怖がらせず仲良くなりたいという思いが先行し、礼儀を欠いたかもしれないと。また、一人暮らしが落ち着いてきたころには「私一人くらいよくならないと、みんな（スタッフ）頑張りがいがないよね。だから、私も頑張ろうと思って」と由佳さんが語るのを聞いて、確かに彼女がチームの一員で、共に歩む仲間と思ってくれたのがうれしかったという。

二〇〇七年一一月から二〇〇八年二月まで最後の入院をし、退院した後は、ぴあクリニックに通院するようになった。

「ぴあクリニックへ」
＊退院したてでまだぼんやりしながらぴあに。
＊ピアノが弾けるのがうれしかった。
＊自由で大学生になったような感じ。
＊今までできなかったことをここでできた。
＊ソナチネなど緊張せずに弾けた。

当事者研究の支援をしたぴあクリニックの精神保健福祉士、上久保真理子さんからみても、当初の由佳さんの障害は重く、地域で暮らせるとは思わなかった。

「由佳さんはそもそも一人暮らしの経験がありませんでした。そのような方が、しかも精神科の病気がありつつ、初めての一人暮らしができるのか……。支援者としてはかなり心配になります。実際に由佳さん自身も不安は抱いていたようです。

一緒に話していても、突然、何か聞こえてくるみたいで口を閉ざしてしまって、こちらの声かけにも反応しなくなってしまう……そんなことも何回もありました。本当に症状が悪いときをみているので、やはり一人暮らしをすることに対してとても大きな不安があったのは事実です。

おそらく、通常の医療機関であれば、一人暮らしは『無謀』と一蹴されたのではないかと思います。

たまたま、お母さんと住んでいたマンションを出ないといけなくなって、そこで母と住むか一人で暮らすか決めることになって。

一人のほうがいいだろうという、われわれのチームの考えはあったけど、最後は本人が決めて。最初は、スタッフが毎日のように訪問しました」

本人の当事者研究のスライドには、次のような文章がある。

「マンション明け渡しに」
＊ともかく一人にならなきゃと決心した。

「二〇〇九年九月二五日」

＊前の晩は一人暮らしできるか不安で眠れなかった。
＊二五日の晩から一人で泊まる。少し不安定だった。

＊「入院したい」
＊年末がいつも不安。いつも年末に調子が悪くなる。
＊「A病院に入院させてください」
＊年末年始もぴあ・ぽっけが訪問
＊一二月三〇日：福隆でラーメン
＊一二月三一日・一月一日に竪山さんがお雑煮をつくってくれた。

実際は、一二月と一月に、服薬がおろそかになっての亜昏迷が二回あった。一二月の亜昏迷のときは服薬のための連日訪問となり、そんな中でのクリスマスの訪問では、亜昏迷の中でトーンチャイムをスタッフより上手に演奏するという離れ業をやってのけ、年末年始はうまく過ごせたが、一月四日にまた亜昏迷になり、連日連夜の訪問で乗り越えた。まさにACTのアウトリーチだった。さらに上久保さんの話。

「一〇回も入退院と知ってたら、一人暮らしを勧めなかったかも。一〇回くらいかと思ってました。今思うと、本当に心配でした。でも、新居先生には、何かあったら自分が責任とるからというはっきりとした姿勢があったんですね。由佳さんを通して、皆も学んできたんです。べてるの家でも、よくなったら退院じゃなくて、退院したらよくなるよねって言ってますけど、本当に一人暮らしするとよくなるんですね。

統合失調症の方は、思考や行動を自分が行っているという感覚が損なわれてしまう場合があります。この点、自分で責任をとらないといけない一人暮らしによって、自我が鍛えられるという面もあるかもしれません。ぴあクリニックでは、九割以上が一人暮らしでよくなっています。ただ、訪問という支援、ストレングスモデルという考えが、不可欠です」

由佳さんのスライドに、次の一枚がある。

「一人暮らしから半年」
＊「苦労した」
＊今まで親のせいにしていたけれど、それもできなくなった。

ACTのアウトリーチ

由佳さんには何回も会って話を聞いた。虹の家で、作業療法士の菅沼さんと一緒に行った焼肉屋で、訪問看護師の中村さんと行った回転寿司で。ピアノを聴かせてもらったあとで。仲間とカラオケへ行って戻ってきたところで。

最初は菅沼さんが「来週パフェ食べにいこうか」と由佳さんに言っているのを聞いて、びっくりしたものだ。私も訪問の仕事をしていて、利用者と公園への花見や、喫茶店に行くこともたまにはあるが、そのためには事前にケアマネジャーと連絡してケアプランに入れてもらうとか、車はどうするかとか、特に歩いて行ける距離でない場合の移動は事前準備がいる。だが、彼らのアウトリーチは、当事者が行きたいと表明した所には自車に乗せてさっと行く。そのフットワークの軽さと機動力は、私と介護保険の利用者の関係との違いをまざまざと見せつける。

今まで当事者に取材してきた重度訪問介護のサービスは、それは当事者主体となるから、パフェでも焼肉でも、いや居酒屋でもヘルパーと出かける。だが、その〝出かける〟ともまったく違うアウトリーチ。

精神障害者の障害は、存在が揺らいでいることといえるだろうか。自分が消えてしまいそう、とか、自分の輪郭がはっきりしない、とか。自分を取り巻く世界が、崩壊してしまいそうな、不安定さ。自分を現実につなぎとめておく手がかりの薄さ。そして、あなたには無理という社会と医療関係者から向けられた偏見を内面化したもの。

由佳さんは、もう四年以上一人暮らしを続けていて、とても安定して見える。だが、話がふわっと飛ぶ感じがするときもある。出かける身体を支えるのではなくて、存在のあやふやさを支えるアウトリーチ。そうやって確かに地域の中に場が築かれていく。

ACTは多職種のチーム（超職種チームといっている）[88]だが、由佳さんはそれぞれの人と別個の関係をつくり、その関係自体が生活を支えているようだ。その支えは、家事援助とか身体介護とか、看護とかリハビリテーションとかといった分類では整理できないたぐいの、地歩を固めるチームサポートだ。菅沼さんとは、もっぱら食べにいくらしい。そこでは、特に何ということもないおしゃべりが続く。そして、それが由佳さんを支える。訪問看護師の中村けい子さんは、ぽっけ利用の最初の不安定なときから入っていたが、私が同行した二〇一五年六月のその日は、退職のために最後の訪問となった。関わって八年だ。お昼を一緒に回転寿司で食べた。由佳さんは中村さんに、小さなプレゼントを感謝と共に渡した。そこにはまったく揺らぎはない。どちらかというと、仕事に一区切りつけようとしている中村さんに、由佳さんが励ましとエールを送っているようにみえた。

取材のきっかけをつくってくれた菅沼映里さんは言う。

「リカバリーという考えがもともと好きでした。本人らしさを取り戻すという観点からは、具合が悪いときにもリカバリーしている人はいます。でも、病院ではそれは起こらない。措置入院から任意入院になるのは私たちからみればリカバリーですが、任意入院ですら、せっかく自分で買いにいってはいてたズボンの紐を『抜きましょう』ってなっちゃう。それが病院。

訪問の仕事は、内容は自由です。一人ひとり落ち着くかたちが違うから。就労支援もけっこうしたし、当事者同士のほうが説得力があると思えば、訪問先に一緒に当事者を連れていったりします。こういうことは、今は個人情報保護で一般的にはやらないけど、必要で有効なことなら、どんどんやるという方針です。自車に乗せるのもそうだけど、そこは強い理念がないとやれないし、新居先生はちょっと特別かも」

由佳さんと菅沼さんが、焼肉屋でランチをするのに同行した。焼肉に不慣れな私をよそに、二人は手際よく肉を焼き、食べながら、暮らしの様子を話していた。

アウトリーチは、訪問支援というのよりもっとスケールは大きく、きめは細かく、そして柔軟で実用的な支援だ。大変ではないのか？

「カンファレンスをしっかりやって、ああでもない、こうでもないって、皆で言い合えること、何人かでみてるってことが大事。解決方法も、一人の頭では考えられないけど、何人かの頭でね」（菅沼さん）

「ハードといえばハードだし、それなりに過酷なことも、たまにあるけど、そこも含めて面白い仕事です。ＡＣＴはバーンアウトが少ないっていわれてます。やはり、チームでやってるし、人は脆いということがわかったうえでのプログラムなので」（上久保さん）

ストレングスとリカバリー

由佳さんの話を何回か聞いても、いったい何が障害といえるものなのかがわからなかった私は、上久保さんにそこの説明を求めたことがある。彼女はあっさりと「病理や障害に焦点を当てていないので、私たちは病気のことをあえて聞かないです」と言い、私は「あ！」と思った。そういうことなのだ。彼女や菅沼さんから何回か聞いた、ストレングス、それからリカバリーという言葉。初めて聞く言葉ではないが、それまではただのカタカナ語で宙に浮いていた言葉が、急に内実を伴って自分の手の中にポンと落ちてきた。

「ストレングスモデル（strength model）」は、文字通りその人の強み、力に焦点を当てる[87]。治療とか訓練とかいう場合は、弱いところに焦点を当て、そこをなんとかして強くして〝普通〟にしようとする。凹凸の凹に着目し、そこを上げようとする、つまりは横並びの考えだ。

ストレングスモデルは凸に着目する。それは、今までのやり方にもう展望がなかったからだ。このモデルは、カンザス大学のチャールズ・ラップ（Charles A. Rapp）博士によってもたらされた、ケースマネジメントの方法だ。「ブローカー（周旋屋――出来合いのサービスに当てはめるケアマネジメントを彼らはブローカーと呼ぶ）でもセラピストがつくるのでもない、今までと違う方法」として提案される。「クライエントは、普通の大人のセンスで、生活の質が上がった経験をもって地域に統合されなくてはいけない」とし、地域に本当に統合されるというのは「単に病院に居住していないだけというのではなく」「精神保健サービスからも離れた、その地域にある資源に関わっていること」と書いてある[89]（病棟転換型居住系施設など、話の外だ）。

強調されるのは、「地域は資源のオアシスにみえませんか?」「なぜ、一般市民が活用している資源を使わないのですか」ということだ。

由佳さんに話を戻す。彼女の当事者研究のスライドに「支えてくれる人たち」というのがある。「支えてくれる人たち-1」というのが、ラップ氏の言う精神保健サービスだ。すなわち、虹の家、ぴあクリニック、ぽっけ。そして、「支えてくれる人たち-2」で出てくるのが、エレクトーンの先生、福隆の人たち。福隆は近所のラーメン屋で、中国人の夫婦がやっている。「何も食べなくていいよ。話すだけでいいから、ここにおいで」と言うラーメン屋さんは、中国で看護師をやっていたという。この「支えてくれる人たち-2」は、ラップ氏の言う、まさに地域のオアシスだ。精神保健サービスではなくて、地域に今まで普通にあった、誰もが利用している資源を、ストレングス

（強み）とする。由佳さんの場合、今ではここに、スポーツジムも加わる。

個人と環境に内在している強みに着目するというのは、耳に心地よい。だが実は生易しいことではない。医学モデルが深く染みついている私などは、たちどころに人の弱みを見つけ出してしまう（嫌な性質だ）。専門職の多くはそうだろう。弱みにアプローチして、それで解決できると思うのは、それで解決できた選ばれた事例のことだけを言っているにすぎない。それが通用しないあまたの経験をしただろうに。

ストレングスモデルが生まれた米国・カンザス州は、一九八八年の精神保健プログラムの質に関する報告書で上から四二番目に位置づけられ、脱施設化が遅れていた。[90]この不名誉なランクから脱却したい州政府は、ちょうどラップ氏らが行っていたパイロット研究「どのような生活がしたいのか？」から始まる、徹底的に先入観を排除した（診断名さえ知らされなかった）ストレングスアプローチの実施を後押しし、後にカンザス州すべての地域保健センターで、ストレングスモデルを採用するに至る。

ストレングスモデルには、六つの原則がある。[91]

一、精神障害者はリカバリーし、生活を改善し高めることができる。
二、焦点を、欠陥ではなく個人のストレングスに当てる。
三、地域を資源のオアシスとしてとらえる。
四、クライエントこそが、支援過程の監督者である。
五、ワーカーとクライエントの関係性が、根本であり本質である。
六、私たちの仕事の主要な場所は、地域である。

この六項目は、当初はもっと強い口調で書かれていた。たとえば「六」は、「ガンガンとアウトリーチ（aggressive outreach）していくのが、好ましい支援の流儀だ」といったふうに。[89]それは、精神保健サービスではなくて、地域にある普通の資源（ラーメン屋やスポーツジムやエレクトーン教室）を利用して、望んだように暮らすことが、ベルリンの壁を壊すに匹敵する難事（ラップ氏はこのようにたとえる）だったからだ[91]（aggressive outreachという言葉が、かなり気に入った私は、思わずラップ氏に「どうして使うのをやめてしまったのか」とメールで聞いてしまった。「明確に自分たちの概念を伝える言葉として当初使ったが、むしろ混乱を招いたようだった」ということだった。新しい概念を伝えることも、理解してもらうことも、難事だ）。

リカバリーも、独特の言葉だ。精神疾患は、回復しない。だが、リカバリー（回復）するという矛盾する言説は、言葉遊びでも何でもない。

診断から治療という医療の専門家サイド主導で行われた「治るため」「もとに戻るため」にという一方通行の介入に対して、当事者が主導権をもつことから、リカバリーの旅は始まる。

自身、統合失調症の当事者で、博士号をもつ臨床心理士としてリカバリー概念を提唱しているパトリシア・ディーガン（Patricia E. Deegan）氏は、一七歳のとき、統合失調症と診断された。そのとき、本能的にその診断を拒絶し、「死ぬ前に死ぬ」ことを回避しようとしたことを、後に彼女はリカバリーの過程における転換期となる体験だったと言っている。それは、人からは否認や病識欠如とみられていた。[92]リカバリーは、病前の自分に戻るためではなく、新しい自分になるための過程で、そこには数えきれないほどの症状への自分でできる対処方法を見つけ出し、内なる恥やスティグマを乗り越え、未来に向かって夢や願望を計画する、希望の道筋があると彼女は言う。[93]

これはそのまま、べてるの家で生み出された当事者研究（症状への対処方法を見つける）や、弱さの自己開示（内なる恥やスティグマを乗り越える）にも重なるようにみえる。

日本で最初にＡＣＴを立ち上げた伊藤順一郎医師（メンタルヘルス診療所しっぽふぁーれ）は、「リカバリーとは、外部観察的に定義されるものではなく、当事者自らの体験として形づくられ、自覚され、実感として語られる回復や改善であるということ」と言う(94)。

医療がすべてを取り仕切っていて、結局できなかった、というか、むしろ有害でさえあった精神科病院での治療の数々。それが、当事者が地域に出て主体となることで、回復が実感される。医療者はそれを支える側にまわる。これは、革命的なことと言っていいのではないだろうか。「リカバリーの視点は、犠牲と忍従で本来の生活を失っている家族にも必要」であり、「障害からのリカバリーを信じることができないために、障害者の保護に心を痛め、希望を失って硬直している専門家にとっても」必要だと、野中猛医師は書いている(95)。

当事者の実感としてのリカバリーは、病気とうまく付き合うという大事な側面がある以上、病気の部分の意識化は不可欠だと由佳さんの当事者研究を支援した上久保さんは言う。「拒絶が厳しい人を相手にしていると、その人の病理に焦点を当てても何も出てこないし、何の実践も組み立てられないです。過去に何に興味があったか聞き出し、そうやって関係を築いていかないと。ただ、ストレングスモデルで関係をつけるのはいいけど、統合失調症は再発する病気なので、当事者研究を提案するときには絶対にそこのところを言います。再発はしないほうがいい、それには以前どうなって状態が悪くなったか知っておくこと、どうなったらよくなったか確認することが大事って。当事者研究は、自分の病気の部分を知るいい方法なんですね。それによって、病的な部分が統合されていくんです」

上久保さんは、精神保健福祉士になる前は七年ほど中学・高校の教師をしていた。ストレングスモデルは、生徒のもっているよいものを引き出すという、教育畑で培ったセンスとスキルにピタっと合った。

彼女が精神保健福祉士として一歩を踏み出したのは二〇〇七年、ぴあクリニックの開設のときだ。その時点では、まだストレングスモデルのことを知らなかった。だが、ぴあクリニックで「入院はさせない、地域で支える」ということを徹底して行った実践経験を経て、ＡＣＴの研修会でストレングスモデルを知ったとき、これはまさに私たちがやってきたことだと思ったという。

今では、ぴあクリニックはカンザス大学で開発されたストレングスアセスメントに基づいて、プログラムが展開される。

ＡＣＴとフィデリティ評価

ＡＣＴと標榜しているチームは、日本全国で二二ほどだ（ＡＣＴ全国ネットワーク、二〇一五年十月現在）。日本に一二〇〇カ所必要といわれているということだが[87]、やれやれ、一・八%ちょっとという希少な存在だ。そして、幸か不幸か、公的な制度になっていない。医療保険に反映されることなく、一般の訪問診療や訪問看護で賄うから運営は大変になる。逆にいうと、利益に誘導されて行うわけではないから、良質な、柔軟な、やる気に満ちたチームが生まれている可能性がある。

ＡＣＴは、入退院を繰り返している、あるいは長期に入院している、重度の精神障害の人を対象にし、地域で暮らせるようにすること、再入院をさせないことを使命としている。その効果と実績は、全米でお墨付きだ[96]。だが、制度となると、単価が高くなる濃いサービスのため、米国では財政の逼迫状況により、継続を断念する州も多いという[97]。

制度になっていないわが国のＡＣＴは、草の根的にわずかずつ生まれている。このＡＣＴの芽を守り育て、質を維持する働きをしているのが、ＡＣＴ全国ネットワークだ。ここでは「ＡＣＴとしての必要条件」八項目を掲げている（表1）[98]。八項目すべてクリアしている認証ＡＣＴ団体と五項目以上クリアしている准ＡＣＴ団体、合わせると二二チームというわけだ（基準は満たしていないが、訪問活動をしている団体がさらに六チーム、ネットワークメンバーになっている）。彼らは、全国大会や研修会、互いのモニタリング（フィデリティ評価）を通して、励まし合って地域を耕している。

表1　ACTとしての必要条件

一、明文化された、チームの哲学・ミッションがある。
二、明確な加入基準がある（重症の精神障害者のみを対象としている）。
三、明確なキャッチメントエリアがある。
四、オフィスが地域の中にある（病院の敷地内ではなく）。
五、二四時間三六五日体制を敷いている。
六、ストレングスモデルに基づいたケースマネジメントを実施しており、六割以上のケースで過去一年の間にストレングス・アセスメントの実施、リカバリー・プランの作成、週一回程度のグループスーパービジョンが実践の基本に用いられている。
七、研修を受ける体制が整っている。
八、超職種チーム：チームに最低限常勤かつ専従の、看護師、作業療法士、精神保健福祉士が各一名以上いる。

フィデリティ評価というのは、ACTで行われるサービスが適切なものか（基準にどの程度、忠実（fidelity）か）を、第三者がチームに同行して調査するというものだ。訪問サービスは、何が行われているか外からは見えない。「わざわざ利用者のお宅へ伺って、質の低い支援を押しつける[99]」ことにならないための、外部の視線を入れて質を高めていく仕組みだ。

ACTを標榜するチームは、原則として毎年フィデリティ調査を受けるし、また自分たちも調査員を派遣する。米国ではフィデリティ評価が高得点だと、入院日数が減少するという結果が出ており、州の予算獲得に直結するという[97]。

フィデリティ評価尺度は、米国のDACTS（Dartmouth Assertive Community Treatment Scale）を日本版に改

訂したＪ-ＦＡＣＴ(Japanese fidelity scale of ACT) というものだ。日本版と米国版の一番の違いは、日本版のほうに「ストレングスに基づいた包括アセスメント」「利用者のリカバリーに基づいたケアプラン」「家族に関する支援」の三項目が加わっているということだ。本家本元の米国のＡＣＴは、ストレングスモデルもリカバリーも謳っていない。どちらかというと、病院の機能を地域に出し、そこで就労や居住、学校、日常生活、もろもろの支援をアウトリーチで行い、危機的なときのタイムリーな介入も行う、とても強い（assertive な）サービスだ。[100] そのため、専門職主導になりかねないし、せっかく出た地域での自分の部屋が病室と化してしまうそんな側面をもっている（カンザス大学の研究者である福井貞亮氏によれば、ストレングスモデル発祥の地カンザス州にはＡＣＴはない）。ＡＣＴの、下手をすると管理的になりそうな要素を、日本ではストレングスモデルで回避しようとしている。ＡＣＴ全国ネットワークの久永文恵さんによれば、ＡＣＴとストレングスモデルの組み合わせは、日本独特の展開だという。

強い薬が副作用をもつように、強い人的サービスにも副作用がある。だから用量や内容がちゃんとしているか、フィデリティ尺度で評価するとともに、ストレングスモデルを用いるという副作用回避の仕組みが日本のＡＣＴにはある。

ぴあクリニックは、数少ない認証ＡＣＴ団体だ。「入院せずに地域で暮らす」ことを支える支援をしていった結果がＡＣＴであり、ストレングスモデルであった。一一一三人の外来患者のうち、訪問支援を受けた人一〇〇人、そのうち重度の人は四三人。ＡＣＴの対象は、その中の二九人、ＡＣＴよりももう少し薄い支援（強化型）が一四人だ（二〇一五年九月一日現在）。

厚労省は、精神科病床を減らし地域移行を進めるための指針を、何千字も連ねてくだくだしく書いている。[101] その何千字によって動いたことは何もなく、いまだに年間二万人が精神科病院で亡くなっている。実際は本当に小さな地域の実践のみが、ほんのわずかずつ地域を変えている。だが、ほとんどの市民は（医療関係者でさえ）そんなことは知らない。厚労省は、見たふりをして、目をつぶっている。

医師の存在

由佳さんは、新居医師との関係をこんなふうに言う。

「新居先生は、いいですよぉ。二週間に一回、話を聞いてもらってます。でも、今は特に相談することもないから、貯金っていう感じかな」

貯金という言葉が、効いた。会って話をして、それが安心の貯金になって暮らしを支えている。薬の大切さは、本人が身にしみて知っている。

精神障害の人が地域で暮らすとき、医療支援がうまくいく必要がある。内面に嵐が吹き荒れるような事態のときは、措置入院といった強権発動が一般にあり得るわけで、精神保健指定医というのは、その強権をもっている。新居医師は、徹底してその権限を忌避している。

「急性増悪時こそ入院させないで、地域でお守りするシステムを開発しようといった逆の発想」を提案する。[102]「隔離拘束の権限をもつ精神科医としての特権行為は、地域ではまったく必要ないどころか、むしろ有害です」と言い切っている。[102]

新居昭紀医師がそう言い切るに至った道筋を書くには、もうひとつ別の本が必要だ。丁寧に語られるべきその物語をざっと言ってしまうと、彼は一九六〇年代、その後に続く大学紛争の発端になった医学部インターン制度廃止闘争に医学生として参加し、[103]東大赤レンガ病棟自主管理闘争〔東大病院精神神経科病棟（通称赤レンガ）占拠・自主管理〕に身を置き、精神病院を開放化していく運動に飛び込んでいった若い医師たちの一人だった。革命という言葉が、まだいくらかリアリティをもって語られていた時代だ。

一九六八年、生活費を稼ぐために アルバイト先に決めた精神病院に行った初日、髭もじゃで丸裸、全身糞尿にまみれ、コンクリートの床も壁もその汚物で汚れている保護室に長年いる男を見た[103]。そのときのショックが原点だ。

「僕は医者面して白衣着て。われわれのこういう関係性が、この人を追い落としていると思った。それはすごい罪悪感だった。これは医療じゃない。関係のもち方を変えるしかない。最低限、これを変えなくては。僕はずーっとここにこだわっている」

新居医師の話には、何度も〝関係性〟という言葉が出てくる。医師と患者が対等になれる関係性。だが、隔離拘束や管理にぬり固められた患者は、院内の環境を少しでも開放に向かわせようとする個人的な努力では何の進展も見せず、「結局、この苦境から救い出したい、治してやりたいという思いから、どんどん薬漬けにもしましたよ」という。

「そうすると、ひどいことになるんだな。善意のゴリ押しは、その人を無化することになる」

紆余曲折を経て、一九八一年に聖隷三方原病院（静岡県浜松市）の精神科病棟に職を得る。そこで彼は、患者とスタッフが対等に関わるような試みをした。それは、絶叫あり、ホールで脱糞あり、落書きありで、確かに開放区になった。だが一〇年後、同病院の院長になると、立場上管理する側にまわることになる。院長職を一〇年やって、どう転んでも病院という場では、患者と対等な関係を結ぶことは不可能と結論して辞めた。入院させなくても支えられる、現在の診療所スタイルとなって「私の内なる悪徳精神科医から、やっと解放された」という。医師になって四十七年経つ（二〇一五年現在[102]）。

ぴあクリニックに併設されている虹の家は、まだ彼が病院長だった時代に「罪ほろぼし」でつくったものだ、病院がきれいになり、管理的になると、退院した患者が遊びに来たり、患者仲間がたむろしたりする場所がなくなる。だが、〝居場所〟はなくてはならないものだ。

由佳さんの当事者研究のスライドに次の一枚がある。

「毎日行ける場所が大切」
＊通勤のような通学のような場所があって、そこに通うことが大切。
＊ぴあに一生懸命通って、ピアノを練習している。
＊ピアノを弾いていると気持ちが充実している。それが毎日続くように心がけている。

新居医師は、虹の家をデイケアにする気はさらさらない。

「治療になっちゃうからね。治療となると拘束になるんです。デイケアにしないでよかったよ」

虹の家は、何となく人がいて、寝そべっている人や、しゃべっている人や、ピアノを弾いている人がいる。私も由佳さんに会うために何回も行ったが、会えないときでもそこにウロウロしていられる、何ともいえず楽な所だ。つまり、なぜ、何しにここに来て、そしてなぜ何もしないでここにいるかを、弁明しなくてもいい。そんな場所はとても稀有だ。

虹の家は、プログラムがないわけではない。料理やヨガやミーティング等がゆるい感じである。ここから、市の体育館にスポーツに行ったり、カラオケに行ったりもする。プログラムは「君子さんが、何かとやってるみたいよ」と他人事のように彼は言った。君子さんは、新居医師の伴侶でぴあクリニックの看護師だ。私が由佳さんの話を聞いているとき、そっと一〇〇円のコーヒーを出してくれたり、由佳さんがクリスマス用のピアノの楽譜のことを相談していたりする。

「虹の家に来ている人同士は、関係をそれぞれつくってますね。われわれと違って、患者のほうが許容度があるね」

医療拒否して家へこもって、家族ともども疲れ果てている人のところに、彼は何回も足を運ぶ。

「攻撃は逃げればいいんです。訪問しても出てこない、コミュニケーションがとれないのが、大変。相手にしてもらえないので、これは疲れる。一年、二年、三年かかる。時間はかかります。だけど、一生このままであるということはないと思うことです。じわーっと変わる。焦ってはいけない。はっきり敵対するほうが、関係がつくれるってこともある」

「注射ですーっとよくなることもある。これやればよくなると確信があるとき、あまり何年もかかって動かないときは、強制介入で注射することもある。だけど、嫌がるのを無理にやるのは、結局、強制入院と同じことなんだな」

「社会技能トレーニング（social skills training：SST）とか、別にやってないなぁ。履歴書の書き方とか、面接のシミュレーションとか、その人に必要なことは、そのつど精神保健福祉士や作業療法士が考えてやってますね。

　その人に合ったものを、そのたびに考えていく、それでいいんじゃないかなと思う」

ピアノを弾いていると気持ちが充実するという

「薬はね、多少いい働きをすることはあるけど、もう最小限ね。薬を効かすためには、薬以外の支援（関係）が必要です。適切な環境、いい環境に置いてあげて、ゆっくり治るのを待ってればいい」

「医療って、そもそもわれわれと患者さんは絶対的非対称でしょう。そんな中で、対等な関係って、われわれが患者さんに生き方を教わってるってことなんだね」

「コメディカルは、いります。一人でやってると詰まる。コメディカルが入ることで、キャパシティが広がる。医者が有害な影響を与えずにすみます。うちのスタッフ、のびのびとやってて、僕の言うことを聞いてくれないこともあるけど。僕の役目は、こういう場を支えることです」

新居医師の立場は、はっきりしている。それは、病院を辞め、地域に出て訪問診療をする中で確信したこと、「精神科病院はいらない」だ。

「絶対病院否定じゃないとＡＣＴじゃない。病院からのアウトリーチは、ＡＣＴじゃない。だからといって、地域でガチガチに管理するのも違う。

だから、ＡＣＴは制度を目指さないほうがいい」

日本の現実

ぴあクリニックの実践、あるいは浦河べてるの家、そして埼玉で、京都で、岡山で、ほかでも精神障害当事者の地域での暮らしを支える仕組みがつくられてきている。それは、わが国での大きな希望だ。

二〇一五年八月、東京・池袋で開かれた第七回リカバリー全国フォーラムに行ってみた。当事者や関係者が、全国から一〇〇〇人以上集まった。その会場で、フロアからの発言があった。

「ここに集えている私たちはいい。だけど、まだ精神科病院の中で、自宅の布団の中で、一歩も外へ出られないままの何十万人の仲間がいることを、考えないではいられない」

冒頭に書いたように、わが国は異常に多い精神科病床をもっている。それは、そのように制度をつくってきた国の施策の結果だ。はじまりは明治時代の「精神病者監護法」（一九〇〇年（明治三三年）制定）[104]だ。座敷牢は何も家族がやりたくてつくったのではない。国の制度だった。

一九五〇年（昭和二五年）に「精神衛生法」が制定され、座敷牢は禁止されたが、国は代わりに措置入院を奨励して民間精神病院を続々と誕生させた。精神科特例（医師も看護師も一般病床より少なくていい、さらにこの低い基準さえ守らなくていい[105]）と、薬投与の儲かる仕組みで、劣悪な民間精神病院が増殖した（一九六四年のライシャワー米国大使刺傷事件（ライシャワー事件）後、政府は強制入院者一人当たりの補助金をアップしている[106]）。

一九六〇～七〇年代には、新居医師らが奮闘した精神病院開放闘争もあったが、それは大きな潮流にはならなかった。宇都宮病院スキャンダル（宇都宮病院事件：一九八三年四月・一二月に起き、一九八四年三月に発覚。二人の入院患者が、病院の職員の暴行により死亡した）は、国際的にも問題となり、国連のＮＧＯである国際法律家委員会と国際医療職専門委員会は三回にわたって調査し、政府に勧告を提出している。それを要請したのは政府ではなく、日本の弁護士たちがつくった「精神医療人権基金」だ[107]。

この一回目の勧告に後押しされ、一九八七年（昭和六二年）に「精神衛生法」は「精神保健法」に改正され、リハビリテーションや社会復帰施設の設立が謳われるようになった。だが、三回目の調査団の報告（一九九二年四月）では、精神保健予算の八〇％以上が病院ケアに使われていることや、地域への予算配分の低さ、政府の予算の減少が明らかになり、「驚きであり、失望である」と書かれている[108]。

二〇〇四年九月、精神保健福祉対策本部（厚労省）が決定した「精神保健医療福祉の改革ビジョン」では、「今後一〇年間に退院可能な者七万人について（入院医療の）解消を図る」としている。だが、一九八七年に三四万床くらいだった精神科病床数は現在も変わっておらず、一〇年間で七万床減らすことはできなかった。

二〇一四年七月、国連の自由権規約人権委員会は、日本政府にいくつかの勧告をしている。その中の一つが、「非常に多くの精神障害者が非常に長期間、そして自らの権利侵害に異議申し立てする有効な法的な救済手段なしに非自発的入院を強いられていること、また代替サービスの欠如により入院が不要に長期化していると報告されていること[109]」への懸念だ。

この勧告の二週間前に、厚労省はぬけぬけと病棟転換型居住系施設を容認する道を開いている。

病棟転換型居住系施設を社会問題化した火付け役は、長谷川利夫氏（作業療法士、杏林大学教授）だ。彼は、精神科医療における隔離・身体拘束を研究テーマとしてきた。隔離はいわゆる保護室（一人部屋）に入れられ、外から施錠される。身体拘束は、拘束衣（長い袖で後ろ手に縛られる）や拘束具でベッドに固定され、自由を完全に奪われる。[110]

長谷川氏によると、隔離は一九九八年に七三七〇人だったのが、二〇一〇年に九一三二人、身体拘束は二〇〇三年に五一〇九人だったのが、二〇一〇年に八九三〇人と増えているのだ。米国やヨーロッパでも隔離や身体拘束はある。だが、その平均実施期間は、長いほうのスイスで隔離五五時間、身体拘束四八・七時間、短いほうの米国・ペンシルバニア州では、隔離一・三時間、身体拘束一・九時間だ。日本の一九九九年の調査では、隔離一日は〇・八％にすぎず、五〇％は二週間以上、三五％は一カ月以上、身体拘束は一週間以内一六％、一カ月以上が六六％もいるのだ。

密室の中で行われる、これらの長期間に及ぶ隔離・身体拘束は、職員による虐待に転じる危機と隣り合わせだ。宇都宮病院事件は過去の話ではなく、現在でも毎年のように、暴行・傷害、そして致死事件が起こっている。[111]

ところで、長年解決してこなかった問題に対しては、ストレングスモデルが有効であると提案されていなかったか。異様に多い精神科病床の存在そのものが、日本の病理だとすれば（その削減に有効な動きができないままの厚労省も、病理の一部だとすれば）、制度に頼らず当事者と共に地域を変えている小さな実践こそが、わが国のストレングスにみえる。

「浦河べてるの家」は、浦河赤十字病院精神科の患者とスタッフで作り上げた地域の活動拠点だ。始まって約三〇年を経た二〇一四年五月、浦河赤十字病院精神科病棟は休止となり、その地域に精神科の入院病棟はなくなった。医師の川村敏明氏は診療所（浦河ひがし町診療所）を開設し、浦河の地域でべてるの仲間とさらなる実践をしている。[112]

一九六〇年代、新居医師が糞尿まみれで鉄格子の向こうに閉じ込められていた患者に衝撃を受けたのと同じころ、イタリアの精神科医、フランコ・バザーリア（Franco Basaglia）医師は、ベッドに縛りつけられたり、鉄格子の向こうに閉じ込められたりしている患者にショックを受けていた。バザーリア医師らの簡単ではなかった闘いで、彼らの国では一九七八年に精神科病院での入院治療を禁止して、すべての治療は地域精神保健サービス機関で行うこととした一八〇号法（通称バザーリア法）を成立させた[105]。

由佳さんが、入院することなく一人暮らしを続けている。

それは可能なのだ。イタリアでなくても、浦河でも、私が住む町でも。

チャールズ・ラップ氏が言うように、よく見える目をもってさえいれば、地域には資源のオアシスがあるのだ。

（取材：二〇一四年八月〜二〇一五年八月）

九　それぞれの地域で

浜松、世田谷、京都、仙台、東松島、町田、札幌と回った。一九七〇年代とは比べものにならないくらい、サービスが整ってきたことは確かだ。指一本動かせなくても、一言も発することができなくても、人工呼吸器をつけても、一人暮らしができる。いや、できる地域がある。この日本で。

まず、そのことを伝えたい。それは可能なのだと。本人がそれを強く望めば。

地域によって違いはある。だが、どこに住もうとサービス制度が使える以上は、家や施設を出て暮らせることになっている。ただ、制度があっても資源がないということはある。資源を生み出す力も、運動が培ってきた。だから、地域で少し差が出る。

自立生活者といわれる人は、全国にどのくらいいるのか。一九九〇年に出た本『生の技法―家と施設を出て暮らす障害者の社会学』(113)には、その当時で、「おそらく一〇〇〇人を超えることはない」と書かれている。二〇〇三年に支援費制度ができて、施設を出る人は、どのくらい増えたのだろう。重度訪問介護というサービスを利用している人は、自立生活者である可能性が高い。だから、このサービスの利用者数で、ある程度はその地域の自立生活者の数がわかる。

私が住む浜松市は、重度訪問介護の利用者は一五人だ（人口約八一万人・二〇一三年）。これは、かなり少ない。世田谷区は一〇五人（人口約八六万人・二〇一二年）、町田市一〇〇人（人口約四二万人・二〇一四年）、京都市二五〇人（人口約一四七万五〇〇〇人・二〇一三年）、札幌市三三〇人（人口約一九三万人・二〇一四年）、日本で最初の

ＣＩＬ、ヒューマンケア協会ができた八王子市は一四六人（人口約五五万四〇〇〇人・二〇一二年）、仙台市は意外と少なくて二七人（人口約一〇五万人・二〇一二年）。全国トータルすると、九二六二人（平成二五年三月のデータ）という数字が統計資料に出ている[114]。

重度訪問介護の利用者だけを自立生活者とみなすのは、大雑把ではある。仙台市に二七人しかいないのは、仙台市には独自の制度があるからだということも聞いた。市役所に話を聞きにいったときに、ちょうど交渉に来ていたＣＩＬスタッフの脳性麻痺の方は、「ここは重度訪問介護がなかなか出ないんですよ。僕は居宅介護三〇〇時間、移動支援五〇時間で賄っています」ということだった。仙台市は、一九九七年にできた「全身性障害者等指名制介護助成」[註13]の一カ月六〇時間が、今でも生きている。市独自の事業として移動支援が月五〇時間使える（二〇一七年七月現在。二〇一七年には、重度訪問介護利用者は五〇人に増えている）。

先に挙げた重度訪問介護利用者を一〇万人単位に計算してみると、浜松一・八人、世田谷一二・二人、町田二三・八人、京都一六・九人、札幌一七・〇人、八王子二六・三人、仙台二・五人。八王子が断トツだ。運動が活発な地域では、自立生活を普通のこととして地域が成り立っている。

浜松ではなぜ少ないのか、水島さんの見解を聞いた。施設がたくさんあるからかなあということだった。病院でも役所でも担当者は、軽く「家は無理でしょう。今は施設も個室だし、よくなってますよ。安心だし。なんでそんなに、家に住みたいんですか?」と言ってはばからない。

サービスを整えていった地域はそれなりの道程を歩んできた。浜松は、先に挙げた他地域から後れをとっているが、それでも立ち止まっているわけではない。少しずつ歩を進めている。重度訪問介護の予定枠だって増やしているし、二四時間を獲得した人もいる。だが、そんなことが、病院のリハ関係者にも、施設関係者にも知られていないのが、

註13　東京都で始まった「重度脳性麻痺者介護人派遣事業」（一九七四年）が、一九八六年の「大阪市全身性障害者介護人派遣事業」を皮切りに全国に広がった制度（第二章・198頁）。

なんとも悔しいのだ。

伝統的といわれる、「健全者」に近づけるリハビリテーションではなくて、自立生活者を支援するリハビリテーション——セラピストの役割は、ある。第四章で検討する。だが、われわれがまず知っておくべきことは、自立生活を希望する人がいたら、それは簡単なことではないが「可能」ということだ。さらに肝に銘じておかなければいけないのは、当事者が自ら獲得した制度は、共に守らないと介護保険に呑み込まれる危険が常にあるということ。

文献

（1）石井　敏：フィンランドにおける高齢者ケア政策と高齢者住宅．海外社会保障研究　一六四号：三九-五三、二〇〇八
(http://www.ipss.go.jp/syoushika/bunken/data/pdf/18879305.pdf)
（2）熊谷晋一郎：リハビリの夜．医学書院、四七-四八頁、二〇〇九
（3）横塚晃一：母よ！殺すな．すずさわ書店、七八-八七頁、一九七五
（4）立岩真也：はやく・ゆっくり—自立生活運動の生成と展開．安積純子、岡原正幸、尾中文哉、立岩真也：生の技法—家と施設を出て暮らす障害者の社会学．藤原書店、一七四-一九二頁、一九九〇
（5）森　修：ズバリ、「しょうがい」しゃーわが人生に悔いはなし．解放出版社、二〇〇〇
（6）自立の家　ホームページ　(http://www.jiritsunoie.com/what/index.html)
（7）公的介助保障を要求する世田谷連絡会：介助連ニュース　二〇一一年四月号
（8）河本のぞみ：水俣と世田谷—「みなせた」という試み．地域リハ　一一：二〇二-二〇八、二〇一六
（9）河本のぞみ：ヤンキー障がい者見参!!—みなせた（水俣世田谷交流実行委員会）水俣公演．地域リハ　一一：二二四-二二五、二〇一六
（10）茉本亜沙子：車椅子の視点—ヘッド・スティックで伝える私の言葉．メヂカルフレンド社、二六頁、一九九八
（11）茉本亜沙子：前掲書（10）、三四頁

(12)中村尚樹：脳障害を生きる人びと―脳治療の最前線．草思社、一六頁、二〇〇六
(13)茉本亜沙子：前掲書（10）、一一頁、二七頁
(14)Bauby JD(著)、河野万里子（訳）：潜水服は蝶の夢を見る．講談社、一九九八
(15)大橋正洋、他：27年経過した「閉じこめ症候群」の1例．総合リハ　三六：一〇九一－一一〇一、二〇〇八
(16)中村尚樹：前掲書（12）、一七頁
(17)茉本亜沙子：前掲書（10）、三〇頁
(18)茉本亜沙子：前掲書（10）、三六頁、四〇頁
(19)茉本亜沙子：前掲書（10）、四〇頁
(20)中村尚樹：前掲書（12）、二六頁
(21)茉本亜沙子：前掲書（10）、七三頁
(22)茉本亜沙子：前掲書（10）、七四－七六頁
(23)朝日新聞「シルクロード触れてみたい　いろいろな障害持つ人 40日間の旅計画」一九八六年一二月二七日夕刊
(24)茉本亜沙子：前掲書（10）、一三九－一五六頁
(25)茉本亜沙子：前掲書（10）、二〇五頁
(26)中村尚樹：生きている証．MAGX、五〇頁、二〇〇四／二
(27)池田智裕：NEDO課題解決型福祉用具実用化開発支援事業について．リハビリテーション・エンジニアリング　三二：二六－二七、二〇一七
(28)岡本晃明：ALS-D―勝手に甲開日記．現代思想　三六（三）：一〇二－一一四、二〇〇八
(29)志賀玲子：ALS-Dプロジェクトがなげかけるもの．アートミーツケア学会News＋Letter　三：二－四、二〇〇八
(30)志賀玲子、他：甲谷匡賛氏の作品展を通して語る―ケアとアートのコラボレーション．看護学雑誌　七一：三四三－三四八、二〇〇七
(31)志賀玲子：「甲谷匡賛さん支援と学びの会」の活動．難病と在宅ケア　一三：四七－五〇、二〇〇七
(32)岡本晃明：ひとりで生きる　みんなと生きる．ALS患者甲谷匡賛さんの挑戦．京都新聞、二〇〇八年四月二日
(33)岡本晃明：ひとりで生きる　みんなと生きる．ALS患者甲谷匡賛さんの挑戦．京都新聞、二〇〇八年四月三日
(34)川口有美子：逝かない身体―ALS的日常を生きる．医学書院、二三四頁、二〇〇九

(35)岡本晃明：ひとりで生きる　みんなと生きる．ＡＬＳ患者甲谷匡賛さんの挑戦．京都新聞、二〇〇八年四月八日
(36)飯田基晴（監督）、東北関東大震災障害者救援本部（製作）：ドキュメンタリー映画「逃げ遅れる人々―東日本大震災と障害者」、二〇一二
(37)小野裕一：想いを編む、意志を紡ぐ．IRIDeS の研究者たち②．IRIDeS QUARTERLY　三：三、二〇一三
(38)栗原佳子：あれから1年災害弱者はいま．新聞うずみ火、二〇一二年三月二六日
(39)野倉　恵、他：改正災害対策基本法：成立　要援護者名簿、市町村に義務化．毎日新聞・東京朝刊、二〇一三年六月一八日
(40)仙台市：災害時要援護者支援の進め方．災害時要援護者支援資料集（第2号）、二〇一三年六月
(41)高石道明：つながりをパワーにかえよう！　当事者の会の活動を知る（第14回）：日本オストミー協会（ＪＯＡ）―人工肛門、人工膀胱保有者の健康と福祉に貢献する患者会．地域リハ　八：六三〇-六三三、二〇一三
(42)日本都市センター（編）：福祉の都市づくり―新しい都市づくり戦略の展開．日本都市センター、一五四頁、一九九六
(43)大下勝正：一人ひとりの命を―福祉の街づくり・革新町田市政．日本社会党中央本部機関紙局、一九八五
(44)日本都市センター（編）：前掲書（42）、一四七-一五〇頁
(45)日本都市センター（編）：前掲書（42）、一五一頁
(46)日本都市センター（編）：前掲書（42）、一六三頁
(47)『ナカチャンズ・ハーストーリー』台本
(48)三ツ木任一：リハビリテーションサービス．仲村優一、板山賢治（編）：自立生活への道―全身性障害者の挑戦．全国社会福祉協議会、一六〇-一七二頁、一九八四
(49)熊本理抄：「マイノリティ女性に対する複合差別」をめぐる論点整理．人権問題研究資料　一七：三九-七三、二〇〇三
(50)優生手術に対する謝罪を求める会（編）：優生保護法が犯した罪―子どもをもつことを奪われた人々の証言．資料3、現代書館、二六五頁、二〇〇三
(51)優生手術に対する謝罪を求める会（編）：前掲書（50）、資料1、資料2、二四一-二六四頁
(52)優生手術に対する謝罪を求める会（編）：前掲書（50）、市野川容孝：はじめに、一-五頁
(53)松原洋子：日本の優生法の歴史．前掲書（50）、一〇四-一一五頁
(54)山本勝美：「優生手術に対する謝罪を求める会」の運動の経過．前掲書（50）、二一六-二二九頁

(55)二文字理明：強制不妊断種手術被害者に対するスウェーデン政府の対応．前掲書（50）、一八六–二〇二頁

(56)クラウス・ドゥルナー（著）、市野川容孝（訳）：優生手術に対する謝罪を求める会、一九九九年一〇月一六日集会へのメッセージ．前掲書（50）、一七〇–一七二頁

(57)クリスティーネ・テラー（著）、市野川容孝（訳）：ドイツにおける強制不妊手術・「安楽死」被害者に対する補償．前掲書（50）、一七三–一八五頁

(58)堤　愛子：優生思想が生んだ女性障害者の子宮摘出―日本にもある強制不妊手術．前掲書（50）、四〇–五〇頁

(59)南雲君江：断ち切れぬ想い……．前掲書（50）、五一–七八頁

(60)ＤＰＩ女性障害者ネットワーク（編）：障害のある女性の生活の困難―人生の中で出会う複合的な生きにくさとは．複合差別実態調査 報告書．ＮＰＯ法人ＤＰＩ日本会議、四頁、二〇一二

(61)ＤＰＩ女性障害者ネットワーク（編）：前掲書（60）、六頁

(62)箙　田鶴子：神への告発．筑摩書房、一九七七

(63)ＤＰＩ女性障害者ネットワーク（編）：前掲書（60）、扉

(64)ＤＰＩ女性障害者ネットワーク　ホームページ：国際人権規約（市民的および政治的権利に関する国際規約〈自由権規約〉）に基づく第6回政府報告に対するパラレルレポート（http://dwnj.chobi.net/txt/140527t.txt）

(65)日本弁護士連合会：旧優生保護法下において実施された優生思想に基づく優生手術及び人工妊娠中絶に対する補償等の適切な措置を求める意見書．二〇一七年二月一六日（http://www.nichibenren.or.jp/library/ja/opinion/report/data/2017/opinion_170216_07.pdf）

(66)佐藤きみよ：花もようのカルテ．作業療法ジャーナル　三五：一一三八、二〇〇一

(67)佐藤きみよ：気持ちいいが大事．作業療法ジャーナル　三五：四一八、二〇〇一

(68)佐藤きみよ：自立生活センターさっぽろのあゆみとこれから．全国自立生活センター協議会（編）：自立生活運動と障害文化―当事者からの福祉論．現代書館、七四–八〇頁、二〇〇一

(69)田中耕一郎：札幌市パーソナルアシスタンス制度の実際―導入経緯、制度概要、論点など．北海道障害学研究会、二〇一一年一月二八日

(70)ベンチレーター使用者ネットワーク制作・著作：ベンチレーター使用者ネットワーク設立二〇周年記念ＤＶＤ「ベンチレーターはパートナー」．二〇一〇

(71)浦河べてるの家：べてるの家の「非」援助論―そのままでいいと思えるための25章．医学書院、二〇〇二
(72)第一一回障害者政策委員会 厚生労働省提出資料（「第六回精神障害者に対する医療の提供を確保するための指針等に関する検討会」岩上構成員提出資料から抜粋）
(73)精神科病院への長期入院経験者、他：6・26緊急集会リレートーク．藤井克徳、長谷川利夫、増田一世（著）、日本障害者協議会（編）：病棟から出て地域で暮らしたい―精神科の「社会的入院」問題を検証する．やどかり出版、二〇一四
(74)長谷川利夫：精神科病院「病棟転換」問題をめぐって―これまでとこれからの動き．DPIわれら自身の声 三〇：二五-二七、二〇一四
(75)新保祐元：精神障害者の自立支援活動―生活支援の原点と自立支援法の実践課題（第四章第一節 制度変遷と精神保健福祉改革）．中央法規出版、一七頁、二〇〇六
(76)中村かれん（著）、石原孝二、河野哲也（監訳）：クレイジー・イン・ジャパン―べてるの家のエスノグラフィ．医学書院、一九一-一九二頁、二〇一四
(77)WHO: Classification of Mental and Behavioral Disorders. Clinical description and diagnostic guidelines. p11 (http://www.who.int/classifications/icd/en/bluebook.pdf)
(78)日本精神神経学会：DSM-5病名・用語翻訳ガイドライン（初版）．精神経誌 一一六：四二九-四五七、二〇一四
(79)Frances AJ（著）、大野 裕（監訳）：〈正常〉を救え―精神医学を混乱させるDSM-5への警告．講談社、五一頁、二〇一三
(80)大野 裕：精神医療・診断の手引き―DSM-Ⅲはなぜ作られ、DSM-5はなぜ批判されたか．金剛出版、四一頁、二〇一四
(81)大野 裕：前掲書（80）、五一頁
(82)Frances AJ（著）、大野 裕（監訳）：前掲書（79）、五七頁
(83)野中 猛：図説 精神障害リハビリテーション．中央法規出版、二二-二三頁、二〇〇三
(84)清水里香：諦めが肝心．前掲書（71）、一一〇頁
(85)向谷地生良：逆転の発想―問題だらけからの出発．上野千鶴子、大熊由紀子、大沢真理、神野直彦、副田義也（編）：ケアという思想．ケア その思想と実践1、岩波書店、一一三頁、二〇〇八
(86)向谷地生良：前掲書（85）、一二一頁

(87) ＡＣＴ全国ネットワーク（監）：ＡＣＴガイド—包括型地域生活支援プログラム．ＮＰＯ法人地域精神保健福祉機構・コンボ、二〇一〇

(88) 伊藤順一郎、久永文恵（監）：ＡＣＴのい・ろ・は—多職種アウトリーチチームの支援 入門編（ＡＣＴブックレット1）．ＮＰＯ法人地域精神保健福祉機構・コンボ、二〇一三

(89) Rapp CA：Theory, principles and methods of the strengths model of case management. In：Harris M and Bergman HC(eds)：Case Management for Mentally Ill Patients—Theory and Practice. Harwood Academic Publishers, 1993

(90) 福井貞亮：アメリカ・カンザス州におけるストレングスモデルの展開と研修の取り組み．小澤 温（監）：相談支援専門員のためのストレングスモデルに基づく障害者ケアマネジメントマニュアル—サービス等利用計画の質を高める．中央法規出版、二五頁、二〇一五

(91) Rapp CA, Goscha RJ（著）、田中英樹（監訳）：ストレングスモデル—リカバリー志向の精神保健福祉サービス（第3版）．金剛出版、二〇一四

(92) Deegan PE：自分で決める回復と変化の過程としてのリカバリー．Catana B（編）、坂本明子（監訳）：リカバリー—希望をもたらすエンパワーメントモデル．金剛出版、二〇頁、二〇一二

(93) Deegan PE：前掲書（92）、二六頁

(94) 伊藤順一郎：精神科病院を出て、町へ—ＡＣＴがつくる地域精神医療．岩波書店、二五頁、二〇一二

(95) 野中 猛：病や障害からのリカバリー．作業療法ジャーナル 三三：五九四-六〇〇、一九九九

(96) Gold Award：A Community Treatment Program Mendota Mental Health Institute Madison, Wisconsin. Psychiatric Services 51：755-758, 2000(http://ps.psychiatryonline.org/doi/abs/10.1176/appi.ps.51.6.755)

(97) 福井貞亮：精神障害者地域生活支援の国際比較—アメリカ合衆国（特集 精神障害者地域生活支援の国際比較）．海外社会保障研究 一八二号：四一-五二、二〇一三

(98) ＡＣＴ全国ネットワーク：ＡＣＴ全国ネットワーク規約 ver. 6.0(http://assertivecommunitytreatment.jp/about/act-net-policy/)

(99) 吉田光爾：成長をうながすフィデリティ評価．伊藤順一郎、久永文恵（監）：ＡＣＴの立ち上げと成長（ＡＣＴブックレット2）．ＮＰＯ法人地域精神保健福祉機構・コンボ、二〇一四

(100) What Is Assertive Community Treatment?（http://www.dualdiagnosis.org/co-occurring-disorders-treatment/asser-

tive-community-treatment/）
（101）厚生労働省 ホームページ：精神保健及び精神障害者福祉に関する法律の一部を改正する法律の概要（http://www.mhlw.go.jp/seisakunitsuite/bunya/hukushi_kaigo/shougaishahukushi/kaisei_seisin/dl/hou_gaiyo.pdf）
（102）ぴあクリニック ホームページ：精神病院依存主義からの脱却（対談：大熊一夫・新居昭紀）（http://www.peerclinic.jp/）
（103）新居昭紀：対等な関係性を求めて—わたしの個人的総括（1）．精神医療 七九号：一〇一—一一一、二〇一五
（104）佐藤光展：精神医療ダークサイド（講談社現代新書）．講談社、八〇頁、二〇一三
（105）大熊一夫：精神病院を捨てたイタリア 捨てない日本．岩波書店、二〇〇九
（106）国際法律家委員会（編）、広田伊蘇夫、永野貫太郎（監訳）：精神障害患者の人権—国際法律家委員会レポート．明石書店、二四頁、一九九六
（107）国際法律家委員会（編）、広田伊蘇夫、永野貫太郎（監訳）：前掲書（106）、四頁
（108）国際法律家委員会（編）、広田伊蘇夫、永野貫太郎（監訳）：前掲書（106）、二一九—二二〇頁
（109）海渡雄一：国連自由権規約委員会は日本政府に何を求めたか—死刑・代用監獄・慰安婦・秘密保護法・ヘイトスピーチ・技能実習生・福島原発事故（二〇一四年七月三〇日）（http://www.labornetjp.org/news/2014/0730kaido）
（110）長谷川利夫：精神科医療の隔離・身体拘束．日本評論社、二〇一三
（111）全国「精神病」者集団 ホームページ（http://www.jngmdp.org/）
（112）川村敏明：浦河の地域医療のこれから．訪問看護と介護 二〇：三三八—三三九、二〇一五
（113）安積純子、岡原正幸、尾中文哉、立岩真也：生の技法—家と施設を出て暮らす障害者の社会学．藤原書店、一九九〇
（114）厚生労働省 ホームページ：障害者の地域生活の推進に関する検討会（第1回）資料5重度訪問介護の現状等について（http://www.mhlw.go.jp/file.jsp?id=147260&name=0000013344.pdf）

第二章

もうひとつの暮らし方――その先駆者たち

一　全身性障害者といわれる人々

「自立生活」という言葉は、一般的にどの程度、なじんでいるのだろうか。「身の回りのことが自分でできる」という自立、あるいは生活費を自分で稼ぐ自活という意味での自立、ではない、「自立」。日常生活を他人の介助によってこなす「自立」。これまで、「自立生活」をしている何人もの当事者に会って、話を聞いてきた。私の中ではもうそんな暮らし方が、特別のことでもない普通のことのように思える。だが、いったんいつもの自分の職場に戻ると、「寝たきりになったら施設だからね」と同居者に言い含められる要介護の利用者や、利用できるサービス資源の貧弱さで疲れている家族に出会い、〝障害がある〟ということに対する一般的な〝だめになっちゃった感〟の漂う人々と自立生活者たちとの、そのギャップにたじろいでしまう。

地域で普通に暮らすために障害者たちが生命がけで切り拓いてきた道は、要介護者たちが通るには狭すぎるし、その道を国はなるべく隠しておきたいようだ。だが、確かにそこに、道をつくった人々がいる。その人たちのことを、どんなふうに紹介するのがいいのだろう。

『生の技法―家と施設を出て暮らす障害者の社会学』という本がある。一人の当事者（安積純子／遊歩）と三人の社会学者（岡原正幸、尾中文哉、立岩真也）によって、一九九〇年に藤原書店から出されたこの本は、まずは最高のガイドブックと言っていいと思う。一九九五年に増補・改訂され、二〇一二年にも加筆のうえ生活書院から第三版として文庫版が出た。その巻頭部に、「この本を読んで『家出』したという人に幾人も会いもした」と書かれているところをみると、読みやすいとはいえないこの本は、当事者に少なからぬ影響を与えたようだ。(1)

まず、どのような障害者がどのように暮らすことを「自立生活」としているかだが、これについては立岩真也氏が次のように書いている。(2)

「『自立生活』という必ずしもすわりのよくない言葉は、ここでは、日常生活に介助が必要な重度の全身性身体障害者が、その生活を、基本的に、施設においてではなく、また家族や家族による雇用者によらず営む生活を指すものとする」

「全身性障害者」は、それほど一般的に使われる言葉ではない。重度障害者とも少し違う。一九八四年に出た本『自立生活への道―全身性障害者の挑戦』の中で、厚生省社会局（当時）の河野康徳氏が、全身性障害者を次のように説明している。(3)

「主として中枢神経系の障害のため、上肢、下肢、体幹、あるいは言語機能などに重複する障害をもつ人々」「中でも生まれながらの、あるいは幼少時からそのような障害を負っているため、社会的自立の可能性をもちながらも自立生活を営むための諸条件から疎外されている人々」「具体的には、脳性麻痺、脊髄損傷、進行性筋萎縮症などによる身体障害者のこと」

「全身性障害者」は、制度が何もない時代に「普通の暮らしをする」という当然の欲求を声に出し、実践していた重度障害の人々に、行政側が名づけた名称だ。察するに行政側の、あるいはそれまでの一般通念にあった身体障害者像を覆す、「えっ?」「あなたのような人が一人で、アパートで暮らす?」という、あきれと驚きと、そういう暮らしを選択したことへの理解とを背後に含ませた名称だ。

「身体障害者福祉法」が成立したのは一九四九年（昭和二四年）。その当時の身体障害者といえば、傷痍軍人、戦争による民間人受傷者が六八％を占め、戦争関連以外でそこに登場する身体障害者は災害負傷者、事故による負傷者などで、脳性麻痺者は、はなから数に入っていなかった。(4)

当時は、退役傷痍軍人三二万人の時代だ。つい最近まであった国立療養所は、傷痍軍人や、結核、ハンセン病などにより家で生活できないとされた人たちが、終生いる所だった（ハンセン病者は強制的に行かされた）。たとえば、国立療養所箱根病院（現・独立行政法人国立病院機構箱根病院）は、一九〇七年に陸軍省所管で誕生し、廃兵院、傷兵院、軍事保護院と名を変え、一九四〇年には戦傷脊損療養所として、全国唯一の「国立脊髄療養所」に分類されていた。(5) 二〇〇八年、最後の傷痍軍人が亡くなるまで、そこには彼らの療養病棟（終生過ごす、あるいは過ごしてよい病棟）があった。

戦後から現在に至るまで、箱根病院は脊損者のリハ施設だ。第一章第一節に登場する水島秀俊氏は、交通事故で頸損になって二年九カ月、ここでリハビリテーションを受けている。もちろん、戦傷脊損（今後も、これが死語であってほしい）ではないから、終生いることはできず、病院を転々とする。

また、国立療養所系（現・国立病院機構）は、今も筋ジストロフィー者や神経難病者の療養病棟をもっている。人工呼吸器を装着している人も、国立病院機構の療養病床にいる〔長期療養者の約六割、二〇二二人が人工呼吸器使用者、一〇年以上人工呼吸器を装着している人は二二%という（二〇〇七年二月一日現在）(6)〕。

全身性障害者とは、そもそもは「脳性マヒ者等全身性障害者問題研究会」という、一九八〇〜八二年に厚生省社会局に設置された、初めて国が脳性麻痺者の声に聞く耳をもった会に登場する名称だ。(7)

脳性麻痺者は、それまでどこで、どんなふうに暮らしていたのだろうか。

二　脳性麻痺者と「青い芝の会」

米国の自立生活運動のリーダーたちがポリオや筋ジストロフィーだったことを考えると、そのムーブメントが日本にくる前に早々と脱施設や脱家族の実践をしていたのが脳性麻痺者だったことは、特筆に値する。

脳性麻痺、特にアテトーゼ型といわれる人たちは、その不随意運動のためにねじれてしまう身体やゆがむ表情、しぼり出すように発する聞き取りにくい言葉から、一番その声に耳を傾けられずにきた人たちといえる。

胎生期あるいは周産期から誕生後間もない時期に、なんらかの原因（たとえば出産時の低酸素とか、生後すぐの高熱）で脳損傷を受けた子どもの親たちは、発達の遅れに気づいたときから病院をかけ巡る。一九七〇年代の脳性麻痺の活動家たちが子どもだったころは、脳性麻痺という言葉さえ確立されておらず(8)、病院通いをしてもなす術はなく、学齢に達しても学校の門は閉ざされていた。就学猶予とか就学免除という名の閉め出しだ。多くは家の中で、主に母の介護で過ごし、兄弟姉妹が学校に行くようになると、なぜ自分だけが行けないのかと泣く思いをした。

「日本脳性マヒ者協会・青い芝の会」は、そもそもは、一九五七年に東京都立光明養護学校の卒業生の親睦団体として発足している(9)。

東京都立光明養護学校は、一九三二年、日本で最初にできた養護学校だ（第一章・34頁）。

一九七〇年代の「ＣＰ（cerebral palsy：脳性麻痺）者」であることを強く意識した活動や闘争のリーダーになった横塚晃一氏、横田弘氏、新田勲氏らは、だが、光明養護学校どころか、どこの学校にも行けなかった。

横塚晃一氏（一九三五年生まれ）は、二歳のとき祖母に預けられ、この祖母が歩行訓練をし、カナや簡単な漢字の読み方を教えてくれた[10]。一九五二年、一六歳で養護施設に入園し、そのとき施設附設の小学校六年に編入されるが、一九五四年には一八歳で「児童福祉法」適用切れのため、中学二年で退園という、まったく不誠実につくられた制度の切れ目にスポンと落ちてしまっている[11]。

横田弘氏（一九三三年生まれ）は、「『障害者』に生まれてきたこと自体、両親を怨む気持は多くない」が、学校に行けなかったことについては「二タ親様をオウラミ申スと言わざるを得ない」と書いている[12]。人間成長の大切なときに、学校という「社会参加」の場を奪われたことへの「ウラミ」。文字は五歳のとき、小学生の兄がイロハ積木で面白がって教えてくれ、八歳のころには、家にあるさまざまな活字物を、恋愛小説まで読んでいるという。そして、教師代わりとしたのはラジオだ。

新田勲氏（一九四〇年生まれ）は、一九歳まで家族以外と接していない。一九歳で結核となり、仕方なく入った結核療養所が、初めての社会との接触だった[13]。彼は学校に行かなかったが、家事を手伝い、鶏を飼い、やはりラジオで外の世界に触れた。日本語の言葉遣いや慣用句はラジオから学んだ。

三井絹子氏（一九四五年生まれ、新田氏の妹）も学校には行かず、文字は姉たちに習う。姉妹たちが学校へ行ってしまいシーンとなった家で、泣いた[14]。

彼らは皆、極めて重い言語障害と肢体不自由の中、指文字（三井氏）や足文字（新田氏）、口述筆記などで、行政交渉やアピールのための文、要望書をつくり、そして本を書いている。

親睦団体として出発したころの「青い芝の会」の主な活動は「家に閉じこもった脳性麻痺者の掘り起こし、PR活動、レクリエーション、未就学児のための塾[15]」、また年金の増額や居住の場の確保（施設も含めて）の要求を行うことなどで[16]、後に言われる〝過激〟なものではない。

その後の活動ではっきりと打ち出していったこと、他の障害者組織あるいは運動と決定的に違っていたことは、「殺される側にいる」という明確な認識だ。横塚氏の著書のタイトル『母よ！殺すな』（すずさわ書店、一九七五／生活書院、二〇〇七）も、横田氏の著書のタイトル『障害者殺しの思想』（ＪＣＡ出版、一九八〇／現代書館、二〇一五）も、決して大袈裟なのではない。実際に時々、親が子どもの障害を悲観し、思いあまって殺してしまう、時には心中してしまうという事件が起き、そのときには被害者である子どもではなく、殺した親に同情が集まるのだ[17]。

一九七〇年代の青い芝の会は、「障害児殺し事件に対する厳正裁判要求」「ＣＰ者行動綱領」「映画『さようならＣＰ』上映運動」「車いす利用者バス乗車拒否に対する闘い」「優生保護法改定阻止」など、目覚ましい動きを展開する[18]。「ＣＰ者行動綱領」とは、以下の態度表明だ[19]。

一、われらは、自らがＣＰ者であることを自覚する。
われらは、現代社会にあって「本来あってはならない存在」とされつつある自らの位置を認識し、そこに一切の運動の原点を置かなければならないと信じ、且つ行動する。
一、われらは、強烈な自己主張を行う。
われらが、ＣＰ者であることを自覚したとき、そこに起こるのは自らを守ろうとする意志である。われらは、強烈な自己主張こそそれを成しうる唯一の路であると信じ、且つ行動する。
一、われらは、愛と正義を否定する。
われらは、愛と正義のもつエゴイズムを鋭く告発し、それを否定することによって生じる人間凝視に伴う相互理解こそ真の福祉であると信じ、且つ行動する。
一、われらは、問題解決の路を選ばない。
われらは、安易に問題の解決を図ろうとすることがいかに危険な妥協への出発であるか、身をもって知ってきた。われらは、次々と問題提起を行うことのみがわれらの行いうる運動であると信じ、且つ行動する。

これは、一九七〇年当時「青い芝」神奈川県連合会の機関誌編集長をしていた横田氏が、一～二時間で書き上げたという。[12] 当初は、青い芝執行部からも横塚氏からもその内容の過激さに怒られたというが、[20] やがてこれにもう一項「われらは、健全者文明を否定する」が付け加えられ、正式に「全国青い芝の会総連合会」の行動綱領となる。[21]

「青い芝の会」は、『さようならＣＰ』（監督・原一男、一九七二）という映画の上映運動というかたちで、全国にその影響力を広げていった。この映像を今観ると、ＣＰ者の身体そのものが強いメッセージを放ち、彼らの五つの行動綱領が、そのまま説明抜きに伝わる。歩けない横田氏は、車いすを阻む街と人のバリアに対して、車いすから降り地面を膝で歩いて交差点を渡り、青い芝のビラを下から突き上げるようにして道行く人に配る。横田氏は、生まれながらの、あるいは誕生直後からの障害、そのゆがんでしまう、突っ張ってしまう身体の持ち主として、「健全者とは違ったものの見方」「人類文明の矛盾の具現者としての存在」を強みとしていくことを、実感として提案しているのだ。

一九七〇年という年は、「青い芝」神奈川県連合会が障害児殺し減刑運動に対する意見書を出した年であり、府中療育センター入所の脳性麻痺者らが、職員の異動への抗議でハンガーストライキを始めた年でもある。ちなみに、この年の前、一九六〇年代後半より障害者の大規模施設が国の方針でつくられていった。東京都立府中療育センターは、東洋一の設備を謳い、一九六八年に開所した。

新田勲氏と妹の絹子氏は、開所した年にここに入所している。正確にいえば、一九六五年に入所した町田の施設から、施設の方針転換（生活施設から授産施設へ）に伴い、施設間のやりとりのみで、本人たちへは説明もなく了承を迫るというかたちで一九六八年に府中に移された。[22]

当時の府中療育センターは、面会の制限、外出・外泊の制限、私物の所有の禁止（下着さえ持ち込めなかった）、日常生活の規格化に加え、[23] プライバシーはなく、新田氏はまるで野犬のオリのようだと表現する。[24]

その中で、新田氏ら入所者の言い分に理解を示す職員のつてで「青い芝の会」を知り、一九六九年には、新田氏と絹子氏は青い芝の総会に出席し、施設の現状が報告された。[25]

一九七〇年のハンストは、理解あるセンター職員の異動への抗議として始まり、やがて施設内の処遇改善と民間施設への移転阻止を掲げて、一九七二年九月、都庁前へのテント座り込みとなる。[26]ハンスト以降、センターには外部から学生たちが支援で多数来るようになり、新田氏らは彼らに抗議行動への協力を呼びかけ、かつ介助者になってほしいことも訴え、入所者有志グループができあがっていく。

都庁前の座り込み闘争は、方針の違いから新田絹子氏らの有志グループと、新田勲氏らのグループに分裂し、二つのテントが張られた。入所者の移転が実施された一九七三年三月（座り込み六カ月）の時点で、新田勲氏は座り込みに見切りをつけテントを撤去した。[27]その後、支援で知り合ったボランティアたちと介助のローテーションを組んでアパート生活を送ることを模索し、一九七三年八月、車いす者用都営住宅へ入居する。新田絹子氏らのグループは処遇改善を求め、一九七四年六月まで一年九カ月座り込むが、結局センターの処遇が大きく変わることはなく、絹子氏は支援者の三井俊明氏と結婚し、一九七五年五月にセンターを出て、自立生活の方法を伝えていく「くにたちかたつむりの会」を始める。

新田勲氏は一九七四年、「在宅障害者の保障を考える会（在障会）」を結成する。彼らは方針の違いから、「青い芝の会」とは袂を分かち、東京都を相手に介護保障——介護料の要求をしていく。[28]

第一章にも書いたが、脳性麻痺の人たち（さまざまな障害像があるにせよ）には、ある種のユーモアと、人を引きつける力がある。文化と言ってもよさそうな、何かだ。子どものころからの、そうじゃなければよかったのに（健康な子どもだったらよかったのに）という親の失意と、なるべく障害が軽くすむように育てよう（そのままの身体は望まれない）という親の奔走は、愛情が注がれていても基底に否定を伴う緊張がある。もしかして、それをほぐすために子どものころに身につけた、彼らのユーモア感覚といったものだろうか。

新田勲氏は、足文字という言語——右足で床に文字を書き、介助者が一文字ずつ読んで一まとまりの文が成立——で、行政交渉もすれば、他愛のない話もする。[29]足文字は、初めて会った人には容易には読み取れない。社会学者の深田耕一郎氏は、新田氏が亡くなるまでの七年半、介助者として日常生活や行政交渉の場にいたが、交渉時、「足文字を話すことのできる新田」＋「読むことのできる介助者」＝強者、「足文字を話すことも読むこともできない行政官」＝弱者、という立場の逆転を目撃してきた。それは、新田氏が折衝の主導権を握る、闘争の言語として有効に機能した。[30]

「青い芝の会」のことと、そこと袂を分かった新田氏らのことに紙数を割いたのは、その二つの動きは脳性麻痺という共通の根から出て、違う方向に伸びながら、その後のもうひとつ別の流れ、米国の自立生活運動の影響を受けたノウハウと撚り合わさって、今の制度につながるからだ。

「青い芝の会」は、当事者性を強く打ち出し、「本来あってはならない存在」として家の中や施設の中に隠されてきたその身体を、外に引っぱり出す気運を作り出した。それは全国各地に飛び火した。地域地域でかたちを変えてさまざまな試行があった。たとえば、関東では言語障害は重度でも身体的には介助なしで生活できる者が会の中心となり、運動には健全者を入れない、健全者のペースになることを極力避けるという方針（結局これが、障害が重かった新田氏らが離れたきっかけとなる）だったのに対し[31]、大阪では重度障害者が活動できるかたちをとって（介助が必要な人に対して「頭は出さずに手足だけを出す」介助者集団「グループ・ゴリラ」が組織された）、「大阪青い芝の会」が結成された（一九七三年[32]）。

施設や親の家から出て、介助者を入れて暮らす、というモデルを青い芝が打ち出したわけではない。たとえば、施設のベッド柵の中にいる脳性麻痺者にしがみつかんばかりにして「おまえら、こんなところに入りたいと思うのか」と言う（福島県青い芝の会・白石清春氏）など、そういう活動[33]。青い芝がやったことは、今までの障害者のありようそのものへの問題提起だった。底に横たわっている障害者差別への糾弾は、脳性麻痺者に限らず他の障害者にも影響を与え、学生・労働者、大学教官をも動かした。

一九七〇年代の青い芝の会は、当時の時代のもつ熱気を取り込み、反発を受けながらも、確かにひとつの土壌をつくった。

三　生きのびる方法

制度が何もない時代、介助者は障害当事者が見つけてきたボランティアの人たちだった。学生もいたし、ほかに仕事をもっている人もいた。

新田勲氏は、府中療育センターから座り込み闘争を経て、アパート生活を始めるが、そのころのことを次のように書いている。

「地域の中で支援者の手を借りて自立したのはいいけれど、一つの問題で闘っているときはたくさんの人が来て手を貸してくれましたが、それが終わると、引き潮のように、サーッと支援者は引いていきました」

施設を出て半年も経たないうちに、一〇人足らずの支援者で二四時間の介助をやりくりしなければならなくなり、その一〇人も何かしら仕事をしないと生活できないし、腰痛者も出てくる、という事態となる。(34)

家や施設を出た全身性障害者は、介助ボランティアを確保するために、ビラを駅前でまき、集会でまき、大学でまき、人の確保をしてローテーションを組む。中に、ちょっとした都合で穴をあける人が出ると、即トイレへも行けない状態になり、必死に電話で人探しをするはめになる。だが、そこでギブアップすることは即、施設へ戻ることを意味するから、介助者が来なくて尿を垂れ流すことになっても、歯をくいしばるしかなかった。

新田氏らの運動の特異だった点は、最初から介護保障——介護料の要求を東京都にしていったことだ。介助者がいないと、生活が成り立たない。一九七三年八月に府中療育センターを出て、都営住宅での生活を始めた新田氏が、すぐに直面した問題だ。一二月には、東京都民生局に「二四時間の日常的世話の介護料、介護者が生活できるような医療費を含んだ介護料の要求」をした。[35]

東京都は、新田氏らの府中療育センター闘争（座り込み）実績も功を奏してか、二四時間にはまったく満たない額ではあったが、「重度脳性麻痺者介護人派遣事業」を一九七四年四月に開始した（一回一七五〇円、月四回分で七〇〇〇円、一九七五年には一回二三〇〇円、月五回分で一万一五〇〇円）[36]。

実際には、介助者が介助で生活できるような額ではないし、依然としてボランティアに頼らざるを得なかったのであるが、障害者自身が自分で介助者にしたい人（資格要件なし）を決め、その人に支払いができる。パーソナル・アシスタンス／ダイレクト・ペイメント（第一章・135～136頁）の萌芽が、そこにはあった。[37]

「介護人派遣事業」というと、いかにも事業所が介護人を派遣してくるようだが、これはあくまでも、派遣のためのお金を東京都が払うだけ、口は出さない、という制度だった。

最初は脳性麻痺者が交渉し、脳性麻痺者だけを対象としていたが、やがて頸損者や筋ジストロフィー者など、介助がなくては暮らせない人々が地域に出てくるようになり、一九八六年、「脳性麻痺者等」と「等」がつき対象が広がった。190頁で紹介した「脳性マヒ者等全身性障害者問題研究会」という、厚生省社会局に一九八〇～八二年にできた会の報告以降は、一九八六年の「大阪市全身性障害者介護人派遣事業」など、各地の全身性障害者らの自立生活と行政への交渉に応じて介護料の支払いが始まる。これらは口火を切った東京都の制度が、参考とされている。[38]

東京都は毎年の当事者の交渉によって少しずつ金額を上げ、二〇年後の一九九四年には、一回六四〇〇円、月三〇回分の一九万二〇〇〇円まで出るようになった。もうひとつ、国の制度である生活保護には、「他人介護加算」というお金があり、これも使って彼らはやりくりをした。たとえば新田氏の場合は、二四時間の介助が必要だから、介護料を行政から引き出したとはいえ、それはボランティアとして来ている介助者にわずかな謝礼を払える程度だった。それでは、しっかりした体制を組むこともできないから、彼は一九八二年から「専従介護」という方法を試みる。二人の介助者が専従となり、九時から一七時まで一日交代で月曜から土曜まで入り、彼らにはお金が支払われる（といっても月六万円)。ほかのすべての時間は、無給のボランティアというかたち。専従者も、六万円では暮らせないから、ほかでアルバイトをした(39)。

皆、そんなふうに暮らしをつくっていった。お金の出る地域でも、出ない地域でも。

四　彼らの声に耳を傾けた役人

「官僚」の中に、時々、気になる名前を残す人がいる。板山賢治という名前も、そのひとつだ。前節までに二回出てきた「脳性マヒ者等全身性障害者問題研究会」を、厚生省（当時）内に設けた人だ。

板山氏は若いときに厚生省に入省したが、本音で語り、内部告発も辞さない異色の官僚だったという。[40] 一九七八年に厚生省社会局更生課長に就任したとき、三年後（一九八一年）にせまった国際障害者年を前にして、行政と障害当事者との間に何のパイプもないという事態に直面した（国際障害者年のテーマは「完全参加と平等」だった）。

それまでの厚生省は青い芝の会などが来ると、正面玄関のシャッターを閉じ、文字通り彼らをシャットアウトした。更生課の部屋には、棚でカムフラージュされた〝隙間〟があり、会いたくない障害者団体が来たら、その隙間から課長は姿を消した。[41]

板山氏はシャッターを開け、障害者団体との関係修復のため、七カ月間に五〇回の話し合いをもった。また、これだけ関係が悪かったから、障害者の実態調査を青い芝の会等は拒否し続けてきたが、それもなんとかできるところへこぎつけ、一九八〇年に一〇年ぶりの実態調査を行った。そのとき彼らとした約束が、「脳性麻痺者等の生まれたときからの生活問題に関する研究」をするということで、そのために一九八〇〜八二年の二年間、厚生省内に設置されたのが「脳性マヒ者等全身性障害者問題研究会」であった。メンバーは障害者六名、福祉関係者三名、行政関係者三名、学識経験者四名の一六名で、ここでは障害当事者が優先とする課題から話し合いがなされた。「具体的政策を展開する場で、福祉利用者の意見を反映させていこうという試みは、国の障害者福祉においては今回が初めて」（座長・仲村優一氏）であり、板山氏自身も「反体制グループと目されていた『青い芝』等と厚生省が、同じ土俵にのぼって相互理解を深めた」ことを、感慨を込めて書いている[43]。

障害当事者がまず出してきた課題は、所得保障だった。家や施設を出て暮らすには、働いて収入を得る道がない以上、生活保護しかない。現実には生活保護を受けて自立生活を始めようとしても、すんなり申請が通らないという事例が当事者から出された[44]（施設へ入ることを勧められるのは、現在もまったく変わっていない）。

この研究会は、その後の「障害者の生活保障問題検討委員会」（一九八一年）、「障害者生活保障問題専門家会議」（一九八二年）の誕生の契機となり、一九八六年（昭和六一年）の「障害基礎年金」と「特別障害者手当」の創設につながった[45]。

それまで、幼少時からの障害者が二〇歳になって得られる「障害福祉年金」は月三万六〇〇〇円（一級）だったから、とても生活できる額ではない。この研究会が道をつけた「障害基礎年金」、現在では月八万一二六〇円（一級）、そして福祉制度としてある「特別障害者手当」が月二万六八三〇円（二〇一六年現在）、合わせても約一〇万八〇〇〇円だ。ともかく、ここまではきた（この金額は、生活保護より厳しい。結局、東京都など独自の手当がつく地域以外の人は、生活保護を申請することも多い）。

五　自立生活運動

「自立生活」という言葉は、いつ誰が、どんな意味を込めて、言いはじめたのだろうか。

リハ業界では、昔も今も「自立」といえば、人の手を借りずに日常生活の諸動作を行うことをいう。介護保険のケアプランをケアマネジャーが立てるときに使う「自立」も同じだ。

しかるに「介助による自立」「人の手を借りた自立」という、まったく矛盾した意味が含まれるその「自立」の入った「自立生活」が、リハ業界のすぐ隣で営まれている風景は、なんとも奇妙だし、シュールだ。

エド・ロバーツ（Edward V. Roberts）氏が一九六二年、カリフォルニア大学バークレー校に入ったときが、自立生活運動（Independent Living Movement――ＩＬ運動）の始まりとされている。[46]「自立生活の父」「初めての自立生活センター（CIL-Berkeley）の創始者」、そして「鉄の肺」を使う重度障害者としての彼の名は、自立生活を紹介する本には必ず出てくる。

「自立生活」という言葉は、ここが発祥の地と思われている。しかし、立岩真也氏が『生の技法』や他の論文で、しばしば指摘しているように、「自立生活」は欧米から日本に流れてきたのではなく、日本でも欧米でも同時多発的に一九六〇～七〇年代に起きた、障害当事者のムーブメントがもたらしたものだ。[47]

ただ「青い芝の会」の人たちは、当初「自立」という言葉を使ってはいない。横塚晃一氏は「親からの解放」と言っている（一九七〇年）。[48]その後、一九七七年に「青い芝の会」が厚生大臣あてに出した「障害者の自立についての青い芝の見解」では、脳性麻痺者の多くが親・兄弟や施設によって主体性を奪われてきたことを述べたうえで、以下のように書いている。

「私たち青い芝の会の求める自立とは、社会の中で、障害者と健全者が対等に生きていくことのできる状況を創り出すこと」であり、それは「経済的自立のできる者だけを人間として扱い、それのできぬ者はごくつぶしのやっかい者として隔離し、殺していく現在の社会常識を根底から変革していくこと」。「そして、自立への過程としてまず、私たち障害者が家などに隔離された状態から地域社会に出て生活すること。次にこの社会の中で健全者が出入りする所にはすべて障害者も出入りできる状況を創り出すこと。そして障害者の行った先々で、障害者の主体性が確立されている社会、つまり障害者に聞くべきことを介護者を通して聞くといったことのない状況を創り出すこと。さらに障害者の意志で発した言葉、行った行動など、その生活のすべてに障害者が自分で責任をとること。これらのことが実現されたとき、障害者自立への基盤ができあがると考えております」（一九七七年九月二八日）(49)

自立という言葉が最初に出てくるのは、たぶん、関西からだ。『さようならCP』上映運動から、「自立障害者集団姫路グループ・リボン」が一九七二年一一月に結成された(50)。その後、神戸・大阪とグループ・リボンができ、やがては、一九七三年の「大阪青い芝の会」結成につながっていく。スローガンは「自立と解放」だった(51)。

大阪で一九七五年、二四時間介助の一人暮らしに踏み切った重度ポリオの金満里氏は、「親からの精神的自立」をさらに推し進めた、親の家から離れて二四時間他人の介助を受けての暮らしを「自立生活」と呼び、それは「自分の責任において生活していく」ことを指している(52)。

一九七〇〜七七年の間には、「青い芝」は広く全国の障害者たちに「そのままでよいのか」と問い、それにより家を出て暮らしはじめた障害者たちの実践があった。それらが「自立」の姿として「見解」(53)にまとめられたのだろう。

米国の、エド・ロバーツ氏の暮らし方は、どんなふうだったか。彼は一九三九年生まれ、横塚氏や新田勲氏とほぼ同世代になる。一四歳でポリオになり、呼吸障害を伴う四肢麻痺となった。動くのは左手の指が二本のみ。一八カ月間の入院を経て自宅に戻ったが、四年間は家にこもり切りだった。「鉄の肺」というのは、胴体ごとすっぽり入る、八〇〇ポンド（約三六〇キログラム）の巨大な筒状の金属のタンクで、夜間はその中に入って首だけ出して寝る。当時の陰圧の人工呼吸器だ（コンパクトな陽圧の人工呼吸器の普及は、そのあとだ）。

日常生活のすべてに介助が必要な彼は、両親、主に母の介助で暮らしていた。やがて週一回、数時間、高校のスクーリングに通い出す。

その時点で在宅生活を支える支援としては、一日四時間、週五日分のヘルパー〔アテンダント（attendant）と呼ばれる〕費用が、寄付団体（March of Dimes——一〇セント運動）から出ていた（March of Dimes は、フランクリン・ルーズベルト第三二代米大統領が創設した、ポリオ支援団体。彼は、ポリオによる下肢麻痺があった）。ロバーツ氏の高校への送迎や、母が不在時の介助は、このヘルパーが行った。彼は一〇代のうちに、ヘルパーを利用して日常生活を送る原型を経験したことになる。つまり、家族以外の他人に指示をして、日常生活を送ることができるという実感だ。

カリフォルニア大学バークレー校に行ったのは、弟が先に入学していて「いいかも（OK, Maybe that's an alternative）」と言っていたからだ。だが、ここまで重度障害の学生を受け入れたことのない大学は、まず「無理」と言ってきた。その後のことは、一つひとつ闘い取っていったという。

一九六〇年代は、反戦運動、公民権運動、大学紛争など、世界中の若者が新しい時代への脱皮を夢みて動いたときだ。バークレー校は、その先端にいた。大学には、彼を受け入れようという動きも出てきて、ロバーツ氏は四肢麻痺の学生第一号となる。

住む所を見つけるのは困難だった。鉄の肺を持ち込める所だ。学内にあるコーウェル病院の空き病棟を寮というかたちにしてそこに鉄の肺を設置し、住むことになる。重度障害の学生を受け入れることにした大学は、二四時間のヘルパーシフトをつくってくれた。アルバイトをしたい学生や若者には事欠かなかったわけだ。時給二ドル少し。ヘルパーに支払うお金は、カリフォルニア州リハビリテーション局にかけ合い、いく分かは助成金が出た。彼自身が面接して、ヘルパー採用を決めた。

当時のバークレー校は、バリアフリーだったわけではない。エレベーターのない校舎もあり、上の教室に行くには、四人の学生に車いすごと担ぎ上げてもらっていた。毎回の授業の前に（しばしば女子学生に）、カーボン紙を渡し、彼女のノートでカーボンコピーをとってもらった（うまいやり方だ）。

ロバーツ氏が突破口となり、バークレー校にはその後次々と、重度四肢麻痺の学生が入学した。ロバーツ氏は、政治学を学びながらも、障害学生のためのサービス支援（サービスを切ろうとする当局への抗議や、学内の校舎やホールのバリアフリー化への助言）を行っている。前者は権利擁護（advocacy）という、現在でも自立生活センター（Center for Independent Living：CIL）の中心的な役割だし、後者は車いすを拒絶しない環境（accessibility）を整備する活動の始まりで、大学はこの活動に対し彼に仕事として報酬を支払っている（生まれて初めて自分でお金を稼いだ）。

彼は、一九六七年ころ、電動車いすを手に入れている。それまでは、学内の移動はヘルパーに車いすを押してもらっていた。歩道の縁石を越えて進むのは、電動車いすでは無理だ。彼らの学内からバークレーの町への環境を整備するための活動は、縁石カット（curb cuts）として知られている。電動車いすの人と町を歩くとすぐにわかることだが、縁石が滑らかにカットされていないと、たちどころに引っかかって進めなくなる（私は自分の住む町で、今でも経験する）。

ロバーツ氏はバークレー校に八年在席し、修士号を得て学生をやめ、ついに地域のアパート生活に踏み出した。学生支援というサービス枠から出ると、たちまち介助者探しに明け暮れることになる。障害者が誰でも地域で生活するのに必要なサービスを提供する拠点をつくるのは、必然だった。学生時代から、仲間づくり（離反や分裂も当然経験）、交渉、助成金申請、障害学生支援サービスプロジェクトの立ち上げなどで手腕を発揮してきた彼は、一九七二年、バークレー自立生活センター（CIL–Berkeley）を誕生させた。五万ドルの州からの援助金が基になった。「博士号を得て施設に住む代わりに、地域に出ていくほうを選んだ」と述べている。[53、54]

やはり、大学というのはひとつの保護区域、いくら学歴を積んでもその後に待っているのは施設での暮らしという現実を、全存在をかけて変えようとしたのだ。インターネットで彼の映像を観ることができる。呼吸障害がある彼は、末端チューブを口にくわえるタイプの人工呼吸器を使い、背もたれを少し倒し足を伸ばした姿勢で、電動車いすに体幹も上肢もベルトで固定して乗っている。自宅でのインタビューは、晩年のものでも鉄の肺の中に入って答えている。[54]

彼は、一九七五年にはカリフォルニア州更生課（Department of Rehabilitation）の課長に就任した。部下二二〇〇人という、大きな部署の責任者だ。日本で厚生省更生課長（板山賢治氏）が当事者の話をまともに聞こうとする五年前に、カリフォルニアでは州の更生課長に当事者を採用していたわけだ。

ロバーツ氏は「自立」に関して、「肉体ではなくて、心理的な意味での自立なんだ」と言い、「自己決定」「自分の人生に自分で責任をとる方法を知ること」とも言っている。

CILはその後全米にでき、一九七〇年代後半の最盛期には、四〇〇カ所以上あったという。[55]

国際障害者年の一九八一年からミスタードーナツが始めた「ダスキン愛の輪基金―障害者リーダー育成海外研修派遣事業」では、初年度から日本の障害者たちが、バークレーをはじめ各地のCILに半年から一年の研修に行っている。そして、彼らはまさに米国型の自立生活のノウハウを身につけて戻り、日本でリーダーシップを発揮している。

日本の自立生活運動――青い芝の会が告発というかたちで始めた運動と、米国の自立生活運動の大きな違いは、日本が脳性麻痺者たちの運動であるのに対し、米国で中心となったのはポリオの重度障害者たちだった点だ。彼らは存在を否定されていない。鉄の肺に入っても「生きよ」と励まされた。何といっても、大統領もポリオだったのだ。

米国での自立生活運動の父がエド・ロバーツ氏なら、祖母はジニ・ローリー（Gini Laurie）氏だといわれている。彼女自身は障害者ではないが、二人の姉と一人の兄をポリオで亡くしている。兄も鉄の肺を使用していた。一九五九年に在宅のポリオ障害者への援助、（ロバーツ氏も利用していた）March of Dimes の支援金が打ち切られることになり、そこからローリー氏は全米のポリオ、特に人工呼吸器（鉄の肺）使用の重度四肢麻痺者を支援するためのネットワークづくりをし、『リハビリテーション ギャゼット（Rehabilitation Gazette）』を創刊する。ロバーツ氏がＣＩＬを立ち上げるときも、彼女の支援があった。

自立生活の情報が載っている『リハビリテーション ギャゼット』の、三〇年記念号に文章を寄せている四〇人のうち、三三人がポリオ、うち二四人が人工呼吸器使用者だ。脳性麻痺は一人、頸損が一人、筋ジストロフィーが一人。[56]

一九八三年に、日米自立生活セミナーが日本で開催された。このころになると、米国型自立生活の情報が、だいぶ日本にももたらされている。このとき、受け入れ側の日本の実行委員会は、脳性麻痺者たちが中心だった。そして米国から来た自立生活運動のリーダーたちには、脳性麻痺者は一人もいなかった。その後、バークレーＣＩＬに研修に行った脊椎カリエスの樋口恵子氏は、このときの日米の議論はかみ合わず、米国の脳性麻痺者の自立生活を知りたかった日本の脳性麻痺者たちは隔たりを感じ、逆に障害者としてのアイデンティティを見いだしたかった頸損やポリオなど脳性麻痺以外の障害者には大きなインパクトを与えた、と書いている。[57,58]

東京での脳性麻痺者たちの、地を這うような自立生活のありようと運動を、新田勲氏の介助をした深田耕一郎氏は「ヴァナキュラー（vernacular――土着的）」でゲマインシャフト型と称する。対して、東京に誕生したＣＩＬ（ヒューマンケア協会）は、「モダン（近代的）価値体系」を基盤としたゲゼルシャフト型とし、ヴァナキュラー・サイドとモダン・サイドの微妙なかけひきによって日本の介護保障が制度化されていったというのが、深田氏の見解だ。[59]

六　自立生活センター（ＣＩＬ）

日本で最初のＣＩＬ、「ヒューマンケア協会」が八王子市にできたのは、一九八六年だ。それから現在に至るまでに、全国各地にＣＩＬが誕生し、全国自立生活センター協議会（Japan Council on Independent Living Centers : JIL）に加盟している団体は一三〇近い（二〇一六年現在）。

ＣＩＬの存在は、知っている人はもう当然のように知っているし、知らない人はまったく知らない。ずいぶん、変な言い方だが、私が身を置くリハ業界は「障害」というキーワードで成立しているのに、あまりにもＣＩＬの存在が知られていないのだ。医師や看護師が知らないのは、いいだろう（いいか？）。だが、作業療法士や理学療法士が知らないのは、いけない。いや、在宅の仕事をするなら、すべての職種が知っておかないといけないはずだ。親からの介護を受けている障害のある若者は、親が高齢になったときは当然のように施設入所と思っているのだろうか。すでに、たくさんのロールモデルがあるのに。

一九九二年、八王子市に程近い青梅市で行われた、ヒューマンケア協会代表の中西正司氏の講演を私は聴いた。そのときの話で忘れられないのが、頸損の中西氏は車の運転はできるのだが車いすと運転席間の移乗ができない、そこで家の近くのコンビニの若者に声をかけて、車の乗り降りの介助をしてもらうというエピソードだ。

「移乗ができないと免許証はとれないんで、試験のときだけは必死で移乗の練習をしてパスしたんですが、日常生活では難しいんだよね。コンビニで声をかけると、だいたい皆、手伝ってくれます」。もう、この話だけが心に残った。そして、それが自立生活の物語として、私の中で十分に機能した。当時このエピソードだけをいろんな人に話した。

「そうやって、普通の市民が障害者に触れていくわけね。七年間で、三〇〇人くらいが僕の移乗介助をしたかなぁ」という彼の言葉。

まず、ＣＩＬ（自立生活センター）とは何かを説明する必要がある。

エド・ロバーツ氏が最初につくったバークレーＣＩＬは、障害者が地域で暮らすにあたって必要な情報提供、権利擁護、自立生活プログラム、ピアカウンセリング、介助者紹介などの拠点となった。どういうサービスが必要かを身をもって知っている障害者が、サービス提供者になることが、まず第一のポイントだ。この中で一般的にピンとこない用語が、「権利擁護（advocacy）」「ピアカウンセリング（peer counseling）」「自立生活プログラム（independent living program：ILP）」だと思う。

実は私は一九八五年に、バークレーＣＩＬに行ったことがある。ＣＩＬとは何か、まったく知らない白紙の頭に、何回も注がれたのが「advocacy」と「peer counseling」という単語だった。advocacy は日本語の権利擁護というより、もっと具体的で身近で欠かせない事柄のようだった。障害があっても普通に暮らしていいのだという励ましとアピール、当事者の権利の自覚への喚起、障害者差別の具体的事例の提示（日常的に差別されていると、それが差別ということに気がつかない）、それへの抗議と解決に向けた活動を含んでいた。

そして peer counseling は、同じ立場の者同士のカウンセリング。同じ経験をしたからこそ信頼し、語ることができ、耳を傾けられ、有効な助言ができるという確信。専門家ではなくて、当事者こそができること。

自立生活プログラムは、生活の主体者として暮らしていくための具体的なノウハウを身につけるトレーニングだ。金銭管理、栄養の偏らない献立の立て方、健康管理、衣服の管理、もっと大事な、住む所の決定。まさに生活技能・社会技能のさまざまを学ぶ。多くのことは介助者に依頼をしなければならないから、介助者への伝え方、うまく伝わらなかった場合の言い直しや断り方。施設暮らしだったり親がすべてをやってきた場合、日々の生活をヘルパーに口頭指示して行うというのは、新たに学ばねばならない難度の高いスキルだ。

ＣＩＬは事業体であり、かつ運動体だ。障害者に対してのサービス提供と、社会や行政に向けての働きかけを行っていく。事実、一般の人はあまり知らないが、ＣＩＬの経験者の働きかけにより、日本の福祉制度はここまできた。

全国自立生活センター協議会（ＪＩＬ）は、次の五つの条件を会員要件としている。(60)

一、意思決定機関の責任および実施機関の責任者が障害者であること。
二、意思決定機関の構成員の過半数が障害者であること。
三、権利擁護と情報提供を基本サービスとし、且つ次の四つのサービスのうち二つ以上を不特定多数に提供していること。
・介助サービス
・ピア・カウンセリング
・住宅サービス
・自立生活プログラム
四、会費の納入が可能なこと。
五、障害種別を問わずサービスを提供していること。

ヒューマンケア協会と中西正司氏

中西正司氏は、頸損者だ。大学生のとき、交通事故で障害者となった。一九六〇年代のことだ。病院に一年半入院して、自宅に帰った。そのまま寝たきりになり、母の介護で七年間過ごす（私は思わず、「寝たきりって、車いすとか

ヒューマンケア協会の中西氏

なかったんですか？」と聞いた。「そんなもんなかったよ。リハビリもないし、座れなかったんだよ」と中西氏）。当時、在宅の制度としてあったのは高齢者のホームヘルプサービス（一九六二年開始）のみで、障害者のサービスはなく、一九六七年にヘルパーが障害者にもやっとまわってきたという状況。中西氏も、週一回のホームヘルプが唯一の公的サービスだった。

寝たきりの七年間は、最初落ち込むところまで落ち込み、それからひたすら膨大な量の読書で過ごしたという。その後、国立療養所箱根病院で一年半のリハビリテーションを受け、東京都心身障害者福祉センターで約一年。この間に頸損者の仲間と頸損連絡会を設立している。東京都心身障害者福祉センターは職業リハビリテーションを謳っており、彼もそこから東京都大田福祉工場（寮住まい）に行く。一九七〇年代当時の中途障害者のコースだ。当事者の意向をまったく無視した専門職主導のコース。彼は大学に復学したかったが、医師の独断でコースが決められた。治療上の理由とだけ言われて[61]。

一九八〇年ころ彼は、頸損者の仲間が八王子でやっている、当事者による運営として当時全国的に名高かった身体障害者通所訓練施設「第一若駒の家」に関わり出す。一人暮らしを模索する彼は若駒の仲間の協力を得て、八王子に古い民家を借りることができた。車いすでは入口もトイレも風呂場も使えなかったが、設計家のグループが障害者住宅の改造モデルケースとして、車いすで使える家に改造してくれた。生活費は生活保護から得た。

家は住めるようになったが、介助者は自分で見つけなければならない。彼は八王子の大学の福祉系サークルに声をかけ、学生ボランティアの介助を受ける。介助者を確保するために、毎晩、夕食会や麻雀大会が開かれ、学生たちが入りびたるようになった。夜の介助者には困らなくなったが、朝は学生たちが起きてこないなど、自分の生活を自分のペースでつくることには支障をきたし、彼は次第に苦痛となっていった。

八王子市は、東京の西、郊外というより田舎と形容していい山間部だ。そこでは一九八一年、「八王子自立ホーム」というケア付き住宅が開設されている。東京都が府中闘争以降の当事者との話し合いから作り出していった、全身性障害者の自立へのステップとしたひとつのモデル施設だ。第一若駒の家が八王子にあるということもあって、この地が選ばれたという。中西氏らも頸損連絡会として、当初は建設の話し合いに関わっている。自分は決して入りたくはないが、ケア付き住宅というものも、あってもいいかとも思ったという。だが、いざ建設という段階で箱物はダメと確信し、一切の関わりから抜けた。以降、中西氏は一貫して施設反対派だ（八王子自立ホームは、自立という文字が入っているが、結局は施設に帰した）。

中西氏は、八王子市で自立生活を開始したころ、自立生活運動やCILのことをどのくらい知っていただろうか。日本に、最初にバークレーCILの紹介をしたのは、一九七七年、丸山一郎氏が身体障害者自立情報センターの情報誌『われら人間』に書いた記事だという（丸山氏は、厚生省障害福祉専門官として、一九八〇年の「脳性マヒ者等全身性障害者問題研究会」の事務方を務めている）[41]。そのころ中西氏は、東京都心身障害者福祉センターで知り合った仲間たちと、『リハビリテーション ギャゼット』の翻訳をし、情報を蓄えていっていた。

『リハビリテーション ギャゼット』は、先に紹介したように、米国のジニ・ローリー氏によって一九五九年に創刊された、重度障害者の（もとはポリオの人工呼吸器使用者の、そして後にはすべての障害者の）自立生活情報誌で、国際的なネットワークをもっていた（２０６〜２０７頁）。日本語版は、一九七三年から一九八六年まで刊行されている（日本語版第一号から丸山氏が翻訳・刊行に関わっている）。

中西氏が一人暮らしを始めたころ、若駒の家の数名の重度障害者が自立生活を始めていた。中西氏自身、高齢者用の週一回の訪問ヘルパーでは自立生活は成り立たないことがわかっていたので、要求者の声をあげていくためにも八王子で暮らそうと周辺の区市や県にも声をかけ、それに応じて他県から移り住んできた脳性麻痺者たちもいた。限られた数のボランティアでは、とても足りなかったので、中西氏は彼の家に集まってきていた大学生に、今晩A君の家のトイレ介助に行ってくれ、明朝B君の朝の寝起きを手伝ってくれ、と声をかけ、時に介助者のいない障害者から緊急の連絡が入ると、そのとき自宅にいた介助者を車に乗せて連れていったりしている。

そして、このようなコーディネートの必要性があるなら、組織的な介助サービスを始めたほうがよいと思うようになった[62]。

一九八四年八月、彼は「若駒自立生活センター準備室」を開設している。脳性麻痺者たちの闘争が、地面を耕やしてはいた。『リハビリテーション ギャゼット』からの情報、米国ＣＩＬで研修を受けてきた当事者たちの存在。機が熟していたともいえる。

若駒の家で共に活動していた頸損仲間の大須賀郁夫氏、渡辺啓一氏、ハワイＣＩＬでスタッフ経験のある高嶺豊氏らの当事者や大学教授ら六名が準備委員となり、二年近くの準備を経て、きっちりした理念のもとに「ヒューマンケア協会」は誕生した。障害者主導であること、運営委員の半数以上が障害者であること、サービス利用者と提供者は対等な関係であること。

スタート時の事務局体制として、安積純子（遊歩）氏、阿部司氏、樋口恵子氏、三人ともミスタードーナツの研修でバークレーＣＩＬに学んだ当事者、野上温子氏は新聞のニュースを見てボランティアでスタッフをかって出た唯一の非障害者だった[63]。中西氏自身も、発足前にバークレーＣＩＬ、ボストンＣＩＬ、セントルイスＣＩＬなどを見て回った。

障害当事者がサービス提供者になる。事業の運営をする。しかもスタート時には一切、行政のお金を当てにしていない。これはモデルなんだ、ということを明言して、市の役職者二〇名への説明会をし、新聞社の取材を受け、今までの障害福祉の政策にもサービスにもまったくなかった鮮かな登場の仕方で、日本初のＣＩＬ「ヒューマンケア協会」が誕生した。

ヒューマンケア協会は、設立した最初からサービス対象者を限定しなかった。全身性障害者のみならず、高齢者、視覚障害者、聴覚障害者、筋萎縮性側索硬化症（amyotrophic lateral sclerosis：ALS）等難病者、精神障害者と、障害を問わず本人が感じる日常生活上のあらゆる困難への対応を、必要なことすなわちニーズとした。

まずは介助サービスと自立生活プログラムを二本柱として、スタートしている。それまで大学や駅前でビラまきをして、介助ボランティアを必死で確保しなければならなかった自立生活は、ある意味過酷でもあった。

当初のヒューマンケア協会のシステムは、サービス利用者も提供者（介助者）も、入会金一〇〇〇円と年会費三〇〇〇円を払って会員登録をする、利用者は一時間六〇〇円と交通費を支払い、ヒューマンケア協会がうち一〇〇円を事務経費としてとり、サービス提供者は五〇〇円を受け取る、というものだった。

当時（一九八六年）、東京都の「重度脳性麻痺者等介護人派遣事業」で、月五万四〇〇〇円出ていた。月三〇日間、一日三時間（一八〇〇円）分は、保証されたわけだ。一年後には、会員二二〇名（うちサービス利用者（障害当事者）六五名、サービス提供者（介助者）七〇名）、そして運営に欠かせない八五名の替助会員、五名の運営スタッフのうち有給は一名のみという体制となった。(64)

最初から、利用するサービス内容や希望する時間帯を利用者自身が登録し、利用者、介助者、ヒューマンケア協会の三者で詳細な取り決めを文章化した「介助契約書」を取りかわす。内容を決めて契約をするという方法自体が、生活経験や社会経験の乏しい全身性障害者にとっては不慣れなことであったから、自立生活プログラムを受けることは必至であった。

また、当初はピアカウンセリングが独立したプログラムとしてあったわけではなく、自立生活プログラムを障害当事者である自立生活の先輩が行うということ自体がピアカウンセリング、という切り口だった。一九八八年からは、独立したピアカウンセリング講座が開催され、その後はさまざまな形態のピアカウンセリング講座が継続されている。

運営は民間財団の助成金を受けて細々とやっていたが、一九八九年、東京都地域福祉振興基金に事業の先駆性を認められ、年間一二〇〇万円を獲得することで基盤が固まった(65)。

行政は、先例のないことにはお金を出さない。八王子市は五年間何もしなかった。行政の支援なしで口出しされることなくつくったモデルでも、その効果が明らかになったら、当然お金を出すのが行政の仕事ではないか。市民へのサービスなのだ。しかるに何もしない市に対して、彼らはひとつの行動を起こす。三カ月後に市長選挙という年の年末仕事納めの日に、座り込み覚悟で、介助サービス利用の重度障害者三〇名と福祉事務所の窓口を取り囲むかたちで要求をスタートした。新聞記者とカメラマン同伴で。交渉が決裂した場合、正月を徹して重度障害者が市役所に籠城することになる。それが写真入りで報道されると、現市長は選挙に不利だ。それまで市役所はヘルパー派遣業務を家政婦協会に委託していたため、ヒューマンケア協会のヘルパーを市の制度では使えなかったのだ。家政婦協会が牛耳っていたホームヘルプサービスは、平日の日中しか利用できず、まったくニーズに応えていなかった。ヒューマンケア協会のホームヘルプサービスは、まだ二四時間にまではなっていなかったが、七時から二三時、三六五日の体制だった。

三〇名の重度障害者は「日曜だって正月だってトイレへ行く」という当然の主張を次々とし、市側は必死でメモをとって対応、夜の九時、正月明けには要求を受け入れる――ヒューマンケア協会にヘルパー派遣を委託する――と回答した(66)。

青い芝の会の脳性麻痺者たちは、健全者でできている社会に対して、「われらの存在を否定するな」というところから始めなければならなかった。それは全身を振り絞った健全者社会への抗議だったから、生命の根幹に関わる重要なメッセージであると同時に、健全者は何かを突きつけられ、逃げたくなるような側面もあった。

中西氏ら頸損者は中途障害者、すなわち元健全者で言語障害もないから、いずれ歳をとって身体が不自由になるかもしれない健全者市民に、あなた自身の問題でもあるというメッセージを届かせることができた。やがて、全国各地にCILが誕生していき、脳性麻痺者たちが地を這うようにして獲得してきた介護保障は、CILのシステムの中に入っていく。中西氏は、周到な準備のもとに日本初のCILを誕生させ、その後もさまざまな制度の制定に影響を及ぼしている。だが、その前の時代、脳性麻痺者たちがこの地の自立生活の基礎をつくる穴掘りをしていたことを伝えるのを忘れてはいない。そして、あるいは、にもかかわらず脳性麻痺者たちは、微妙な、何かしら自分たちの思いの届かなさのようなものを言葉の端にのぼらせるときがある。たぶん、脳性麻痺者たち、そして進行性神経難病の人たちもだが、「優生保護法」改定や、「尊厳死法」といった生命の抹殺につながる法律が提案されるたびに、真っ先に声をあげるある感覚の鋭さをもった人たち、それがどうにもある場面では他の障害者とは言葉では伝わらない〝ずれ〟になるのだろう。

中西氏は米国のCILに脳性麻痺者の所長が少ないことと関連して、日本のCILが脳性麻痺者の運動の先行の上にできていったことを、「米国型の自立生活運動の欠点を強力に補う、世界にも珍しい運動に成長した」と述べている。(67)

ヒューマンケア協会設立の五年後、一九九一年には九団体のCILが全国自立生活センター協議会（JIL）を設立した。事務局は現在も八王子のヒューマンケア協会だ。

一九八六年は、もうひとつ別の当事者団体「DPI日本会議」が設立された年だ。DPI（Disabled Peoples' International：障害者インターナショナル）は、一九八一年に設立された、身体・知的・精神・難病など、障害の種別を超えた国際的な当事者団体だ。中西氏は一九九〇～九七年にDPI日本会議の議長をし、現在（二〇一六年）も役員（アジア・太平洋ブロック議長）だ。

DPI日本会議は、各地のCILはもちろんのこと、視覚障害者、精神障害者、知的障害者、聴覚障害者、さまざまな団体がメンバーになっていて、政策提言を行っている。

ＪＩＬあるいはＤＰＩ日本会議はいくつかの決定的場面で、厚生労働省（以下、厚労省）の政策を覆している。たとえば、介護保険と障害者サービスの統合だ。介護保険がスタートした二〇〇〇年の時点で、全身性障害者介護人派遣事業では、地域にもよるが（全国自治体の一〇％）、一日最高二四時間のヘルパー派遣費用が出ていた。介護保険の訪問介護は最高四時間だ。こちらに合わせられたらとても暮らしていけない、自立生活者たちがいた。二〇〇三年には障害者の制度として鳴り物入りで支援費制度がスタートしたが、その前夜、障害者サービスのほうも一日の上限を四時間にするという情報がリークされた。表向きは措置から契約に、と当事者主体を謳っていたが、この内容には全国のＣＩＬが怒り、二〇〇三年一月一四日、厚労省前に五〇〇名の障害者が集まり抗議した。交渉段階でＤＰＩ日本会議、日本身体障害者団体連合会、全日本手をつなぐ育成会、日本障害者協議会の四団体が協調し、中西氏がまとめ役となった。二週間に及ぶ交渉の間に、厚労省前には次々と人が増えていき、一時は一〇〇〇人規模で雪・雨の中の車いす者のデモが渦巻いていた。そんな中、一月二七日に厚労省から、現在のサービス水準を維持するという一文が明記された文書が出された(68)。ひとまず、阻止した。

その後、厚労省は何回も、介護保険と障害者サービスの統合をねらってくる。裏には厚労省と財務省とのかけひきがある。三年で破綻した支援費制度から「障害者自立支援法」への移行のときもそうだった。サービス利用料の一割負担――介護保険と同じ――を言ってくる。長時間の訪問介護を利用する人の負担額は生活を脅かす。重度訪問介護の単価を下げてくる。ヘルパーの生活を脅かす。

そのたびに、集団となって大きな声をあげたり、じわじわと小さく攻めて加算を獲得して、なんとか最重度の人が二四時間のヘルパーで一人暮らしを維持できるスタイルが守られている（一割負担――応益負担は訴訟になり、違憲ということで国が和解を申し入れた）。

全身性障害者介護人派遣事業は、現行の「障害者総合支援法」では、重度訪問介護という項目で残されている。第一章で取材した人々がほとんど利用しているのも、この制度だ。

さて、この制度を利用している人が皆、心配しているのが、六五歳になったらどうなるかという問題だ。介護保険優先といわれており、市町村もそう思っているから、六五歳になると介護保険の認定申請をするように通知が来る。そこでうっかり申請してしまうと、まず介護保険を使うように言われ、重度訪問介護は後回しになる。実際に、あちこちでそういう問題が起きている。

中西氏の場合はどうだったか。彼は一九四四年生まれだから、二〇〇九年に六五歳になった。重度訪問介護利用者で六五歳になった、八王子市での第一号だった。そして、制度を知りつくしている。

「僕は介護保険の申請はしないよと市に言って交渉した。三カ月やり合って、重度訪問介護を使いたい人は介護保険を使わなくていいようにしましょうという市の確約がとれた。弁護士は使わずにすんだな」。六五歳以降のことは市町村に任されている。八王子市では、中西氏の前例でその後七人くらい、六五歳以上の人が重度訪問介護を継続して利用している（二〇一六年現在）。彼は月三六八時間の重度訪問介護を受けている。障害者の妻と二人暮らしだ（妻の中西由起子氏もＤＰＩ日本会議の活動家で、アジア・ディスアビリティ・インスティテート代表）。

私の知る範囲では、世田谷区でも六五歳を過ぎた脳性麻痺者が、そのまま介護保険は申請せず重度訪問介護（一日二二時間）を継続している。

中西氏は厚労省官僚ともやり合ってきたから、多くの情報や事例を知っている。二〇〇七年に厚労省から出された通知では、「原則は介護保険優先であるものの、一律に介護保険を適用するのではなく、市町村が本人の状況や意向を丁寧に汲み取るべき」ことが示されている。だが、たとえば広島市で一日二四時間を使っていた脳性麻痺者が、六五歳で介護保険申請をせず障害者サービスでと交渉に行き、一年かけた話し合いで結局うまくいかなかったという事例もある。彼女の場合は、介護保険を申請しないと障害者サービスをゼロにすると市が言ってきた。最終的には介護保険でプランを立て、足りない部分を重度訪問介護で補い二四時間つないだが、ヘルパー資格問題や事業所絡みや、ゴタゴタがだいぶあった(69)。

「障害者自立支援法」になったときの応益負担（一割負担）が違憲だったのなら、六五歳を過ぎて介護保険（一割負担）優先もやはりおかしいだろう。そして、六五歳になってから市町村を相手に個人が交渉していくのは、なんとしんどいことだろう。

言われてしまうのは、結局は財源のことだ。本当に、わが国には財源がないのか？「施設から地域へ」とかけ声をかけながら、施設がつくられ続けている現実は何なのか。高齢者向けの介護保険を障害者の地域支援よりずっと薄いサービス量に抑えておいて、常にそのレベルに障害者サービスを下げようと動く、その力はいったい何なのか。

介護保険創設への審議が始まったころ、その資金源は七兆円とされ、これはすべて在宅生活を支援すると明言されていた。そうであったならば、障害者の地域支援のレベルまで高齢者も上げられたはずだと中西氏は言う。ところが、この七兆円の半分は施設サービスに使われることになり、財務省（大蔵省）はそれまでそこに使っていた税金をほかにまわすことにした（何にまわしたのだろう）[70]。

政策には常に裏があり闇がある。よくわからない部分が多い。そんなところに障害者の自立支援サービスが落ち込まないように、身体を張っていなければならない。中西氏に見えているのは、そんな闇も含めてのことのようだ。障害者サービスを保険ではなく税金で、というのは、絶対に譲ってはならない一線だ。

自立生活を支える制度は、盤石というわけではない。財源は厚労省ではなく財務省が握っているから、国の政策転換によってすぐに予算が削られる。そこに彼は布石を打っている。国連の「障害者権利条約」の中に第一九条（自立した生活及び地域社会への包容）を入れるべく動いたのだ。これには以下の三つの内容が入っている。①居住地の選択（どこで誰と生活するかを選択でき、特定の生活施設で生活する義務を負わない）、②地域社会における生活と地域社会への包容を支援し、必要な在宅サービス、居住サービス、個別の地域支援サービスを障害者が利用できること、③一般住民向けの地域社会サービスが障害者にとっても利用可能で、かつ障害者のニーズに対応していること。

この項目はＤＰＩ日本会議が提案したもので、二〇〇三年の障害者権利条約特別委員会には中西氏自身がＤＰＩアジア・太平洋ブロック議長の肩書で草案を持っていき、発言の機会を得て条約策定交渉にくい込んでいる[71]。

いざとなったら、この第一九条が外圧となって自立生活が守られるべく、外堀を埋めた。

「障害者権利条約」の批准は、二〇一四年一月だ。国連総会でこの条約が採択されたのが二〇〇六年一二月、日本が署名したのが二〇〇七年九月。そして批准したのが二〇一四年、一四一番目だった。署名というのは内容の確認にすぎない。批准してやっとその条約にわが国は拘束されることになる。一四一番目だなんて遅すぎやしないか？　やはりわが国は、人権系は遅れているんじゃないか。実は、そう思っていた。

中西氏の取材のために八王子のヒューマンケア協会に行ったのは、二〇一四年三月だった。日本の批准は遅すぎやしないか、彼にまず聞いた。「さっさと批准したがる政府に待ったをかけていたのは、僕たちなんだよ」と彼は言った。「国内法を整備しないで批准だけ早々とした国もあるけど、そうすると実際は内実を伴わないし、批准でよしとなってしまって、国内法を整備する機会を失ってしまうんだ」

「障害者基本法」（二〇一三年六月改正）の第三条二、「全て障害者は、可能な限り、どこで誰と生活するかについての選択の機会が確保され、地域社会において他の人々と共生することを妨げられないこと」。これは自立生活を保障している（「可能な限り」という逃げ道があるが）。そして、「障害者差別解消法」（二〇一三年六月公布）では、直接差別の禁止と合理的配慮、すなわち、障害者だからといって家を貸さないということは禁止されているし、利用する店や社会施設には合理的配慮が求められている。さらに、暮らしていくためのサービス——ヘルパーや社会資源については、「障害者総合支援法」（二〇一二年六月公布）。この三つの法律のめどがついての、「障害者権利条約」の批准だったのだ（「障害者総合支援法」は、障害支援区分という医学モデルに基づくサービス量など、不本意な内容が残され、骨格提言が生かされていないといわれてはいる）。

中西氏は、「日本の当事者運動は、実は世界一なんだ」と言う。サービス内容も、北欧や米国と比べてひけをとらない。ただ、そうやって野垂れ死に覚悟で暮らしてきた人たちがいて、そうやって作り上げてきた制度があることを、一般市民はおろか、医療職も知らない。知らなければいけない。知って守らないと、そこに使われるべき財源が簡単にほかにまわされる。

ヒューマンケア協会は、今はアジアやアフリカにCILをつくる支援をしている。中西氏も出かけていくし、海外研修生もしょっちゅう来ている。そして、韓国やタイ、アフリカなどに次々とCILが誕生している。

これだけの動きをしてきた中西氏は、相当あっぱれだと思う。彼は頸損者だ。小さめの声で、浅い呼吸でボソボソしゃべる。冗談を話すときも、ほとんど表情は変わらない。だが発言内容は、ものすごく温かい。一番障害が重い知的障害者や精神障害者が地域で暮らすこと、グループホームなんかではなくて。それで身体障害者のほうへまわす財源が減らされるという心配があっても、そこは頑張って持ちこたえようよ、と言う。

ヒューマンケア協会が誕生して、三〇年になる。今でも任意団体のままだ。足まわりを軽くしているのだろう。六五歳問題は、今後もあちこちで出てくるだろう。戦略家の彼は、今はそこはまだグレーゾーンのままと答える。

（取材：二〇一四年三月）

自立生活センターHANDS世田谷、横山晃久氏

「Nothing about us without us!（私たち抜きに私たちのことを決めるな！）」

このスローガンを初めて聞いたのは、二〇一三年一一月、仙台での「みやぎアピール大行動」（鷲見俊雄実行委員長、第一章第五節参照）のときだ。けっこうガーンときた。私を含め、すべての健常者に向けたスローガンなのに、私を含めほとんどの健常者の耳に届いていない。地域支援を標榜する訪問看護ステーションの私の同僚の誰一人として、このスローガンは知らない。

二〇〇五年の「障害者自立支援法」成立から二〇一〇年の違憲和解まで、日比谷野外音楽堂から厚労省前では、定

期的に大集会とデモが行われていた。

「障害者自立支援法」の不備（穴）は、「障害者総合支援法」になっても整備されておらず、六項目の骨格提言もごく一部しか取り入れられていない。骨格提言とは、以下のものだ。[72]

一、障害のない市民との平等と公平
二、谷間や空白の解消
三、格差の是正
四、放置できない社会問題の解決
五、本人のニーズにあった支援サービス
六、安定した予算の確保

四は第一章第八節で述べた精神障害者の長期入院やその他の障害者の施設入所を指すし、五は障害支援区分をなくしてニーズ中心とすること、六はせめてＯＥＣＤ諸国の平均並みに福祉予算をつけるということだ。ＯＥＣＤ平均福祉予算は国の財政の五％、日本は一％以下なのだ。[73]
「みやぎアピール大行動」が二〇一一年以降も毎年行われていることを知り、東京はどうなっているのか気になった。
実は東京も毎年一〇月末に集会をしていることを知ったのは、ＨＡＮＤＳ世田谷、横山晃久氏の取材によってだ。「大フォーラム」という名前で、二〇〇五年の「障害者自立支援法」がみえてきたころから行われていた集会は、二〇一五年は「『骨格提言』の完全実現を求める10.29大フォーラム」という名前で企画されていた。事務局はＨＡＮＤＳ

世田谷、実行委員長は横山晃久氏だ。二〇一五年一〇月二九日の大フォーラムの日に、日比谷野外音楽堂へ行ってみた。壇上にはさまざまな当事者、視覚障害者、知的障害者、精神障害者、難病者、あのALSの橋本操氏もいた。もちろん、脳性麻痺者も。一九七〇〜八〇年代の青い芝で活躍していた白石清春氏もいた。それぞれ当事者のリレートークが続き、山本太郎議員（当時）もメッセージを述べた。

だが、その日、参加者は五〇〇名に満たなかったのではなかろうか。厚労省に向かうデモまで残る人はさらに少なく、デモ隊の厚労省前でのシュプレヒコールは、なんだか虚しく建物の壁にはね返るばかりだった。

「私たち抜きに私たちのことを決めるな！」

運動というものは、うねりがある。当然、エネルギーが結集するときと、そうでないときがあるだろう。だが、大事なことは継続だということ、そしてそれこそが基礎エネルギーを必要とすることに違いない、そんなことを思った。

横山氏の取材をしたのは、大フォーラムの半年前、二〇一五年三月だ。ヒューマンケア協会の中西氏の話を聞くうちに、やはりこれは脳性麻痺者で「青い芝」を知っている人の話も聞かなければ、と思った。新田勲氏、横田弘氏ともに二〇一三年に亡くなっている。一九七〇年代を知る当事者は高齢になっていく。

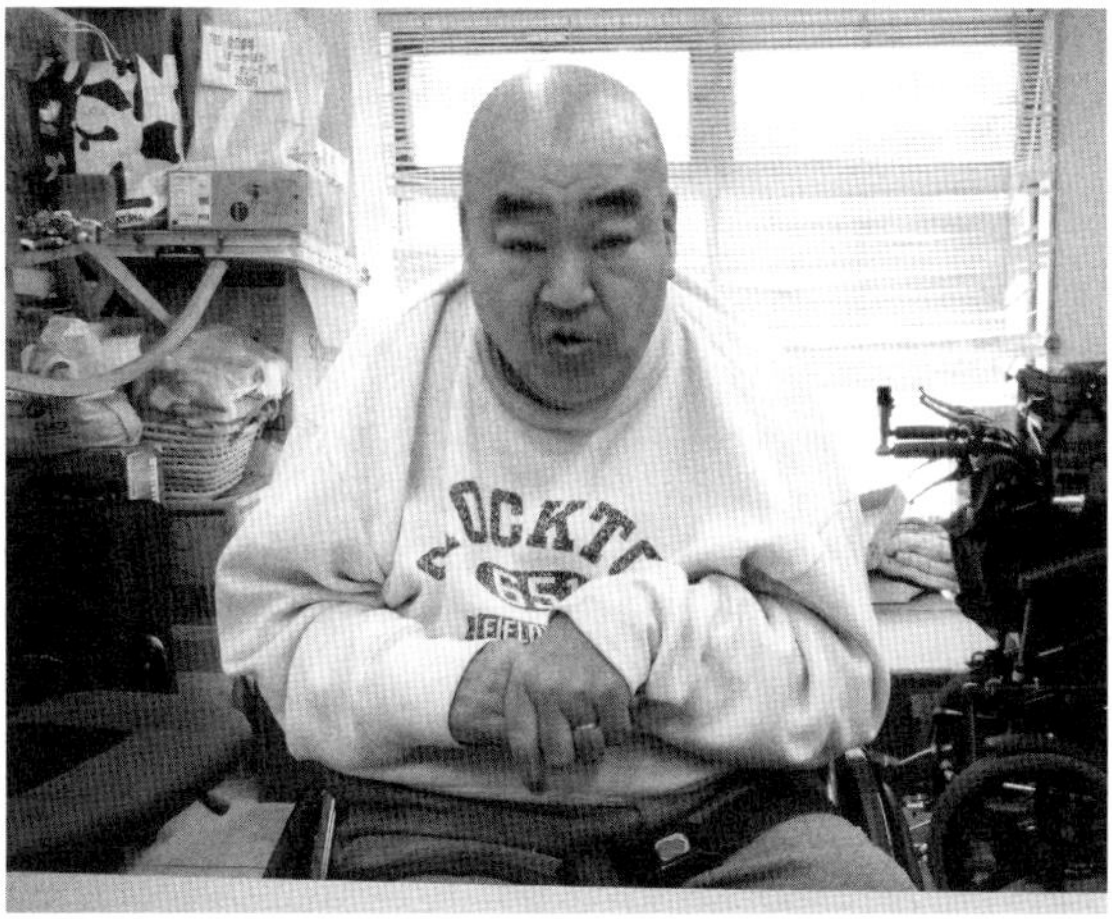

HANDS世田谷の横山氏

横山氏は、一九五四年、大阪生まれ。脳性麻痺で「青い芝」の運動を知っている、最後のほうの世代だ。「僕は口もきけず動けなかったけど、近所の子たちが遊びに来てた。家の前が小学校だったんだ」。入学の年、その小学校に入れないと教育委員会が言ってきた。それで、東京都立光明養護学校に入るために一家で上京したという。「あそこは、まあ養護学校の東大といわれててね。クラスメートは秋田から沖縄までいて、全国各地の方言がとびかっていた」

彼の話は相当、痛快だ。

「僕は家出っ子で、毎年四回くらい家出していた」。小学校四年生くらいから、車いすを足で蹴って一人で親にだまって出かけてしまっていた。四人の姉の中で甘やかされて自由奔放に過ごしたが、小学二年ころ、これじゃいけない、楽をすると生きるパワーが出なくなると思ったという。その家出だが、水俣だったり、富士山五合目だったり、河口湖だったり。バスの乗車拒否に遭ったり、こえだめに落ちたり。

「ませてたんだな。ものすごく社会問題に興味があった。水俣は原点です。患者当事者、僕から見ておじいちゃんだったけど、何しに来たのかと聞かれて『水俣病を勉強したくて来た』と言ったら、ふざけんなと怒られた。『お前、障害者だろう。なんで障害者のことをやらないんだ』って」

中学二年のとき、『さようならＣＰ』の映画監督である原一男氏が、介助職員として学校に来た。「僕らの親が陳情して学校に介助職が入る制度ができた。原さんは、その一期生だよ」。一九六八年のことだ。「障害者のことというと、介助の問題が一番大きい。僕らは介助がないと生きていけない」「運動の中で仲間を増やそうと家庭訪問をするんです。それがすごい勉強になった。障害者がいるかどうかは、玄関とか軒下に車いすがある家をね、訪問するわけよ。『お宅に障害者はいませんか？』って。もちろん、門前払いよ。でも、しつこく何度も足を運んだ」

そうしているうちに、二七年間一度も外に出たことがない人に会った。「もう、カルチャーショックです。人の肌の色をしてないの。青白くて、骨皮で、二七年間天井を見る生活。たまたま日曜で、テレビの競馬中継がついてたの」。彼はまったく話さないけど、こちらの言うことはわかるらしかった。「競馬」という言葉はわからないようだったが、馬が好き、というところまではつきとめた。彼の動きを見て、左足の拇指だけ、自分の意思で動かせることがわかったのだ。それでイエス・ノーの確認をした。世田谷には馬事公苑という、馬がいる公園がある。最初に訪問したのは四月だったが、一〇月に馬事公苑に行こうと決めた。「もちろん、親は反対です。彼は車いすにも乗ったことないし、全身緊張しまくって突っ張って、腰も曲がらない」

どうやって出かけるか横山氏は考え、リヤカーに布団をくくりつけて、仲間で引っぱろうと提案、親に説明した。そして、一〇月初めに彼の家に行ったら、「彼は亡くなってたんだ。お母さんは一〇月に蚊はいないと思って、蚊帳も蚊取り線香もやらなかったの。彼は夜中にウーアーって声をあげてたけど、お母さんはわからなくて寝てしまったんだ。朝、全身に赤いポツポツができて、死んでたの。蚊のえじきになったのね。これが二度目のカルチャーショック」。横山氏、高一のころの話だ。

そのころ、彼は学校で初めて自主サークルをつくった。学校が休みの土・日、外に出かけたい人が多かった。わずかにいた外出介助をしてくれる職員には、腰痛が出ていた。そこで全生徒にどこへ出かけたいかアンケートをとり、ボランティアを募ろうとしたのだ。

「校長は、僕にやめるように言ってきたけど、何回も交渉して、結局小学生を抜かして中高生全員一三七名に、アンケートをしたのね」。出かけたい所を、公園、デパート、映画の三つで希望をとって、班に分けて、班長を決め、教育実習の大学生にボランティアを集めてもらって、二カ月に一回出かけた。学生ボランティアは、実習生の明治学院から声をかけてもらって、「慶應、上智、早稲田と広がり、一七〇人くらいになったな」。学生運動の残り火がまだ熱かった時代だ。

彼は、中学三年の時点で自分から施設に入ると母に言っている。「自分は甘えん坊できてしまっているが、もっといろいろ経験しないといけないと思っていた。車いすだから、普通の就職は無理だし、『いずれは施設』と学校からも言われたし、中三で父が死んで、おふくろは末期がんだったし。おふくろは『私が生きている間は施設に入るな』と言ったけど、説得して。高校になって施設見学四～五カ所して。一番雰囲気が明るかった所に、高二で入ったんだ」「入って二日目で、だまされたと思った。見学者が来ると、おしゃべり、お茶、テレビ、ラジオOKになるの。で、見学者が帰ると、すべて禁止なんだ」。ここにはいられないと感じたが、まずは自治会をつくろうと思った。二つの問題があったからだ。一つ目は、一一月から四月までの外出禁止。風邪を施設に持ち込むな、という理由。二つ目は、新聞の都営住宅の情報欄が切り取られ、入所者に情報制限がかけられたこと。

五〇人の入所者に、自治会結成をビラで呼びかけたが、中年の多くの入所者はのってこなかった。「横山、頼むからおとなしくしていてくれ。僕たちの安住の地を騒がせないでくれ」と。彼は、この人たちは本音を隠していると思った。たまたま園長が代わり、「青い芝」の考えに共鳴している人が新園長となった。新園長は横山氏に、施設にいないで外に出て活動することを勧めた。

「施設にいる人たちも、本当は自分たちも出たいと思ってるのね。だけど、どうやって部屋を探すの？　どうやってお金を稼ぐの？　どうやって出かけるの？　これがわからない。僕の一生の仕事はこれだ、と思った。障害者は、経験を奪われている。障害者の生き方、経験を取り戻すこと。これ」

結局、彼が施設を出たあと、横山に続けとばかり一三人が出たという。

「僕は、施設を出てまずは友だちの所に転がり込んだわけだけど、自立生活の世田谷版をつくろうと思ったの」

彼に言わせると、障害者運動の原点は大阪だ。

「関西では親も巻き込むのね。関東では、親は敵になる。関西は部落解放同盟もあるし、運動が大衆的。大阪府との交渉なんかでも、親も来るしすぐ三〇〇人、四〇〇人集まる。東京だと三〇人、四〇人ね。僕は大阪の血が流れてるから、大衆運動にすべきと思った。大阪の自立生活のパターンは、文化住宅に住んで、生活保護とって、介助者を探す、となるんだけど、東京、特に世田谷はまあ上流階級が多いから、生活保護は世間体が悪いと親が反対する。だから、親は運動の敵になっちゃうの」

「僕は世田谷版自立生活として、親がいても介助者を家に入れて、親の意識を変えようと思ったのね。家庭内自立という考えね。大阪の連中からは何それって言われたけど。彼らからは、家から出ろよって」

「家庭内自立という考えは、一時期話題になったけど、結局ポシャった。僕自身、すぐ上の姉さん夫婦のやっかいになったとき、介助者を入れようと思ったんだけど、姉が他人を入れるのを嫌がってね。僕は板挟みになって、やっぱり親や家族の意識を変えるのは大変だとわかった」

「障害者運動には危機感をもっています。学生運動がなくなり、労働運動も下火になり、厚労省は、高齢者と障害者とどこが違うのかと言うけれど、もう全然違う。障害者はこれから人生つくっていくんだからね」

「僕らCPはねえ、やはり中途障害者とはちょっと違いますね」

経験を奪われてきたこと、言語障害、食事も自分ではとれないこと。CP者というのは、障害者団体の中でも、片身が狭い感覚をどうしてももってしまうという。横山氏はDPI日本会議の役員でもある。話すときは上体をこわばらせて話しにくそうだが、聞き取れないことはなく、むしろ強い迫力となって言葉がとんでくる。それでもついてまわる、中途障害者との違和感。

「HANDS世田谷」は、ヒューマンケア協会に次いで二番目に誕生したCILだ。一九九〇年の設立で、全国自立生活センター協議会（JIL）にも早くから参加している。

「青い芝っていうのは、ちょっと複雑なんですね。僕は影響を受けてるし、もちろん交流もあるけど、むしろ新田勲さんの影響が大きいですね。全国公的介護保障要求者組合（新田氏は委員長だった）にも入っていたし、僕の考えはそこで固まったかな」

「明日の介助者を前の晩に探すような生活だったから。介助者さえいればってね」

横山氏は、実は「全国青い芝の会」に入ったのが二〇一三年という。会員は高齢化し、彼が一番若いくらいだ。

「優生思想と真っ向から闘うのがCP者だと思う。そして、六五歳問題も、青い芝がやるっきゃないと思っている。

世田谷では、六五歳を過ぎても重度訪問介護を使えているけれど、申請主義だから、六五歳になると介護保険を申請しなければならない。強い障害者は申請しないけれど、やはりここにプレッシャーがかかる。でも、ここで闘うグループがないんです[註1]」

ＨＡＮＤＳ世田谷の事務局長（取材時）の彼は、職場まで電動車いすで五〇分くらいの所に住んでいる。妻も脳性麻痺者だ。収入は年金と給料で二三万円くらいという。月五三七時間の重度訪問介護を利用し、職場にいる間は自費でヘルパーを雇っている。職場介助者は、管理職には適用されない。

「『こだわり』という言葉が好き。こんなスピードの時代に『こだわり』がないと、流されちゃう。『ま、いいか』は、やめてほしいね」

二〇一六年四月二一日、横山氏が実行委員長を務める「障害者権利条約・基本合意・骨格提言の実現めざす4．21全国大集会」が、日比谷野外音楽堂で開催された。二〇一〇年四月二一日、「障害者自立支援法」違憲訴訟の原告団が基本合意の話し合いをして国と和解した、その日から六年目だった。基本合意とは、自立支援法を廃案にして新法をつくるというものだった。だが、現実には「障害者総合支援法」は、自立支援法をほんの一部手直ししただけで、２２２頁に書いたように骨格提言は反映されなかった。

4．21大集会は、半年前の10．29大フォーラムと違って三〇〇〇人が集まり、盛り上がりを見せた。

横山晃久氏は最後の挨拶で、「闘いはこれからです。皆さんよろしくお願いします」と、身体を振り絞るようにして呼びかけた(74)。

（取材：二〇一五年三月）

註1「障害者総合支援法」改正で、二〇一八年（平成三〇年）四月から、長期にわたって障害者サービスを利用してきた低所得高齢障害者は介護保険分一割負担が償還されることになった。これにより多くの地域で、介護保険と重度訪問介護を両方使って変わらぬ生活を一応継続させているが、世田谷では、六五歳以降、介護保険を拒否して重度訪問介護の継続をしている人々がいる。介護保険のヘルパーは、社会参加への援助ができないなど理念が違うことが指摘されている。

文献

(1)安積純子、岡原正幸、尾中文哉、立岩真也：生の技法―家と施設を出て暮らす障害者の社会学（第3版）．生活書院、二〇一二
(2)安積純子、岡原正幸、尾中文哉、立岩真也：前掲書（1）、九一頁
(3)仲村優一、板山賢治（編）：自立生活への道―全身性障害者の挑戦．全国社会福祉協議会、三‐四頁、一九八四
(4)杉本　章：障害者はどう生きてきたか―戦前・戦後障害者運動史（増補改訂版）．現代書館、四四頁、二〇〇八
(5)国立病院機構箱根病院　ホームページ（http://hakonehosp.com/）
(6)厚生労働省　ホームページ：資料　国立病院の使命・役割・業務等―国立病院機構の病院ネットワークを活かした医療の提供等（http://www.mhlw.go.jp/stf/shingi/2r9852000002apv7-att/2r9852000002apzr.pdf）
(7)仲村優一、板山賢治（編）：前掲書（3）、三一五頁
(8)横田　弘：障害者殺しの思想（増補新装版）．現代書館、九六頁、二〇一五
(9)立岩真也：はやく・ゆっくり―自立生活運動の生成と展開．前掲書（1）、二六五頁
(10)横塚晃一：母よ！殺すな．生活書院、二四二頁、二〇〇七
(11)介護ノート編集委員会（編）：はやくゆっくり―横塚晃一最後の闘い．介護ノート編集委員会、三六六‐三六七頁、一九七九
(12)横田　弘：前掲書（8）、九八頁
(13)深田耕一郎：福祉と贈与―全身性障害者・新田勲と介護者たち．生活書院、一三九頁、二〇一三
(14)三井絹子：抵抗の証―私は人形じゃない．千書房、六頁、二〇〇六
(15)定藤邦子：関西障害者運動の現代史―大阪青い芝の会を中心に．生活書院、三五頁、二〇一一
(16)立岩真也：前掲書（9）、二六六頁
(17)横田　弘：前掲書（8）、七‐二六頁
(18)杉本　章：前掲書（4）、七六‐九六頁
(19)横田　弘：前掲書（8）、一一二‐一一二頁
(20)横田　弘・三澤　了：（対談）障害者は当たり前に生きていってはいけないのかという、それだけですよ．DPI日本会議「われら自身の声」二二：一〇‐一五、二〇〇六

(21)横田　弘：前掲書（8）、二一八頁
(22)深田耕一郎：前掲書（13）、一五四頁
(23)深田耕一郎：前掲書（13）、一六五-一六六頁
(24)朝日新聞記事（一九七〇年一二月一四日）：重度身障者も人間です．新田　勲：足文字は叫ぶ！　―全身性重度障害者のいのちの保障を．現代書館、二六頁、二〇〇九
(25)深田耕一郎：前掲書（13）、一七八-一八二頁
(26)深田耕一郎：前掲書（13）、二七三-二八二頁
(27)深田耕一郎：前掲書（13）、二八二頁、三一二頁
(28)新田　勲：足文字は叫ぶ！　―全身性重度障害者のいのちの保障を．現代書館、一三頁、二〇〇九
(29)深田耕一郎：介助者の課題―足文字を読むということ．杉田俊介、瀬山紀子、渡邉　琢（編著）：障害者介助の現場から考える生活と労働―ささやかな「介助者学」のこころみ．明石書店、五九-九二頁、二〇一三
(30)深田耕一郎：前掲書（13）、二二〇-二二一頁
(31)深田耕一郎：前掲書（13）、二〇七頁
(32)定藤邦子：前掲書（15）、一四〇-一四三頁
(33)安積純子：〈私〉へ―30年について．前掲書（1）、四七-四八頁
(34)新田　勲：前掲書（28）、三九頁
(35)深田耕一郎：前掲書（13）、三三三頁
(36)深田耕一郎：前掲書（13）、三九四頁
(37)新田　勲：前掲書（28）、一〇-四六頁
(38)立岩真也：私が決め、社会が支える、のを当事者が支える―介助システム論．前掲書（1）、三八八-三九〇頁
(39)深田耕一郎：前掲書（13）、四四二頁
(40)高阪悌雄：ある行政官僚の当事者運動への向き合い方―障害基礎年金の成立に板山賢治が果たした役割．Core Ethics 一一：一三五-一四五、二〇一五
(41)大熊由紀子：物語・介護保険　忍者屋敷のような〝秘密の隙間〟(http://www.yuki-enishi.com/kaiho/kaiho-03.html)
(42)高阪悌雄：前掲書（40）、一三八頁

(43)仲村優一、板山賢治（編）：前掲書（3）、三一五-三一七頁
(44)脳性マヒ者等全身性障害者問題研究会：脳性マヒ者等全身性障害者問題に関する報告．一九八二
(45)仲村優一、板山賢治（監）、三ツ木任一（編）：続 自立生活への道―障害者福祉の新しい展開．全国社会福祉協議会、ii頁、一九八八
(46)谷口明広：障害をもつ人たちの自立生活とケアマネジメント―IL概念とエンパワメントの視点から．ミネルヴァ書房、五七-六〇頁、二〇〇五
(47)安積純子、岡原正幸、尾中文哉、立岩真也：前掲書（1）、一〇四頁
(48)横塚晃一：前掲書（10）、二七頁
(49)横塚晃一：前掲書（10）、三三八-三四一頁
(50)定藤邦子：前掲書（15）、九三-一〇二頁
(51)角岡伸彦：カニは横に歩く―自立障害者たちの半世紀．講談社、八六頁、二〇一〇
(52)金　満里：生きることのはじまり．筑摩書房、一〇四-一二四頁、一九九六
(53)California State Archives State Government Oral History Program―Oral History Interview with Edward V. Roberts. September 15. September 29. November 3. 1994(http://archives.cdn.sos.ca.gov/oral-history/pdf/roberts.pdf)
(54)YouTube：Ed Roberts Free Wheeling.
(55)谷口明広：前掲書（46）、六三頁
(56)Laurie G. Headley JL, Mudrovic WM：Rehabilitation into Independent Living―30th Anniversary Edition Rehabilitation Gazette. Vol. 29, Nos. 1 and 2, 1989
(57)樋口恵子：エンジョイ自立生活―障害を最高の恵みとして．現代書館、五一頁、一九九八
(58)樋口恵子：自立生活運動の歴史とその哲学．ノーマライゼーション：障害者の福祉　二〇：一〇-一三、二〇〇〇
(59)深田耕一郎：前掲書（13）、五一一-五五〇頁
(60)全国自立生活センター協議会　ホームページ（http://www.j-il.jp/）
(61)中西正司、上野千鶴子：当事者主権（岩波新書）、岩波書店、一五六頁、二〇〇三
(62)中西正司：自立生活運動史―社会変革の戦略と戦術．現代書館、五九-六〇頁、一二五頁、二〇一四
(63)中西正司：前掲書（62）、一三六-一三七頁

(64)中西正司：介助サービスと自立生活プログラムの充実をめざして―ヒューマンケア協会，前掲書（45）、一二六-一四三頁
(65)中西正司：前掲書（62）、六三-六四頁
(66)中西正司：前掲書（62）、六〇-六三
(67)中西正司：前掲書（62）、一五五頁
(68)中西正司：前掲書（62）、七九-八二頁
(69)山田昭彦：介護保険格闘記．ほぉじゃのぉて―佐々木千津子追悼文集．ゆじょんと、二〇一四
(70)中西正司：前掲書（62）、七二-七四頁
(71)中西正司：前掲書（62）、二一二-二一五頁
(72)佐藤久夫：障害者総合福祉法の骨格提言の背景と特徴．ノーマライゼーション：障害者の福祉　三一、二〇一一（http://www.dinf.ne.jp/doc/japanese/prdl/jsrd/norma/n364/n364003.html）
(73)中西正司：前掲書（62）、八五頁
(74)障害者自立支援法訴訟の基本合意の完全実現をめざす会（http://www.normanet.ne.jp/~ictjd/suit/）

第三章

介助する人

一　介助と介護

ここまで、障害者の暮らしを支えること、主に身体の不自由により自分ではできないさまざまな日常の行為を手伝うことを、介助と称してきた。障害者の自立生活を支援するヘルパーが行うのは本人の手足の不自由を補う介助であり、それは介護とは言わないという、ひとつの習わしのようなものがあるからだ。あくまで、当事者が主体でやることを決め、指示を出し、その通りに介助者が動く。

介護という言葉は、高齢者とともに登場した。介護職・介護福祉士は、高齢化社会への切り札として登場した。私は一九七七年から約一〇年、特別養護老人ホームで仕事をしたが、当時、介護職の資格はなく、寮母・寮父と呼ばれていた。今から思うと、在宅生活を送れそうな人もずいぶん、入居していた。処遇という言葉が生きていた。しかるべき援助・扱いを意味した。〝処遇〟、なんとも人間味に欠ける言葉だ。刑務所等で使われてもいるし、「介護職処遇改善」のように、介護職への報酬を上げねば、などというときにも使われる。入居高齢者へは、今は使われていない。

サービスが措置から契約へと変わり、介護保険が誕生し、処遇という言葉が消えた。介護保険のサービス利用者は、在宅者二七八万人、施設入所者九一万人（二〇一五年一月）だ（サービス付き高齢者住宅は、まぎれもない施設だが、そこに居住する人は在宅者に数えられている）[1]。

障害者数――障害者手帳所持者（身体・精神・知的）は、要介護者の数よりずっと多い。身体障害者は、在宅者四二八万七〇〇〇人、施設入所者七万三〇〇〇人、知的障害者は、在宅者九六万二〇〇〇人、施設入所者一二万人（二〇一六年）だ[2]。障害は重度から軽度まで七段階だから、この数のうち身体障害で日常介助を要する人の数は、ぐっと減るだろう。また、在宅身体障害者四二八万七〇〇〇人の七二・六%、三一一万二〇〇〇人は六五歳以上、すなわち介護保険年齢だ。介護保険利用者で身体障害者手帳所持者は、またぐっと減る。一八〜六四歳の身体障害者の数は、厚生省（当時）と「青い芝の会」が関係修復し調査できた一九八〇年と今とで、そう変わらない。むしろ減っていて、一一五万人（一九八〇年）から一〇一万三〇〇〇人（二〇一六年）に、そして六五歳以上の身体障害者数は、八二万人（一九八〇年）から五倍以上に増えた。(2)

要介護者というくくりと障害者というくくりの二重構造は、おかしいともいえるし必然ともいえる。多くの要介護者は人生の大半を健常者として、障害者の存在を気にも留めずに過ごしてきた。人生終盤に要介護と認定されるとき、それは健常な要介護者であって、障害者ではないのだ。逆に、障害者が高齢になって要介護者になる、ということだってある。ヘルパーに指示することで生活をつくっていた人がうまく指示を出せなくなって、ヘルパーが困ったという話を聞いたことがある。

生活にまつわる、さまざまな管理を自分でする、というのが自立生活を送る障害者の基本スタンスだ。そして、行為上のできない部分を、ヘルパーが介助する。自己決定、そして自分の人生に責任をもつということが自立生活者の矜持だ。だから、使われる言葉は介護ではなくて、介助。

介護は、主体が介護する側にシフトする。弱い立場の人を護る〝護〟の一字が入るだけで、護るために介護者が判断する場面も出てくることを意味する。食事形態も、食べやすいように細かく刻むとか、やわらかく煮るとか、そのように気を利かせる。高齢者の介護に入っているヘルパーが障害者の所で不評を買うのは、そんな気配りだ。「勝手に細かく刻みやがって！」

介助という言葉のサバサバ感に比べると、介護という言葉にはうっとうしさがある。限りない深みにはまりそうな、そして歳をとることにまつわる〝くだくだしさ〟や、家族の思いと本人のありようとの多かれ少なかれの確執とか、付随するあまたの事柄。

障害というのは、心身のひとつの条件にすぎない。その条件で暮らすための支援（ソフト）——介助体制さえあれば、施設（ハード）など持ち出すこともないのだ。

高齢になる、介護が必要になる、というとき、単に個人の心身の条件が変わっていくだけではなく、家族も周囲の条件も変わっていく。変化していくのに、変化に適応する柔軟性が失われていく。本人にも、家族にも。そこでしがみつくカードが、自分で行為をやり遂げるという意味での「自立」だ。介護保険〔つまり厚生労働省（以下、厚労省）〕が奨める「自立」も、人の手を借りない、という意味だ。ずっと健常者の意識できたから、仕方ない。人に迷惑をかけてまで、出かけたくない。車いすに乗った姿を隣人に見られたくない。要介護にはなっても、障害者にはならない。ヘルパーを家に入れるのも気疲れがする。介助を受けて自立的に暮らす、という切り替えができたら、もう少し楽ではないかと思えるが、そこはなかなか難しそうだ。

「介助者手足論」という、いつのころからか自立生活の介助で言われ出した言葉がある。介助者は、あくまでも当事者の手足に徹し、指示通りに動く、という原理のようなものだ。あくまでも、指示を出すのは当事者で、介助者は判断や異論を差し挟まない（つまり、そのくらいにしておかないと障害者の主体性は守られない、という実感がある）。家事援助はそれでいける。だが、身体に関わることとなると、様相が少し変わってくる。身体をめぐる協同作業が至るところに出現し、当事者と介助者は同体化する。この仕事の大変な部分で同時に魅力的な部分ではないだろうか。

二　どんな人が介助に入るか

新田勲氏が施設を出た一九七〇年代は、介助者はすべてボランティアだった。だから学生や、運動に共鳴した人が仕事の合間をぬって介助に入った。中西正司氏が一人暮らしを始めた一九八〇年代も、大学の福祉系サークルに声をかけて介助者を集めた。大学生は、後輩が受け継ぎ人材がつながっていくという利点もあれば、卒業・就職とともに慣れた人が離れてしまうという難点もある。

ヒューマンケア協会のサービス開始一年後（一九八七年）の状況は、七〇名のケアスタッフの六割が四〇～五〇代の主婦、二割が男性で学生や自由業。時給五〇〇円だから、これ一本で生活できるという額ではなかった[3]。

今、ＤＰＩ（Disabled Peoples' International：障害者インターナショナル）日本会議の大会や大フォーラムなど当事者が集まる場に行くと、重装備の車いすの当事者の横に、金髪にピアス、破れたジーンズの若者が介助者として寄り添っていたりする。なかなか愉快な光景だ。バンドや演劇や美術など、食えない仕事を選んだ人が生活の糧を得るために、介助者になることも往々にしてある。第一章第四節の甲谷匡賛さんの介助者は、ダンサーが多かった。

中西氏に話を聞いたとき、「芸術家とか多いよね。スウェーデンなんかも、そうだね」と言っていた。

若者が、自分のやりたいこと――ロックバンドでもアートでも――を優先するために定職につかず、アルバイトとして障害者の介助をする。それはもしかしたら、ものすごくいいのではないか。人の生きることに生々しくまつわる仕事を、若いときにして損はない。甲谷さんのダンサーのヘルパーが言っていたように、いいダンサーへの道に通じると思う。

だが、将来に向けて堅実な生活設計を考えるには、いささか不安定な要素あり、だ。もっとも今の時代、終身雇用も年功序列も死語となり、正規雇用がどんどん減っていることを考えると、介助者——ヘルパーという仕事だけが不安定とはいえない。不安定でも魅力的な仕事なら、やる価値がある。

日常生活のことは、人々の目に触れない。だから、どんな人々がどんなふうに介助していたのかは、誰かが記録に残したものでしか垣間見ることはできない。記録に残っている人々は、支える制度がない時代に生活を成り立たせるため、暮らしと運動が背中合わせだった。ある意味、先端に立っていた当事者は、人を引きつけた。

第二章で紹介した深田耕一郎氏が描く新田勲氏は、まさにそうだ。彼は女たらしならぬ、人たらしと称される。深田氏は「新田と出会ってからの私はアタマもココロもすっかり変わってしまった」といい、新田氏の生は福祉への「挑戦」で、それは私たちへの強烈な「贈与の一撃」と書く。[註1]

自立生活のルポといえば、渡辺一史氏の『こんな夜更けにバナナかよ——筋ジス・鹿野靖明とボランティアたち』[4]が有名だ。筋ジストロフィーである鹿野靖明氏が、二四時間介助で人工呼吸器をつけて暮らした記録だ。著者は鹿野氏が亡くなる前の二年半、ライターとして鹿野氏の暮らしに密着し、介助ボランティアの話を聞き、介助の穴があいたときにはボランティアとして入り痰の吸引をするまでになる。渡辺氏はもともと「『障害者』や『福祉』『ボランティア』といった分野にはほとんど無縁の人間」だったが、鹿野氏をめぐる世界に「ひとたび足を踏み入れるやいなや、みごとその世界にからめとられることになってしまった」と書く。

今でも、ボランティアで介助をしている人はいる。介助経験のある社会学者の市野川容孝氏は、無償の家族介助、そして有償の他人介助（この二つは表裏となった複合規範と指摘する）のどちらでもない、無償の他人介助を長年続けており、そのことの是非の前に、そのこと自体の在り場所が介助の有償化とともになくなってしまっていることを、

註1　新田氏は「介護」という言葉を使っている。

ちょっと考えるべきこととして指摘している。(5)

それはそうとして、障害者がその強い引力（魅力）でボランティアを集めて自立生活をするとなると、誰もがやれることというわけにはいかない。障害は、ひとつの条件にすぎないにもかかわらず、自立生活をするには個人の魅力がないとだめ、と言われたら、どうしてよいかわからない。

二〇〇三年（平成一五年）の支援費制度は、介助を誰もが手に入れられる有償のサービスとして位置づけており、自立生活へのハードルが下がった。これを機に施設を出た人の一人が、第一章第一節の水島秀俊氏だ。そして、これを機に介助者―ヘルパーという仕事の需要は高まり、ボランティアではなく仕事として、生活費を稼ぐ手段として、介助者になる人が出てきた。

彼らは福祉職だ。だが、大学の福祉科を出たり介護福祉士の資格を得たりして施設に就職した人たちとは少し毛色が違う。多様な背景をもち、生で人の生き様をみる人たちだ。

三　介助を仕事とする

介助者という当事者──渡邉琢氏（ＪＣＩＬ）

『介助者たちは、どう生きていくのか─障害者の地域自立生活と介助という営み』(6)という、なんともそそられるタイトルの本の著者に、一度会いたいと思った。その人、渡邉琢氏は、京都に古くからある自立生活センター（Center for Independent Living：CIL）──「日本自立生活センター（Japan Center for Independent Living：JCIL）」（一九八六年設立）の事務局員、介助派遣のコーディネーター、そして、介助者の会「かりん燈～万人の所得保障を目指す介助者の会」を結成した人で、本のカバー裏の写真を見ると、真摯さと気楽さを兼ねそなえたような表情の若者だ。(6)註2

コンタクトをとると忙しそうで、「本に書いた以上のことは話せないけれど、大丈夫ですか？」という返事だった。その後、相模原障害者施設殺傷事件（二〇一六年七月二六日、施設入所者一九人が殺害され二六人が重軽傷を負った）で、さらに忙しくしているということだった。

彼は「SYNODOS」というウェブマガジンに、二〇一六年八月九日付で、事件に関してとても長く丁寧な文章を寄せていた。「亡くなられた方々は、なぜ地域社会で生きることができなかったのか？　─相模原障害者殺傷事件にお

註2　渡邉氏は、ＪＣＩＬで仕事を始めたころは「介助」と言っていたが、知的障害者の介助に入るようになって、介助だけでは成り立たない、「護る」必要があることから、「介護」という言葉も併用している。

ける社会の責任と課題」というタイトルだ。[註3]

「障害者はいないほうがいい」と言って殺害に及んだ加害者を一人の異常な思想の持ち主として片づけようとするメディアに対し、施設で生活せざるを得ない、施設に入れざるを得ない障害者とその家族の追いやられ方そのものが、すでに「障害者はいないほうがいい」という加害者の言説と一致していることを指摘している。[7]

JCILの渡邉氏

なぜ、彼らは地域社会で生きることができなかったのか。そして、できないのか。重度障害者が介助者の支援により普通に地域で暮らす、そのスタイルは、障害が最重度（人工呼吸器を使用する、コミュニケーション手段はまばたきひとつ）でも可能だということはさんざんみてきた。

さて、知的障害者は、そして知的と身体の重複障害者はどうなんだろうか。そういう人は、やっぱり施設じゃないかと思ってしまっていないか。

本に書いてある以上のことは、特にないという話だったが、私は彼の著書を持って京都まで会いにいった。その本の表紙には、重度障害者が乗ったストレッチャーを彼が押している後姿の写真が使われている。その写真を指して著者はこう言った。

「このストレッチャーの彼は動けないし、知的障害もあるけど、一人暮らししてるんです。彼があの施設にいたら殺されていたかもしれない。地域だったら、ちゃんと名前を名乗って、その人の暮らし

註3　渡邉氏はこのテーマをさらに深め、二〇一八年一一月『障害者の傷、介助者の痛み』（青土社）を著した。

があるというのに」(この事件で被害者の名前は公表されなかった)

渡邉氏は、今は介助者というよりコーディネーターの仕事が主になっているが、一方で、もっぱら知的障害者の介助には入っているという。彼は言葉を選びながら、その支援の端っこのところを話してくれた。

「今、介助に入っている知的障害の人は、問題行動はいっぱいありますよ。ありすぎて施設にも入れないと思うんです。どうにもならなくなったら、措置入院で精神科病院しかないんですね。彼も何回かそうなってます」

重度訪問介護は、知的障害の人も使えるようになったけれど、現実にはそう簡単に使える制度ではない。介助者も事業所も家族も、そして当人も、何をどのように始めたらいいのだろう。

「行動援護から始めて重度訪問介護に移行するという流れが制度で定められています。このかたちをとったのはここでは二人目、僕の中では初めてです。市との交渉には問題行動を挙げていって、誰も付き添わないで問題が出たら誰の責任になるのか、とか言って。今は実家暮らしなので、体験宿泊を含めて必要な分の一二〇時間とれました。月に一回は泊まりも入ります」

知的障害者は、一二万人が施設にいる。身体障害者の一・七%(七万三〇〇〇人)に対して、知的障害者の一一・一%は施設にいる計算だ[(2)]。今は親と暮らしていても、親亡きあとは施設あるいは精神科病院しかないというのが日本の現実で、彼らの地域生活、在宅生活、親亡きあとの施設以外の暮らし方は、一般にイメージされにくい[註4]。

今、渡邉氏が介助に入っている知的障害の人の場合は、親も想像できない一人暮らしの道を模索するため、泊まりを入れている。そして少しずつ、泊まりを増やしていこうという計画だ。そうやって一人暮らしへの道をつける。介助者も何人か増やしている。

註4 知的障害者の自立生活を映像にしたドキュメンタリー映画『道草』(監督・宍戸大裕)が、二〇一九年二月、一般公開された。「自立生活センターグッドライフ」(243頁)が出演している。

「ガイドヘルプ（移動支援）は制度的に使いやすい。だけど、ガイドヘルプはその人の生活の一部だけ、たとえば余暇の部分だけをみる制度。重度訪問介護を使ってその人の生活全部みるとなると、考えることがたくさん出てくる。だけど付き合っていくうちに、だんだんとわかってくる。今、介助に入っている人とは、もう十年来の付き合いです。彼自身は人との付き合いが好きなので、重度訪問介護が入れられてとても楽になりました。警察沙汰もあるし、誰よりも手がかかる。わかっていて悪いことをする。小さな子どもにちょっかいを出す。怖そうな人にケンカを売ったりする」

うわっと思った。できれば、そんな場面には関わりたくない。渡邉氏は、柔らかい表情でこう言う。「長年付き合えば、自分もわかってくるんで大丈夫なんです。その人も相手を見てるんです。ムリクリ何かをしようとしなければ大丈夫です」

知的障害の人を、親と住む家の中、そして施設の中に囲い込んできたことによって、結局は、そういう人はいないことと同じにされてきた。社会的には、抹殺されていたのだ。

自立生活運動の掲げた「自己決定・自己責任において」という地域生活の理念は、知的障害者には届かなかった。

「知的障害者の一人暮らしは、僕はやれると思っています。結局は、どれだけ地域社会がこじらせたか。どれだけやるべきことをやらずにきたか。東久留米なんかでみても、思ったより普通に生活はまわっているんですね」

東京都東久留米市では、「自立生活センターグッドライフ」「ピープルファースト東久留米」などの支援で、知的障害者約二〇人が自立生活をしている（ちなみに東久留米市、田無市（現・西東京市）、立川市では一九九三年に、全国初の二四時間介護保障が成立している[8、9]）。

そういう試みが行われていること自体、一般には知られていない。そして、伝わっていかない。伝える本は何冊か出てはいるのだけれど。

知的障害者の自立支援は、当事者がすべて介助者に指示を出す、という方法とは違っている。「支援付き自立生活」

ともいわれる。意思決定への支援も入る。[10] ノウハウがあるわけでもなさそうだ。探索と発見と試行錯誤で作り上げる、やっかいで、そして究極の希望だと思う。

「楽しいと思えるかは、人それぞれだろうけど、楽しい仕事だと思う」と渡邉氏は言う。「ひっそり暮らす人も、迷惑をかける人もいるけど、迷惑って社会を肌身で感じる機会になる。この仕事は、専門性で何かできるというものではない。資格は、もう重度訪問介護みたいな、敷居の低いものがいい」（「重度訪問介護従業者」は、二〜三日の研修で得られる資格だ）

最も自立生活から取り残されてきた人たちに関わるようになった彼は、そもそもどうして介助の仕事を始めたのか。最初は二〇〇〇年、大学院の学生だったときに生活費のたしにするため、アルバイトでＣＩＬの門をたたいた。[11] 時給七〇〇円。それまでまったく、福祉と関係したことはない。「なぜ、ほかのバイトではなく介助のバイトに？」と聞くと、「ほかに、ちょうどいいバイトがなかったんですよ」と言う。だが、著書には「明白な意識はそこまでもってなかった」にもかかわらず、どこかに存在している障害者が気になってはいた、と書いている。

二〇〇四年、それまで哲学研究者になるべく研究生活を送っていたが、生の現実、リアリティからかけ離れた、その意外と下世話な世界に嫌気がさしているところへもってきて、実際の介助の世界の、リアリティにあふれ権威の微塵もない、そんな場が人材募集中と聞き、バイトではなく正規職員となるべくあっさり方向転換した。

折しも支援費制度が始まり、介助が仕事として成立するようになった。中西正司氏も、当時のことは「時給一三〇〇円から一四〇〇円でヘルパー募集でき」「面接日には二〇〜三〇名の応募者がＣＩＬの前に行列していた」と書いている。[12]

この仕事の何が渡邉氏を引きつけたのか。「わりと社会の深い部分につながってて、そこから社会をみることができる。そこで生きる実感を得ているとか、そういうところかなあ」「もともと、小さく細く生きようと思ってたし」彼はこんなふうに書いている。

「私たちのほとんどは、二〇〇三年以降に介助者になり、そして介助を仕事として生計を立てるようになった者たちだ。言うなれば、『介助』は二〇〇〇年代に入って成立した新しい職業形態である。そしてまた、多くの非正規労働者と同様に、その将来も不確定だし、現状も不安定である。けれども今、この障害者介助を生業として、生活を組み立てている人が少なくない規模で存在する。現状も、将来も不確実だけれども、『介助』という仕事の必要性は、現場を経験している皆が知っていることだ(13)」

介助が仕事として成立し、多くの人や事業所がこの分野に参入した。二〇〇三～二〇〇四年ころは、障害者の自立生活という、先駆者が身体を張ってつくってきた暮らし方が一般化しそうな気配で、運動の盛り上がりもピークだったという。主に、介護保険での在宅支援の仕事をしている私の周りには、だがこれらの熱気はまったく伝わってきてはいない。支援費制度というのが成立したとは聞いたが、「シエンピ？　何それ？」という感じだった。名称からして、耳になじまない音合わせだ。

二〇〇三年（平成一五年）四月にスタートした支援費制度は、一年後には一四億円足りなくなり、二〇〇四年度には二五〇億円不足する見通しとなり、二年で破綻が明らかになった(14)。厚労省は、なぜ最初から、そんな無理な制度設計をしたのか。無理なら介護保険に統合するつもりだったのだ。第二章にも書いたが、支援費制度でも介助の居宅サービス利用時間の上限を決めようとして、当事者の大反対によって上限が取り下げられた。だが、二〇〇六年（平成一八年）の「障害者自立支援法」では再度、介護保険サービスレベルまで落とすべく、単価切り下げと利用者の利用料一割負担が入った。利用料一割負担に対しては各地で当事者が反対運動や訴訟を起こし、二〇〇九年に違憲と判断され政府は和解を申し入れた。単価切り下げのほうは、介護事業所を直撃し、介助者の生活を根底から揺るがした。

二〇〇四年に、正規職員として介助の仕事を始めた渡邉氏は、二〇〇五年の単価切り下げ、二〇〇六年の「障害者自立支援法」と介助者がきつくなっていく時期に、仲間とともに「かりん燈」という介助者の会をつくった(15)。単価切り下げ→賃金（給与）引き下げ→離職者が出る→残っている人々で介助をまわさざるを得ない→休みなし、過重労働、そして倒れる人も出てくる。

それまで、介助者は障害当事者との関係がすべてとされ、介助者同士の横のつながりはほとんどなかった。だが、障害者の生活を支える介助者がつぶれてしまえば、障害者の生活そのものが成り立たない。渡邉氏によれば、この時期多くの介助者が月二五〇時間、場合によっては三〇〇時間の労働をしていた[15]。

本当に「やばい」状態だったのだ。

かりん燈結成文には、トップに「倒れる前に立ち上がれ！」というスローガンが書かれている。「事故、腰痛、離職、つぎつぎと人が倒れ、あるいは離れていく。残る人にしわ寄せはゆく。むろん障害をもつ人々、高齢者たちにしわ寄せはゆく。最後にはこの場にいる人々みんながつぶれていく」「だから倒れる前に立ち上がれ！自立生活運動が自分の人生に対する自分の主権をうたったように、私たちも自分の人生の主権者となろう。しかも、決してお互いの権利を制限するようなかたちではなく、お互いの権利が同時に拡充されていくようなかたちで[16]」

自己の権利の拡充が、他者の生活を制限するものであってはならない。ここがキモだ。介助者が権利を拡充することによって、障害者の生活が制限されてしまっては、今までの運動が無に帰してしまう。互いの権利が拡充されるという意味を込めて「かりん燈～万人の所得保障を目指す介助者の会」が正式名称だ。

かりん燈は、まず二〇〇六年に京都市内で、二〇〇八年に全国レベルで「障害者自立支援法に係る訪問介護労働者の生活・労働アンケート」を実施している。

それによれば、二〇代・三〇代が六割以上、四〇代・五〇代が三割、この仕事が世帯の主な収入になっている人が六割強、性別は男女ほぼ半々、総労働時間は月一六〇時間以上が六割、そのうちの半数以上は二〇〇時間以上、そして手取り月収はおよそ一五～二五万円といったところだ。昇給はほとんどない。九割が介護報酬単価引き上げを提言、そして厚労省の考えるキャリアアップ制度については、経験三年以上になると反対派が多くなる。

厚労省の提案するキャリアアップとは、「ヘルパー→介護福祉士→専門介護福祉士→施設長等」というものだ。

まったく、自立生活支援と関係ないデザインだ。

このアンケートは、重度訪問介護で仕事に入っている人を対象に行われた（二〇〇八年二月二五日集計分）。自由記載には、しんどさやストレスや悩み、そして施策への怒りが書かれている。

「目の前にいる人を見捨てて辞められないということを利用して、報酬単価を下げているのは汚いやり方だ。福祉施策に関わっている役人は汚すぎる」(17)

だが、それでも今後もこの仕事を続けたいという人は、細々とでも、という人も含めて七割以上いる。

二〇〇八年には、渡邉氏らは介助の当事者として障害当事者とともに、京都市内でデモ行進やアピールを行った。そして、お金のことは厚労省に交渉してもらちがあかないと判断し、二〇〇八年一一月一三日、財務省に要望書を持って直接交渉に行った。京都から一三名（日本自立生活センター、主体的に生きる重度障害者の会、かりん燈など）、東京から一〇名（全国公的介護保障要求者組合、ピープルファーストジャパン、ＳＴＥＰえどがわなど）が集結したこのアクションは、京都が発信地だった。東京からは、第二章の新田勲氏も駆けつけている。このときのテーマは、重度訪問介護の単価の引き上げにしぼられた。(18)

さまざまな働きかけに加えて、おそらくこれらのアクションも功を奏し、二〇〇九年、重度訪問介護の単価は二〇〇三年の支援費時代の額に戻った（単価の変遷は２６３～２６４頁）。

かりん燈は、現在はとりあえず活動を休止している。一時の窮地は脱した。

「別に親睦団体ではないし、その後も単価は下がっていないので、とりあえず活動はいいかなってところです。それまで介助者の生活ということを誰もみていなかったので、それをテーマ化したのは大きかったと思う。政策レベルにできたし」

介助者が介助によって生活できる金額を受け取る、というのは、新田勲氏がアパート生活を開始した一九七三年に東京都に要求したことだった。(19)三〇年経ってそれが可能となり、たった二年で潰れた。だが、その後の三年は、介助者がもう一方の当事者として立ち上がったひとつのエポックだ。

私は、渡邉氏に聞きたいことがあった。自立支援の介助者は、介助者同士で利用者の情報を共有することについてはタブーのようになっている。介助の仕方などはすべて障害者本人に聞けばいい。だが、たとえば、ベッドから車いすへの移乗介助が不安というようなことはないのだろうか。

私の仕事――作業療法士の在宅支援――は、本人の力と環境とのすり合わせをすることだ。自力で立ち上がれない体重の重い人を抱きかかえて移乗介助するとき、本人が少し踏ん張れるならなんとかなるが、踏ん張り力が少なく、姿勢を保つ体幹の力もないとき、もう抱きかかえるのはやめてリフトを使ってもらおう、と提案するのも仕事だ。意識的にそこに注意しはじめたのは、ヘルパーは「この移乗介助は危険で不安だから、ほかの方法にしてほしい」とは言えない職業と気がついたからだ。私自身の移乗介助での事故――利用者に怪我をさせてしまった苦い経験も影響している。

移乗介助、このスリリングで奥が深い動作は、一〇〇キログラムの体重の人もキネステティックを学べばOKとか、古武術介護で「あらあらできたわ」ということだってあるが、日々の介助はリスクもストレスも低くしておいたほうがいい。一人で密室で介助をするヘルパーは、ほかのヘルパーがこなしている介助を、自分だけ不安とか、したくないとか言えないところにいる。そして、人知れず冷汗をかいているかもしれない。

私たち在宅に入っているセラピストは、端座位――背もたれのないところで腰かける――が自力で保持できなければ、リフトを提案しようという目安を立てている。もちろん、できるのは提案までだ。障害者支援では、リフトに対しては公費補助がいくらか出るが、自己負担額が大きい。唯一、介護保険がいいと思えるのは、リフトをレンタルできることだ。

渡邉氏はコーディネーターという立場でもあるから、この移乗介助は不安とか、したくないとか、そんな相談はないのだろうかと思った。

彼が最初にヘルパーとして利用者の家に行ったときは、先輩介助者に聞くということもなく、何も知らない状態で一から本人に介助の仕方を聞くという方法だった。

「最初は筋ジスの人で、自分でやれないところをやってもらうということだったので、本人に聞いて。身体に何か気をつける必要のある人は、先輩から聞きましたけど」

「身体を痛めたら悪いなあというのはあって。抱きかかえたりするのは、昔柔道やっていたので、あまり抵抗はなくて」

私は自立生活の人にとっては、出番の少ない専門職だ。だが、自己決定で、無謀にみえることも自己責任で行うと言われても、ヘルパーの腰も自分の腰も守りたい。だから、リフトを試そうというときは、いつも少しゃしゃり出る。嫌がられることもある。「ヘルパーさんはやってくれるのに、なぜリハビリの人がやれないって言うの？　やり方をヘルパーさんから学んでよ」。こんなとき、私は「ヘルパーさんもできないって言ってよ」と思う。

この移乗介助は勧められないというとき、私はリフトの提案をする、という話を渡邉氏にした。

「それは、これからの課題かもしれないな。介助方法は利用者によりけりで、このやり方でなきゃ困るという人もいたりするし。ヘルパーの楽を押しつけていいわけではないが……場所によって力関係がいろいろなので……そこは、簡単な道はないんだけど。……悩んでいますね。若い子が頑張ってるからやれてるところもあるけど、これから先のことを考えるとそうばかり言ってられない」

この仕事を長く続けるには、腰を守らなければいけない。ここまではできる、これ以上はやめたほうがいい、という線はあるのだ。

さて、二〇〇九年に単価が上がって（戻って）、事業所は落ち着いた。収入はわりと安定し、残業代も少し出せるようになった。固定給の人も出来高払いの人もいるという。ヘルパーは約一〇〇人、そのうち六〇人以上は厚生年金に加入している。ヘルパーは、安定した職業と考えていいのだろうか？

「昇給はないけど、そしてもう少し高い報酬がいいとは思うけど、ある程度人生あきらめがついたら、いい仕事ではないかな」と渡邉氏は言った。

あきらめ……。言い得て妙かもしれない。上昇志向をあきらめる。金持ちになることをあきらめる。仕事での成功をあきらめる。三〇年前なら、小さな、大事な発見をしながら、深く掘っていく時代かもしれない。やっと、知的障害の人の自立生活に目がいくようになった。それは、お金ではない別の宝を手に入れることに違いない。

「知的障害の人の支援は、それはやはり事業所の覚悟がいります。どんな障害者も排除しないという強い理念がないと、なかなかやりきれないです。うちのような組織だからできる。健常者も頑張るけど、健常者だけに任せず、障害者でも対応していく人がいないと。JCILには、そういう当事者がいる。古くて泥くさいけど、そういうところがいいと思っています」

身体障害の当事者スタッフが、健常者スタッフとともに知的障害者の支援もする。渡邉氏は、「ピープルファースト京都」の支援もしている（「ピープルファースト」は知的障害者の当事者団体）。

運動体としての日本自立生活センターは、どんな活動をしているのか。

『障害者差別解消法』関係では、条例に関わってきたし、公共交通機関のバリアフリー化のこと、市バスの若手職員研修で言語障害の人とのコミュニケーションとか、JCIL劇団で差別を訴える当事者の劇とか、公園の柵の徹去とか、生活保護引き下げ阻止とか、身障の人の成年後見人の解任とか、こまごま、やるべきことがいろいろです」

条例とは「京都府障害のある人もない人も共に安心していきいきと暮らしやすい社会づくり条例」（二〇一四年三月成立）で、日本で初めて女性の複合差別に言及したという点で画期的なものだ。第一章第四節の甲谷匡賛さんが二四時間の重度訪問介護を獲得したときも、JCILが共闘していた。

京都は不思議な所だ。古い寺社や細い路地やくすんだ街並は、一見バリアだらけだ。だが、そこからの発信は、けっこう先端をいっている。

本のカバー裏の写真から五年経っている渡邉氏は、四〇歳を超え父にもなっている。じっくり仕事をしてきた、動じない力強さが加わっていた。

「今、特にヘルパーが不足してて、必死で募集かけてるんです。友だちを紹介してくれとか、あちこち声かけて」

「障害者も介助者も、決して今のままでいいとは思ってないけど、どう拡大していくか。自分たちの中にある抑圧とも向き合っていかないといけないし。それなりに、書くべきこと、考えるべきことがあります。ある程度のところまではきている。だから、一〇年やってこられた」

彼は、この仕事をこれからも続ける。これからも書く。いい人材が大学に埋もれてしまわないでよかったと思った。

（取材：二〇一六年八月）

バンド発――菅原和之氏（HANDS世田谷）

「ラブエロピース」というバンドがある。

メンバーは第一章第二節の実方裕二氏と菅原和之氏で、菅原氏は金髪かつらの女装でギターをかき鳴らし、実方氏は車いすをグッと倒したり高くしたり動かしながら歌う。究極の異色コンビだ（結成時は二人だったが、その後、障害者と健常者総計で七人の編成となっている）。

菅原氏と最初に会ったのは二〇〇〇年ころ、イベントの実行委員会でだった。きちんとした雰囲気で、議員の選挙に関係しているということだった。それから何年か後に会ったときはイベント会場で、飲んだくれ女装おやじというキャラクターでギターを弾いて歌っていた。この、一回目と二回目のイメージが違いすぎて、しばらくは同一人物と思えなかった。

彼が自立生活者のヘルパーをやっていると知ったのは、二〇一二年、自立生活の取材を始めてしばらく経ってからだ。ヘルパーという仕事をする人の背景の多様性がわかってきたから、何となく納得した。それまで飲んだくれて女装して歌うという場面しか知らなかったが、一方で婚外子差別撤廃運動という硬派の活動をしていることも伝わってきていたので、素面の菅原氏に会うのはちょっと楽しみだった。

彼がヘルパーの仕事を始めたのは二〇〇〇年だ。「その前は、いろいろ。清掃とか選挙手伝いのバイトとか。ヘルパーは、やりたかった仕事です。二〇代で『さようならＣＰ』を観たときから」

二〇代は、バンドでやっていこうと思っていた。原宿の歩行者天国で多くのバンドが路上ライブをやっていた時代、一九八〇年代のこと。彼もホコ天バンドだった。ギターとボーカルを担当していた。整体の専門学校を出て、一年半くらい接骨院で仕事をした後のことだ。

ライブハウスでは、バンドのライブが行われることもあれば、マイナーな映画が上映されることもある。原一男監督の『ゆきゆきて、神軍』を観た。そして、同監督の『さようならＣＰ』を観た。けっこう衝撃的だった。

「青い芝の会の行動綱領に『健全者文明を否定する』ってあるじゃないですか。あれ突きつけられて、けっこうそれそのまま、あたためて。そのころ、女性運動の集会にも行ったりして。すると『男はみんな死ねばいい』とかのアジ演説もあったり、半陰陽の人の主張とかもあるんです。性別を男女に分けることが問い直される。そういうのに引っかかってしまって」

「ラブエロピース」ライブ中

バンドのほうは他メンバーが、社会運動が好きではないということもあって、一緒にやらなくなって中断した。ある年、世田谷の公園で毎年行われている市民主導の「雑居まつり」のＨＡＮＤＳ世田谷ブースで、ヘルパー募集のビラをもらったが、そのときやっていた仕事の区切りがつくまで一年間そのビラをとっておいた。そして二〇〇〇年、ＨＡＮＤＳ世田谷のドアをたたいたというわけだ。

最初は時給八〇〇円で、週に三日くらい介助に入った。それまで資格は必要とされなかったが、やがてホームヘルパー二級の資格をとり、コンスタントに週四〜五日入るようになった。

HANDS世田谷の菅原氏

二〇代から気になっていた仕事に、三五歳になってついて、一五年になる。

「面白い仕事と思っています。ＨＡＮＤＳ世田谷は、圧倒的に重度訪問介護で入る人が多い。でもこの仕事は、何歳まで続けられるかという問題がありますね。当事者もヘルパーも、共に歳とっていくから、共に踏ん張れなくなる。リフトの導入とか考えなければならなくなる」

「若者も入ってはくるけど、今は、女性はなかなか来ない。募集かけてもなかなかね。男性のほうが、続く人が多いです。学生だと卒業するまでとかになっちゃうし、女性は結婚・妊娠で辞める人も多いから、サイクル的には女性のほうが短い傾向はありますね」

「バンドとか演劇の人は多いですよ。ビラでヘルパーを集めていた時代の名残ですね。今は、ヘルパー募集のビラを大学でまいてはいけなくなってしまって」

ヘルパーの仕事で、生活は成り立つのか。

「三〇代は、彼女に食べさせてもらってた。二〇〇三年、支援費になって時給一六〇〇円になって、これで食べられるじゃんという雰囲気になって。自立支援で一二〇〇円に下がって。これで暮らせるという幻想は二年で終わった。一二〇〇円になったときは、少し仕送りとかしてもらってしのいだ。今はHANDS世田谷の事務局の正職なので、給料に扶養手当とか、安定した収入になっています。労務管理とか給付管理とかの事務仕事をやりながら、運動もしながらで、緊急があったら介助に入ったりです。今は大変じゃないです。支援費になったとき、利用者がガッと増えて、そのときは泊まりあけでまた仕事ということもあったけど、苦になるほどではなかったですね」

「でもヘルパーの仕事の仕方それ自体は、不安定ですよね。HANDSとしては保障とかつけたいけど、仕事自体はあっても不規則だから身体を壊したりして、その間の保障はないし。妊娠するとできなくなるし、そうすると残ってる人に仕事のしわよせがきて、今度は残ってる人が耐えられなくなったりして」

「利用者が入院したら仕事なくなるし[註5]」

「重度訪問介護でコンスタントに入るとある程度安定するけど、居宅介護でちょっととか、行動援護でちょっととかの入り方は、働き方としてはどうしても不安定になりますね」

横山晃久氏（第二章第六節）が実行委員長をやっている大フォーラムの事務局も「公的介助保障を要求する世田谷連絡会」の事務局も、HANDS世田谷だ。これら当事者の活動では菅原氏は完全に黒子として、「必要性があると思うから、勤務以外でも関わっていこうと思っている」という。

二〇一五年一〇月二九日、日比谷野外音楽堂で行われた「『骨格提言』の完全実現を求める10．29大フォーラム」で

註5　二〇一八年から、入院中も重度訪問介護を使えるようになった。

も、菅原氏は裏方で立ち働いていた。

「障害者総合支援法」では、骨格提言は骨抜きにされた。

「骨格提言は『障害者権利条約』を具現化したものなのだけど、それを蒸し返す感じのことは、障害者運動の主流になってないんですね。老舗の障害者団体でも、あまり問題としていない。六五歳問題も介護保険統合問題も、中心問題になっていない。あちこちで問題が起きているけれど」[註6]

介助保障で、自立生活者が集まっているわりには、世田谷区に二四時間介助は入っておらず、最長二二・五時間だ。今でも基準は一七時間で、実方裕二氏も一七時間。二〇一一年三月、一七時間の壁を四人が突破して、一九時間を獲得した。区との交渉は、毎年何回か、やっている。二四時間への道は、なかなか遠い（二〇一五年九月現在）[註7]。

介助者のほうの生活の保障については、菅原氏は「世田谷介助者ユニオン」を結成して活動している。メンバーは八人[註8]。

「まあ、今のところは互いを知り合うといった段階です。コンスタントに介助に入れば、一応暮らせる収入にはなりますが、カツカツです。女性は、ケアマネとか病院のヘルパーとかに仕事を変える人もいるし。介助者の当事者運動だって必要と考えています。関東のかりん燈の定例会にも参加して。ヘルパーの安定を考えると、公務労働として認められればいいんですけど。もちろん九時から一七時というのはナンセンスだけど」

『日本介護クラフトユニオン』というのもありますが、介護保険のヘルパーが主で、こちらは時給は高いけど主婦

註6　岡山市で、六五歳で介護保険を申請しなかった脳性麻痺者が障害者サービスを打ち切られ、違憲として市を提訴した。二〇一八年一二月、勝訴判決が出ている。
註7　この後の運動の成果で、二〇一九年二月現在で一〇名以上の二四時間支給決定を勝ち取っている。
註8　二〇一九年二月現在はメンバー三人で、他の障害福祉関係の労働組合と協力して新しいユニオンの立ち上げを準備している。

のパートという扱いにされてしまって、経営者とヘルパー側の主張が同じになってしまう」

「自治労系の『東京ケアユニオン』というのに入っています。やはり介護保険のヘルパーが主ですが、私が入ったことで障害のことが目に入るようになった。介護保険のヘルパーと自立支援のヘルパーは、交叉しないのだけど、私は交叉したほうがいいという思いがあって。自立支援のヘルパーは、失敗の自由があるんですね。利用者は、保護の対象じゃない。権利擁護としての介助ととらえられないと」[註9]

さて、ここまでの菅原氏のインタビューと、ラブエロピースで金髪女装で歌う姿はどうつながるか。バンドをやめたあとのブランクがしばらくあって、二〇〇〇年以降、ギターを手にボチボチ歌を再開していたが、ラブエロピースの結成は二〇一二年にゆうじ屋ができてからだ。それからはコンスタントに月一回はライブをやっている。

月並みな言葉しか思い浮かばないのが残念なのだが、彼は既成概念をとっぱらう、〝はずす〟という、とても大事なアクションを起こしている。ラブエロピースは、甘いラブソングなどは歌わない。「CPの行動綱領」をあたためているような人だ。歌は当然のように、とがっている。だが、女装の菅原氏とCPの実方氏のデュオは、異形であることによって、とがりを少しはずす。それによって、正義に身を置いてしまうという鼻持ちならなさから免れている。「なぜ女装を?」という質問に、彼はごくシンプルに「性別は男と女だけじゃないということから」と答えた。当然のように言う彼に、納得してしまった。

彼がライフワークとしている仕事は、「戸籍」への問いだ。家という制度が女性差別の原点と認識している彼は、籍を入れないパートナーとの間の二人の子どもの父親だ。籍を入れないというだけで、誕生から入学から何か節目があるたびに、別の扱いを受ける。婚外子差別撤廃運動は、彼が選んだ生き方とそれに影響を受ける子どもたちへの、当

註9　その後、東京ケアユニオンは解散し、自治労東京は二〇一四年に「地域福祉ユニオン東京」を発足。介護・看護・保育の労働者で構成され、二〇一九年二月現在、菅原氏も副委員長として参加している。

事者として必然的な運動だが、結婚という制度がひとつの差別を作り出しているのだから、すべての人が知っていてよい運動ではないか。

障害がある側、健常な側、差別される側、差別している側、女性、男性、すべては地続きで入り交じっていると知るだけでも、ずいぶんと呼吸が楽になると同時に、身が引きしまる。

（取材：二〇一五年九月）

ぴあねっと浜松の藤田さん

これが現実――藤田知代さん（ぴあねっと浜松）

水島秀俊さん（第一章第一節）のヘルパーとして登場したFさんこと藤田知代さんに話を聞こうと思ったのは、単価が下がった二〇〇六年ころをどう乗り切ったのか知りたいと思ったからだった。彼女は、シングルマザーで家計の担い手であり、「この仕事で子どもを大学にもやったって、書いといてください」と最初の取材で言われていた。そんな話をしてから四年経ち、娘さんは大学を卒業して社会人になった。あらためて藤田さんに会いに、ぴあねっと浜松に出向いた。

「今年（二〇一六年）の四月に、正職になりました」と彼女は言う。なんと、それまで十数年、登録ヘルパー業で暮らしを立てていた。「重度訪問介護は長時間働けるから、登録ヘルパーのほうがまとまったお金を稼げるんです。正職になって月給ですが、収入は少し下がりました。娘が社会人になったから、正職になろうと思って。そのほうが気分的には安定しますよね」

「水島さんのヘルパーになったときは、娘は小学校三年生で、水島さんが入院したら本当に私の仕事がなくなるから、お互い元気でいようねって言ってやってたけど。その娘が大学出たって、これすごいことだと思います」

登録ヘルパー時代から、彼女はヘルパーの統括をするサービス提供責任者（手当がつく）だった。登録ヘルパーという不安定な身分と名称のまま、責任ある立場でフルタイムで仕事をしている人々は、そんな名称のなかった時代からいた。綿々と自立生活者の暮らしを共に作り上げ、時にすさまじい葛藤を経験してきた人たち。

私は、久しぶりに会った藤田さんに、まずあらためて取材目的を話した。つまり、自立生活者といわれる人々のあまりに知られていない暮らし方と、それが可能であることを、一般の人々、そして医療・福祉関係者や当事者に伝えたいということを。

どちらかというと、ロマンを含む私の物言いに、藤田さんは小気味よいパンチで答えてくれた。

「たしかに、こういう暮らし方は知られてないですね。アルコール依存で、こないだ救急車で病院に運ばれた利用者さんなんか、もう病院では、『一人暮らしさせるなんて虐待じゃないか』くらいに言われてましたもんね」

「一人暮らし、できますよ。でもそれはもう、本人次第。ヘルパーが頑張ろうとしても、本人の受け入れ次第。この人はイヤ、あの人はイヤと言われると、もう先はない。ヘルパーの入れ替わりもあるし、全部できるヘルパーに来てほしいと言われても、それは無理。ヘルパーの成長を見守ってくれるくらいじゃないと。利用者とヘルパーは、一緒に成長していくんです。でも、それでヘルパーができるようになっていくと、あとから入る新人ヘルパーは最初からできてあたり前になって、つぶれていっちゃうんです。利用者の期待値が上がってしまうと、本当に難しい」

「私が水島さんの自立生活と一緒にヘルパーを始めたときは、本当に『歩けないってどういうこと？　動かないってどんな感じ？』って聞くところから始まってますから。その後、いろんな人と関わったけれど、今つくづく水島さんに育ててもらったなって思う」

「一から一〇まで全部わかってるヘルパーを連れてこいって言われると……。ヘルパーの失敗も含めて楽しんでもらえるくらいの人じゃないと」

「この暮らし方は、簡単なことじゃないです。本人の覚悟も、非常にいります」

理不尽な要求、それは無理なことを要求されるということではなくて、利用者と介助者の意識や気持ちのずれをすべて介助者の側のせいにされてしまうことだという無念さが、藤田さんの語りから伝わってきた。

「障害があって、だんだん歳もとるわけですから、言語障害の人の話も、ほんとにわかりにくくなってきますよね。それでも慣れたヘルパーだと、冷蔵庫に顔を向けて〝ト〟と言われたら、あ、トマトジュースってわかるけれど、新しい子には無理ですもん。だけど、利用者もしんどくなってるから、大声でどなるんですよ。それで辞められちゃう」

私は、甲谷匡賛さんの病気が進行して、多くのヘルパーがつぶれて辞めたというエピソードを思い出していた（第一章・78頁）。その後に、穏やかに時が流れる時期が到来したけれども、その荒れた渦中にいるときにはそんな将来は誰にも見えない。

藤田さんは、ちょっとやそっとでは動じない、肝がすわった人だ。そんな彼女でも言う。

「一対一で、男の人に怒られるのは恐いですよぉ」

利用者は、なるべくなら慣れた同じ人に入ってほしいかもしれない。

「同じ人に入り続けると、介助では同じ身体の部分を使うから、その部分が傷んできます」

そう言って、両手を見せた。しびれて、手がつけなくなっているという。

「だから、なるべくいろんな人の所に入るようにしたほうがいいんです。身体の使う部分が、一カ所に限定されないから」

ぴあねっと浜松の利用者は、自立生活プログラムを経てから一人暮らしを始める人が多い。ヘルパーに指示を出して生活をつくるという、その基本を学んでくるかこないかでは、ヘルパーとの関係のつけ方が大いに違う。その月が終わったら、言われなくてもカレンダーをめくってほしいと思っていた利用者とは、そのことが問題になったという。

「カレンダーをそのままにしておく理由があるかもしれないから、私たちはめくってくれと言われるまで、めくりません。だけど、指示で動くという方針が共有されていないと、気が利かないヘルパーになってしまって」

一人で過ごす領域にヘルパーという他人がいる暮らし方は、果てもない気遣いではなくて、言語化し共有されたルールが大事になるということだ。

美容師からヘルパーになった藤田さんは、「いろいろあるけれど、ヘルパーは面白い仕事」と言う。水島さんが施設を出るときに、ヘルパーを探していると聞いて、手を挙げた人だ。直感的に、この仕事は面白いと思った。ヘルパーに向くとか向かないとか以前に、人や存在そのものへのまるごとの好奇心は、この仕事には大事だといえそうだ。

「歩けないってどういうこと?」と聞く感性が瑞々しいと思った。歩けない人に何人も何人も出会ってきた私は、そんなふうに聞いたことがあったか。そんな関係を築いたことがあったか。

京都の渡邉琢さんが、知的障害者に重度訪問介護で入っていると聞いてびっくりした私だが、そんな話を藤田さんにしたら、彼女はあっさりとこう言った。

「うちも、いましたよ。自閉で知的障害があって、視覚障害もある人への介助。もう亡くなられましたけど」

ヘルパーは、それこそいろいろな人の生活の場に長時間入る。多くの人は知る由もない「こんな暮らし方、ありなんだ」という場面を、一般には病院や施設しか想定されない人が普通に家で暮らすあり方を、彼女/彼らは知っており、そして支えている。

「でも忙しすぎると、面白いとか深いとか、見えなくなりますね。ヘルパーの数は足りません。もう、最近は募集かけても応募ないです。ぎりぎりの綱わたりです。私も休みたいけど、休めない。シフトがまわせないんですよ。シフト組むのがもう大変。一一月の末に一二月のシフト組むでしょ、組み終わったら、もう一二月の仕事が終わった感じなんですけど、実際はそれから一二月のヘルプに入るわけですから。シフトが埋まらなければ、私が入ることになります。二四時間ですからね。緊急のブザーが鳴れば行くし」

「夜中三時に呼ばれて行って、次の日、朝から仕事しないといけなかったり」

重度訪問介護も含めて、障害者のホームヘルプは、介護保険の訪問介護とは様相が違う。

「ほかの事業所から来たヘルパーが、つぶれていきますね。大変さがわからないで入ってきた若い子が続けていけたりする。私も水島さんのとき、経験知がないから、最初から一緒に育っていった」

「新しい利用者は楽しいんですよ。一緒に生活を作り上げていけて。一人暮らしの人を二人担当してますけど、一人暮らしのほうが断然、面白いです。関わる深さが違います」

ぴあねっと浜松の利用者は、知的障害者も入れて現在三七人、そのうち、重度訪問介護の利用者は八人だ。知的障害者については、もっぱら外出支援で、重度訪問介護に入っている人はいない。

登録ヘルパーは五〇人。正社員は七人。現状では、新しい利用者を受け入れることはできない。これから自立生活をしようと思う人は、自分でヘルパーを探さないと始められない状況だ。制度はあっても、資源はない。

大学生のヘルパー応募も、めっきりなくなったという。バンドをやる若者は？　役者やダンサーを志す青年は？　都会なら、いるのか。地方都市だと難しいのか。どうやったら、ヘルパーは見つかるのか。

人を引きつける、魅力ある障害者がヘルパーを見つけ、地域に出たのが一九七〇年代といわれている。そうではなくて、誰もがヘルパーをつけて地域で暮らせることを目指して、皆、頑張ってきて、重度訪問介護という制度を勝ち取った。ヘルパーという職業で生活を成り立たせることもできるようになった。それでも、常に綱わたり。

利用者たちよ。ヘルパーをどならないでほしい。ヘルパーをつぶさないでほしい。一緒に生活を作り上げていく、大事な仲間だ。多くの嫌な思いをしてきたに違いないけれど、「伝える」という面倒なしごとが「仕事」だと思う。

そして、社会の大多数を占める健常者たちよ。私自身をそこに含めて問う。あからさまな差別をしていないつもりかもしれない。だが、自分を安全圏に置いたうえでの優しさは、簡単に相手を貶める。いつでも差別のまなざしに変容する。そしてそんな視線にさらされ、常にそれをはね返さなくてはならない利用者は、いざヘルパーとの暮らしをつくるというとき、ヘルパーを育てるというスタンスを失ってしまう。

「今、めいっ子もヘルパーやってるんですよ。面白い仕事だって私が勧めたんですけどね。けっこう、やれてますね。家事とか知らないから、お刺身が食べたい利用者さんに、切らずにサクのまま出したりね。気難しい利用者さんだけど、さすがに笑ってね」

さて、最初に藤田さんに聞きたいと思っていた、二〇〇六年の単価引き下げのころはどうやってしのいだのかについて。

ぴあねっと浜松の理事長、岡本康成さんによれば、日中時間帯の時給を一二〇〇円から一〇五〇円に引き下げざるを得なくなり、ヘルパーに集まってもらって説明会をして、理解してもらうように努めた、ということだった。現在は時給一一五〇円まで回復している。

藤田さんは、そんな一〇年前の出来事はとうに忘れ去っていた。というか、日々の生活に没頭していれば、そんなものかもしれない。

〝岡本さんが説明会をしたと聞いたけど〟と話を向けると「ああ、そんなこともありましたね。そうだ、あのときは、収入が減ったんだったなあ」で、話は終わった。

六五歳になると介護保険優先になるという六五歳問題は、浜松ではどうなっているのか。地域によっては、介護保険に移行せず、重度訪問介護をそのまま継続している。浜松では、行政の通知のままに介護保険に移行し、そのサービスをすべて使って足りない部分を重度訪問介護で埋めているという。

「それで二四時間カバーしてる人もいます。ただねえ、介護保険のヘルパーを使わないといけないんですよ。そこがなかなか……」

重度訪問介護従業者の資格だけでは、介護保険のホームヘルプができない。ホームヘルパー二級（介護職員初任者研修）とか、介護福祉士とかの資格が必要となる。

これ、現実を知らない人がつくった制度にみえる。障害当事者と介助者が力を合わせて築いてきた暮らしの基盤が、表向きのサービス時間数は埋められるとしても、同じヘルパーという名称の仕事ながら構えが違う二種類のヘルパーによって、目に見えないヒビが入りそうだ。

（取材：二〇一六年一二月）

重度訪問介護　単価（費用）の変遷

二〇〇四年　支援費制度
日常生活支援（重度訪問介護に相当）
最初の一・五時間　二四一〇円
八時間利用　一万四一一〇円

二〇〇六年　障害者自立支援法
重度訪問介護
最初の一時間　一六〇単位（一六一〇円）
八時間利用（区分六）　一万三三二〇円

二〇〇九年　見直し
　重度訪問介護
　最初の一時間　一八三単位（一八三〇円）
　　八時間利用（区分六）　一万五一三〇円

単位の計算は複雑極まる。重度訪問介護は長時間利用するサービスだが、一時間三〇分を超えると三〇分ごとの単価が下がり、その下げ幅の大きさが二〇〇六年、ヘルパーにも事業所にも打撃を与えた。単位数の比較だとよく見えないため、ぴあねっと浜松のスタッフに八時間利用の場合に支払われる金額を計算してもらった。

文献

（1）内閣府　ホームページ：平成27年版高齢社会白書（全体版）3．高齢者の健康・福祉（http://www8.cao.go.jp/kourei/whitepaper/w-2015/html/zenbun/s1_2_3.html）
（2）厚生労働省　ホームページ：平成28年生活のしづらさなどに関する調査（全国在宅障害児・者等実態調査）：結果の概要（http://www.mhlw.go.jp/toukei/list/seikatsu_chousa_h28.html）
（3）中西正司：介助サービスと自立生活プログラムの充実をめざして―ヒューマンケア協会．仲村優一、板山賢治（監）、三ツ木任一（編）：続　自立生活への道―障害者福祉の新しい展開．全国社会福祉協議会、一三四-一三五頁、一九八八
（4）渡辺一史：こんな夜更けにバナナかよ―筋ジス・鹿野靖明とボランティアたち（文春文庫）．文藝春秋、八九-九〇頁、二〇一三
（5）市野川容孝：介助するとはどういうことか―脱・家族化と有償化の中で．上野千鶴子、大熊由紀子、大沢真理、神野直

彦、副田義也（編）：ケアという思想．岩波書店、一三五‐一五〇頁、二〇〇八
（6）渡邉　琢：介助者たちは、どう生きていくのか―障害者の地域自立生活と介助という営み．生活書院、二〇一一
（7）渡邉　琢：亡くなられた方々は、なぜ地域社会で生きることができなかったのか？　―相模原障害者殺傷事件における社会の責任と課題（http://synodos.jp/welfare/17696）
（8）末永　弘：当事者に聞いてはいけない―介護者の立ち位置について．寺本晃久、末永　弘、岡部耕典、岩橋誠治：良い支援？　―知的障害／自閉の人たちの自立生活と支援．生活書院、一八四‐一八五頁、二〇〇八
（9）立岩真也：私が決め、社会が支える、のを当事者が支える―介助システム論．安積純子、岡原正幸、尾中文哉、立岩真也：生の技法―家と施設を出て暮らす障害者の社会学（第3版）、生活書院、三九一頁、二〇一二
（10）岡部耕典：亮佑の自立と自律．寺本晃久、岡部耕典、末永　弘、岩橋誠治：ズレてる支援！　―知的障害／自閉の人たちの自立生活と重度訪問介護の対象拡大．生活書院、七六‐七七頁、二〇一五
（11）渡邉　琢：障害者介助の現場より―健全者・介助者（介護者）・コーディネーターとして思うこと．杉田俊介、瀬山紀子、渡邉　琢（編著）：障害者介助の現場から考える生活と労働―ささやかな「介助者学」のこころみ．明石書店、二一‐二七頁、二〇一三
（12）中西正司：自立生活運動史―社会変革の戦略と戦術．現代書館、九五‐九六頁、二〇一四
（13）渡邉　琢：前掲書（6）、二〇頁
（14）杉本　章：障害者はどう生きてきたか―戦前・戦後障害者運動史（増補改訂版）．現代書館、二三三‐二三五頁、二〇〇八
（15）渡邉　琢：前掲書（6）、四三‐四七頁
（16）かりん燈結成文（http://www.k4.dion.ne.jp/~karintou/sub1.html）
（17）緊急調査！　障害者自立支援法に係る訪問介護労働者の生活・労働アンケート～介護者不足が深刻化！　私たちの声を国政に～速報
（18）かりん燈：速報!!!（http://www.k4.dion.ne.jp/~karintou/sub7.html）
（19）深田耕一郎：福祉と贈与―全身性障害者・新田勲と介護者たち．生活書院、三三三頁、二〇一一

第四章

リハビリテーションのこと

一　やっかいな言葉「リハビリ」

自立生活運動は、障害のある当事者による、それまでの医療（リハビリテーション）や福祉（施設収容、保護）への、生命がけの異議申し立てだった。

横塚晃一氏の『母よ！殺すな』には、映画『さようならＣＰ』上映後の討論の記録が載っている。九州リハビリテーション大学校（現・九州栄養福祉大学リハビリテーション学部）では、当時の理学療法・作業療法の学生たちが「健常者に近づけるリハは間違っている」と当事者に言われ、必死に反論を試み、そして議論は完全にすれ違ってしまっている（一九七〇年代の記録）。

「すごくリハにケチつけられてね、これからの僕の職業としていくものに対して、ものすごく侮辱を受けたという感じがするんですね」「……何もお前らは必要ないんじゃないかっていうような（筆者註：リハ専門職は必要ない、というような）……」といった学生たちの発言がある。[1] その感じ方は四〇年以上経っている現在だって、そんなに変わりはしないだろうと思う。必死で当事者にくいついていた学生たちは、その後どんな理学療法士や作業療法士になったのだろうか。

「リハビリテーション」という言葉は、一九七〇年代には「社会復帰」を意味し、そこに横塚氏らは、かみついた。障害者を最初からはじき出し、健常者で社会を構成し、なるべく健常者に近づける努力を強いたうえで社会に居場所をつくる、リハビリテーション。横塚氏の次の文章は、あまりにも強烈だ。

「『国家』においても『非国民』という言葉があるが、『社会』という言葉に対するそれはあるのだろうか。それがちゃんとあるのである。『リハビリテーション（社会復帰）』
この言葉ほど障害者にとって屈辱的な言葉はない。他にそういう障害者をさげすむ言葉はあるにしても、それは障害者を罵倒し、はずかしめるものであることを障害者側もそれを言う側もよく承知しているのに比べて、リハビリテーション（社会復帰）は行政の行う福祉という観点からそれは善であり、むしろ正義として位置づけられているところに問題があり、言い知れぬ恐ろしさを感じるのである」（一九七四年）[2]

私にとってそれは、価値ある言葉には違いなかった。障害がある人が、努力して正常な機能を獲得する過程に関われる職業、リハ専門職。正常な機能を獲得するための「機能回復訓練」と同義語のように使われる「リハビリ」。その意味で現在は、すっかり定着している。正常な機能を取り戻すということは、医学では治療という文脈に入る、王道だ。「リハビリで頑張る」という、あいことば。

だが、正常な機能を取り戻すことは、整形外科が扱うごく一部、中枢神経疾患でも幸運な回復条件が整ったケースを除いては、不可能なのだ。そして、正常な機能を取り戻せなかった場合につけられる名称が、「障害」だ。

不幸にも障害が残ってしまった場合、それでも市民として何の制約も差別も受けずに社会の一員として暮らす――これが、本来のリハビリテーションの意味だ。上田敏医師は「全人間的復権」[3]、竹内孝仁医師は「生活の再建」[4]と言った。もともと、医学で使われる言葉ではない「リハビリテーション」は、わが国にはリハビリテーション医学として登場したから、その途端に「リハビリ」の言葉から社会や人権や、暮らしの要素が抜け落ちた。誰が何度、「リハビリ」は機能訓練の同義語ではないと言っても、残念ながら正しい用法は定着しない。

それなら、私は日常業務の中の何を、リハビリテーションという言葉に盛り込ませたいのだろうか。

環境に関すること、道具に関すること、方法に関することについての、その人個人と、その人の周りと、その両方への働きかけだ。

例を挙げる。脊髄小脳変性症で、失調のためにうまくひげが剃れなくなった人がいる。「うまく、ひげが剃れるようになるための、手の機能訓練を教えてください」と、私は言われる。それは、無理だ。私はこう答える。「残念ながら、手の訓練でうまくいく方法はないんです。ですが、やり方を変えれば、方法はあります。まず、立って剃るのをやめて、腰かけてやってみてください。鏡から少し遠ざかってしまうし、位置が下のほうになってしまいますが、ちゃんと鏡を見ることができますね。それで、両腕を身体の脇からなるべく離さないでやれると、いくらか安定すると思います」。洗面台の前に置ける高めの椅子が、お宅にないか聞く。あれば、それに座ってみて膝がつっかかってしまわないか、確認する。つっかかってしまうなら、次の手を提案する。こういった連綿と続く作業すべてを、「リハビリ」という言葉に込める。そしてこれらの行為は、当然のことだが、医療というくくりにも治療というくくりにもなじまない。

正常に近づける、ということでもない。ただ、本人の身体の条件と、本人が負担なく事を遂行できる方法と、周囲の条件をすり合わせていく、これらの相互行為を総称するとリハビリテーションとなる（これは、作業療法士寄りの見解ではある）。

この内容でも、やはり障害当事者は「リハビリ」を弾劾するだろうか。

二　取材した当事者が受けてきたリハビリテーション

水島秀俊さん

水島さんは交通事故による受傷で、頸損（C5レベル）になった。「病院という所は治してくれる所と思ってるから、最初の数年は訓練していずれ歩けるようになってって思うわけですよ」。だが、現実にはリハビリテーションは残存機能へのアプローチであり、身体が固くならないようにするものだということがわかると、受け入れられないし、やる気も出なかった。「前向きに考えられるようになるのには七〜八年かかってます」

頸損者の多い重度障害者センターで、身体をコントロールすることを身につけ、装具や自助具をつけての生活スキルを身につける。車いすは、最初は理学療法士、作業療法士と相談してつくった。その後、スポーツタイプに変え、スポーツ訓練と称する一〇メートルダッシュとか、三分走、一〇分走、一〇〇〇メートルの時間計測とかをガンガンやった。施設入所時も手動の車いすだったが、自立生活に入るにあたって、電動車いすにした。活動範囲は、グンと広がった。

「身体が固くならないようにするもの」としてのリハビリテーションは、毎朝ヘルパーが行うストレッチがある。また、入浴のために行くデイサービスでは、手に重錘バンドをつけて運動をしている。

自立生活の人たちは、サービスを自分で選びとっていく。実は、水島さんは私が所属する訪問看護ステーションの利用者だった。作業療法士として、私に彼からお呼びがかかることは、あるのか。今までに、二回訪問したことがある。二回とも、褥瘡ができたときのことで、彼からというより、看護師が作業療法士の訪問を組んでくれた。一回目は、車いす座位姿勢が褥瘡の原因かもしれないと思われ、座面のたわみの解消方法を助言した。二回目は、ベッドでの臥位時の殿部のクッションが原因かもしれず、体圧測定をしたうえで、そのクッションを外すことを助言した（これらの助言は有効だったと彼の評価をもらった）。

あと私にできることは、せいぜい自助具の修理だろう。だが、彼は幅広いネットワークをもっており、そこは私の出る幕ではないようだ。

実方裕二さん

彼は、子どものころに受けた訓練を、あれはいったい何だったのかと、顔をしかめて話す。「養護学校にも訓練の時間があったし、母に連れられて訓練施設にも通ったよ。あの、足を固めて立たせるやつ（スタビライザーか）で一時間立ってとか言われるの。頑張れって。とんび座りができて、一人で座れって言われて、顔を地面につけて起きるとか。一番嫌だったのは、背もたれがない椅子に座らされて何分かそのままでいること。ほんとに怖かった。余計緊張が強くなって。あれ、ほとんど意味がないと思わない？」

遠い昔、横塚氏がリハビリテーションを糾弾していたころ、私は学生実習で、脳性麻痺の小さい女の子を前にしていたことを思い出す。とんび座りで身体をぐらつかせながら、苦労して洋服を着る練習をしていた。確かに自分でできることを良しとした。彼は言う。

「自分でやることも大事だよ。学校に行くまでは、何でも親がやってくれるから、どこまでが自分でできて、どこまでができないかがわかんなくなるんだよ。だけどやってみて、自分にできない部分は人に頼むということ。できないことを伝えて介助してもらうのも、それも含めて自分でやるっていうことなの。この伝え方が難しいよね。たとえば料理でも包丁を持って切ってみて、とても思うようにできないってことがわかれば、人に頼むやり方が、わかるんだよ。リハビリの問題は、できないことはいけないこと、治さないといけないという考え方が、根底にあるってこと」

茉本亜沙子さん

彼女が受けてきたリハビリテーションのことは、第一章第三節に書いた。「生活に結びつくとは思えない」訓練を、意思表現が困難だったころはどこでも受けた。最終的に神奈川リハビリテーション病院で、移動とコミュニケーション——電動車いすとヘッド・スティックによる文字入力——という生活の根幹を支える行為の実現を、彼女の身体の条件に合った道具というかたちで提案され、在宅生活の着地点を得た。

彼女は、さまざまな道具を使って暮らしているが、手づくり品のことが気になる。たとえば病院の作業療法士がつくったヘッド・スティック。これが壊れた場合、どうするのだろう。もし彼女が私の所属する事業所の利用者だったら、その修理を引き受けると思うが、果たしてうまくできるだろうか。

実際に彼女は、何回かは、遠いがそれをつくったリハ病院に行って修理した。その後、自立生活になってからは、地域の事業所の作業療法士に依頼したが、うまくいっていない。結局は、ヘルパーやボランティアの人に頼んだりして、しのいでいる。

道具の作製や修理は、作業療法士の得意分野ではある。私も、頸損者や筋萎縮性側索硬化症（amyotrophic lateral sclerosis：ALS)、リウマチの人の道具は、つくったり修理したりする。だが、在宅支援の中で、これはなかなか難渋するところだ。空間的にも時間的にも、業務の中でやるには難しく、材料や道具はない。自宅の台所で、自分の時間に、リサイクル店や一〇〇円ショップで買い集めた材料で、なんとか完成にこぎつける。

亜沙子さんは、オーダーメイド品をつくる公社ができ、必要な道具をそこで相談してオーダーできることが制度としてあるといいのにと夢を語る。私のイメージはこうだ。街の中に自転車屋があるくらいの身近さで、道具づくりの工房がある。そこでは身体に合った椅子等もつくっていて、リハエンジニアもちょくちょく出入りし、削ったり穴をあけたりする道具や設備もあって、亜沙子さんから預かった壊れたヘッド・スティックを持って、作業療法士の私が行くのだ。そこの設備を使わせてもらって、素材の相談なんかもして、亜沙子さんに合うように修理する。彼女が気に入って買ったコップの口を飲みやすくカットしたりもできる。もちろん、業務として行える制度があるといい。これは、私の夢だ。

甲谷匡賛さん

取材をした中でただ一人、甲谷さんは訪問リハビリテーションサービスを受けていた。週二回、クリニックから理学療法士が来る。全身が緊張し、手指や肘が屈曲してしまう彼を、ゆっくりストレッチする。ストレッチは、ヘルパーも毎日している。だが、理学療法士が来たときだけすることが一つ、それはベッドに腰かけることだ。

車いすで出かけるとき、甲谷さんは頸椎カラーを装着している。そして、かなり車いすの背もたれを倒している。起こすと首が前傾してしまい、カラーが食い込むからだ。ベッドに腰かけるときは、アドフィットUDブレイスという、もう少し大がかりなカラー体幹装具にする。理学療法士・勝山洋平さんに、アドフィットUDブレイスをつけて起こす意味を聞いた。「通常のカラーだと、首が前に落ちない背もたれ角度は最大四五度がぎりぎりじゃないですか。それだと散歩に出ても、視界が上半分になってしまうんで、もう少し起こせたら、見える世界が広がると思うんです。ただこのブレイスだと、長時間の散歩には快適でないし、道がガタガタしてずれると、これまた不快だし……。まあ、倒したままでいくか……どっちもどっちという感じで決めかねています」

私は取材者というより、一気に同僚の気分になって、頭の固定の方法を考える。だが、何となく甲谷さんの表情はいつもと違う気がした。ダンサーでもあるヘルパーが甲谷さんの身体と向き合い、存在そのものの強い身体とコミュニケーションをとっているときと違って、理学療法士の勝山さんや、このときは作業療法士のモードになっている私に、腰かけた状態で首の固定をどうしたらいいか話を向けられているときの甲谷さんは、どこか切なくて弱い感じがした（その後の外出は、カラーもブレイスも、すべてやめている）。

医療職って、身体を丸ごと肯定していない。治すべきところを探してしまう。これはいかんせん職種のもつ性だろう。だが、実方裕二さんの、そしてその向こうの横塚氏の声は、甲谷さんの身体を通して私に刺さる。

鷲見俊雄さん

脳性麻痺の鷲見さんは、それこそ子どものときから、訓練（リハビリテーション）を受けてきた。実方さんもそうだが、子どもが脳性麻痺とわかると、親は必死で、なんとかよくなるよう駆け回る。鷲見さんの場合は、小学校に入る前から週に一～二回、障害児の通園施設に通っていた。「僕が五歳のころ、母親が僕をおんぶして両手に三歳と一歳を連れて市電で。それまでは弟妹としか触れ合わないから、そこで初めて障害児ってのがいるってこと、僕も知るわけ」

小学校、中学校は施設に入り、そこから養護学校に行った。毎日二時間の機能回復訓練があり、それは授業より優先されていた。彼は、これは無意味ではなかったと言う。「それにより、身の回りのことができるようになったからね。小学校三年で歩けたのは、すごくうれしいことだった。できる部分が広がったから、僕には必要だったよ。養護学校で教育もケアも受けられたから。普通学校でこれだけのケアを受けられたかは疑問だな。障害児も普通学校へというのは、感情的にはわかるけど、本当はどっちかにしか行けないというのが問題で、両方試せたり行き来できるといいのに」。彼の小学校時代は、まだ就学猶予というのがあった時代だ（学校の門戸はすべての子どもには開かれてはいなかった）。親は就学猶予の手続きをするようにと行政から言われたが、ぎりぎりになって一人分の枠があると言われて、施設に入れて学校にも行けた。「自分たちから猶予にさせてくださいって言わせる手続きなんだよ」。誰だって学校に行きたい。だが行政のさじ加減で、学校に行けたり行けなかったりする。にもかかわらず、本人のほうから猶予の申し出があったというかたちをとらせる。

鷲見さんの怒りは、リハビリテーションに対してではなく、行政の欺瞞に向かう。

千葉修一さん

千葉さんへの取材は目的が被災体験だったので、受けてきたリハビリテーションに関する話は、さらっと話してもらうにとどまった。だが、彼の「リハビリって一種の虐待だよなあ」という言葉がずっと気になり、取材から二カ月も経ってから、あのときの彼の言葉の真意を聞こうと思ってメールをした。

「僕は入院中からＰＴ（理学療法士）にもＯＴ（作業療法士）にも、そう言ってたんです。怪我をして精神的に落ち込んでいるときに、医師とセラピストで訓練メニューが決まり、訓練内容の説明はされないままで何日も同じ訓練が流れで繰り返されると、モチベーションは下がり、こんなことでどこまで回復するのか不安になります。だから、笑いながらですが、『リハビリという名の虐待だ』ってね。そこで初めて、この訓練は関節が固まらないようにするためだとか、自宅へ帰ったとき自分でできる範囲を広げるためとか言ってもらえた。

同室者の中には、訓練内容の説明を求めても答えてもらえなかった患者もいました。

病室にパソコンを持ち込んでメールしたり、自分の障害について調べたり、タバコを吸いたいから車いすで喫煙所に移動したり、そばを箸で食べたいから前傾姿勢がとれないとダメだなとか、そんな何気ない目標を自分で決めて、できるようになりたいと自分の心と闘う。

だけどモチベーションはもち続けられない。この先の自分の人生を考えなくてはならない。睡眠導入剤を飲んでも眠れず、心が安定しない。訓練を休みたい。でも時間がくると訓練をしなければならない。嫌々させられることは虐待と思うのは、すごく当然です。本人の気持ちがどこに向いているのか、またどこに向けてあげなければいけないのか。僕は入院当初から指が動いたから自分で目標がつくれたけれど。虐待って強い言葉だけど、何か（自分自身も含めて）を変えようとすれば、周囲にも強い表現でないと伝わらない、何も始まらない気がします」

当事者の気持ちを、われわれはどこまで聞いているだろうか。

南雲君江さん

二〜三歳のころから小児病院で訓練していたという君江さんは、歩けるようになったのは訓練のおかげ、と言う。だが、子どものころ気管支喘息になって、歩くと発作が出てしまうので、それが嫌で歩かないことが多かった。それがつらかった。そんなとき、母は車いすを使うことには抵抗があり、折りたたみのバギー車を使っていた。車いすにしてしまうと、一生歩けないかのように感じられるのかもしれない。

歩行訓練は功を奏し、施設では補装具をつけて歩いていた。その後、自立生活への序章として電動車いすを使うようになった彼女は、「歩くという鎖から」解放された。

「歩きたい」「歩けさえすれば」という多くの人の願いは、リハビリテーションの現場では常に通奏低音のように、響いている。そんな中では、歩けないのは「敗北」なのだが、君江さんにとっては、全部を歩かなくてもいいというのは「解放」だった。

子どものころの訓練はそんなに嫌ではなかったが、四つ這いになって右手を開く訓練は痛かったという。屈曲している手首や手指を伸ばして体重をかけることは、今でもよく行われている。四〇年後も、痛みの思い出と共にあることのストレッチに、果たして意味があるかどうか。

脳性麻痺は、筋緊張を伴う。リハビリテーションという文脈ではなくても、身体のケアは必要だ。身体が固くならないために、彼女はマッサージを今も受けている。

佐藤きみよさん

彼女が必要だと言われて行っていた、人工呼吸器を外すためのウィーニングが、身体を痛めることでしかなかったという一点は、リハビリテーションが根拠のない精神論に陥っていたマイナスポイントだと思う。トレーニングでなんとかなることと、なんともならないことがある。

今では、人工呼吸器をつけて暮らすというスタイルがめずらしくはないが、そうなる前にはそんな苦しいトレーニングをしていた時代があり、もしかしたら、それに似たことが今でも行われているかもしれない。

悲しいことに、人はよかれと思って間違いを起こす。

三　専門家と当事者

ここに、二冊の岩波新書の本がある。一冊は、一九八〇年発行、砂原茂一著『リハビリテーション』[5]、もう一冊は、二〇〇三年発行、中西正司・上野千鶴子著『当事者主権』[6]。

『リハビリテーション』

砂原茂一氏は、わが国のリハビリテーション医学誕生に立ち会った医師で、『リハビリテーション』は一般向けに書かれており、われわれセラピストも立ち止まったとき、しばしば思い出す名著だ。特に引用されることが多いのは、障害が最重度で社会と接触することが困難といわれる人にも、リハビリテーションの理念は生かされていなくてはいけない、というくだりだ[7]。

砂原氏は、自立生活運動が従来のリハビリテーション（訓練によって少しでも動作の自立を図り、そのうえで社会に参加する）を批判したうえで展開され、「訓練の軌道に乗らない重度障害者にも、そのままの状態で社会参加する道を開こう」としたことを評価しつつも、それでもその先にいるもっと重度の人まで届かせるには、自立生活運動の理念は不十分としている。そして、リハビリテーションの理念は、自立生活運動で想定するよりもっと先、最重度の人にも届かせなくては、と。

これはリハビリテーションが、ある程度効果の期待できる人を対象に始まり、その対象は徐々に広がっていきはしたが、常にその先にいるより重度の人を見限ってきたことへの誠実な問い直しだ。

だがこれを今読むと、どこまでいっても大きく羽を広げた親鳥の提言のように聞こえる。良心的ではあるが、当事者と対等に交わることのない、専門家。彼は、自立生活運動の意味と成果を承知したうえで、やはり先の『さようならCP』上映会での学生と似た感想を書いている。

「それにしても、職業的ゴールを強制されることに対する反発はもっともだとしても、われわれに必ずしも理解しやすくないのは、医師、理学療法士、作業療法士など医学的リハビリテーション専門家の強い介入を嫌って障害者同士のカウンセリング、自助、消費者コントロールに重点を置いている点であろう」「理念としてのリハビリテーションは障害者の主体性のもとに展開すべきものであるから、そのようにリハビリテーション専門家を位置づけるのは当然としても、リハビリテーションの専門技術を軽視しているようにみえるのは、私たちには理解困難である[8]」

リハビリテーションは、専門家から出発している。当事者から出発した自立生活運動と、出発点が決定的に違っている。専門家による医療は、まず生命を救うことに多大に貢献した。だがその結果、障害と共に生きなければならない人が多くなるにつれ、そこも医療という文脈に取り込んでいく。「世の中に死よりももっと悪いことがある。命を救うことよりも、何年にもわたる依存生活から患者を救い出すことのほうがより人道的である」とは、米国のリハ医、フランク・クルーゼン（Frank H. Krusen）氏の言葉だ[9]。

死よりも悪い、依存生活。そして、そこから救い出すリハビリテーション。

リハビリテーション医学は、第二次世界大戦後、米国で飛躍的に発展した。八〇〇万人の傷痍軍人が対象となった[10]。医学的リハビリテーションの父といわれるハワード・ラスク（Howard A. Rusk）医師も、クルーゼン医師も、軍病院で成果を上げていった。早期離床、早期歩行、運動。

砂原氏は、本の中でラスク氏の言葉として、リハビリテーションとは「人生に年月を継ぎ足すだけでなく、年月に生命をつぎ込むこと(Not only to add years to life, but also to add life to years)」という一文を紹介している[11]。私も、学生時代にまず習った覚えがある。おそらく多くの学生は、リハビリテーション概論で耳にしただろう。

ところで、ラスク氏の自叙伝を読むと、少しばかり様相が変わる。これは彼の言葉ではなく、米国のリハ医、ジョージ・ピアソル（George M. Piersol）氏が、老年医学の医師の責任としてその分野の医師たちに強調して語った言葉として紹介される。

「今日、われわれは人々の生命に年月を加えてきたが、彼らの年月に生命を加えることもまた、われわれの責任なのだ（Now that we've added years to people's lives, it also our responsibility to add life to their years）[12]」

医学が生命を延ばしてしまったのだから、その延びた時間をどう過ごすかまで、責任があると。いずれも、加えた、あるいは加えるのは、医師を頂点にすえた医療であり、主体は加えた側にある。

『当事者主権』

もう一冊の、中西正司・上野千鶴子氏による『当事者主権』は、これに真っ向に対し、真逆に位置する。当事者側の言い分は、すでに第二章で少なからず紹介しているが、ここでは次の引用をしよう。

「主権とは自分の身体と精神に対する誰からも侵されない自己統治権、すなわち自己決定権をさす。私のこの権利は、誰にも譲ることができないし、誰からも侵されない、とする立場が『当事者主権』である[13]」

ここで最も批判されるのは、専門家のパターナリズム（温情的庇護主義）といわれるものだ。あなた（当事者）にとって最もよいことを私（専門家）が知っているから、その判断に従うのが、あなたにとっての利益になる、という態度。慈愛に満ちた、パパの態度。医療サービスは、パターナリズムの世界だ。そして寄り添い、やさしく世話するママ（看護師）のマターナリズム。パパに言われて、何かと口を出す兄や姉に位置する、私たちセラピスト。そして、パパやママは、実は私たちにとっても時々うるさく感じられる。

医学的リハビリテーションは、生命から生活に流れてきた。生きるか死ぬかというときは、身体の主権を一時、棚上げせざるを得ない。だが、生活ということになると話は別だ。ここが、病気と障害の違いだ。医学が障害を扱うとき、あるいは治らない病気を扱うとき、身に染みついた態度は、容易には変えられない。そんなパパは、何を怒られているのかわからない。

中西氏や上野氏は、「当事者」とはニーズをもった人、とする。そして、ニーズは今のままではない、もっと違った状態、こうあってほしい状態に対する欠乏という形で、つくられる。[14]

当事者主権とは、「私以外のだれも――国家も、家族も、専門家も――私がだれであるか、私のニーズが何であるかを代わって決めることを許さない、という立場の表明である」[15]。

専門家の提案するニーズ

当事者の表明するニーズと対置するかたちで、専門家の提案するニーズを明確に述べているのが、砂原氏とともに日本のリハビリテーション医療を育てた上田敏氏だ。上田氏は、ラスク氏のもとで集中的にリハビリテーション医学を学んできた、わが国のその道の草分けだ。

彼は、患者（当事者）が要求するものはニーズではなく、欲求（デザイア）、要求（デマンド）にすぎず、ニーズは「客観的実在性に属し」、ニーズを見極めるためには、患者と専門職チームの共同の努力が出発となる、と書く。そして、ニーズとは「問題そのもの」ではなく「問題の解決可能性」のことであるから、専門家が、患者よりも「解決可能性に関する知識」を、よく知っている――言いかえるとニーズを、よりわかっている、ということになる。[16]

上田氏は、ニーズを「真のニード」「チームのとらえたニード」「患者のデマンド」に解体し、その三つが一致した状態を最も望ましいと考える。どこかに「真のニード」、つまり正しい道があるかのようだ。そして患者は、ニーズを知らない者に位置づけられる。

中西・上野氏は、ここも真反対だ。「ニーズはあるのではなく、つくられる」[14]「私の現在の状態を、こうあってほしい状態に対する不足ととらえて、そうではない新しい現実をつくりだそうとする構想力をもったときに、はじめて自分のニーズとは何かがわかり、人は当事者になる」

さて、対する上田氏はどうか。「こうあってほしい状態」を当事者が「麻痺した身体がもとのように動く状態」と構想したとき、それはニーズではなくデザイア（欲求）に格下げされる。専門職チームが衆知を結集しても、麻痺が治らないことを知っているなら、麻痺があったまま社会に参加する方法を提案していくことこそ、専門家のもうひとつの役割と認識されているからだ。専門家によっては当事者のデザイアに応えて、麻痺が治るための努力を続けるかもしれないが、それは当事者のもうひとつの可能性である、麻痺があったままで社会生活を送るという道を閉ざすことになるので、誤ったリハビリテーションということになる（もっとも、ここに対置した二つのニーズは構想時点での当事者の立ち位置が違う。「身体がもとのように動く状態」と構想することは発症直後は当然のことだ）。

中西・上野氏は、当然のことだが、当事者に自己決定権があるとする。上田氏も、そこは同じだが、やや歯切れが悪い。「患者の自己決定権はとことんまで尊重されなければならず、しかも患者が誤ったデザイアに固執している場合、チームには忍耐と愛情と誠意をもって正しい道に連れ出すことしかできないということは、実は最も大事なことである」。これは、いつでも自己決定に口を挟みたくなる、愛情あるパパの自戒なのだ。「患者の生活に『全人間的に』干渉し『トータル』に自己決定権を侵害する危険」をもっているという自己への戒め。[16]

専門家が、パターナリズムに陥らないですむことは、ものすごく困難だ。専門とは、その分野に関する知識と情報と技術を多量にもっているということだからだ。そして、そうであるためには、扱う範囲は狭くしておかなければ成り立たない。だから、生活という茫漠としたものを対象とする専門というのは、本来あり得ない。

ところが、リハビリテーションは、生活行為を範疇に入れる。そこから、何かがずれはじめる。まずは、治療という文脈から始まる。治そうというなら、専門家に従おう。だが、治らない――障害が残ってしまうが、それでどうやって暮らすか考えよう、となると、話が全然違うではないか。ところが同じ人たちが、同じリハビリテーションという名のもとに、治療ということを言い、障害のあるまま暮らすということを言う。そこに一貫性はない。

　当事者は一貫して当事者なのだが、リハビリテーションは途中で方向が変わる。そのようにみえる。そこを、誰もきっちりと説明してくれない。あるいは、説明されてもどうにも腑に落ちない。

　このように、どこまでいっても平行線をたどる専門家と当事者だが、中西・上野氏は、ひとつの新しい地平をほんの少し描いてみせる。「サービスの主人公（著書では介護保険サービスを指しているが、リハビリテーションサービスと置き換えて差し支えないだろう）は、それを提供する側ではなく、それを受け取る側にある、という考え方は、生産優位から消費優位への市場の構造の転換と対応しているが、同時に『利用者本位』『お客様本位』というフレーズが、『お客様』のどのような無理難題にも応じなさいという、サービス労働者の搾取に結びついてきたことも、考慮しなければならない。当事者主権とは、サービスという資源をめぐって、受け手と送り手のあいだの新しい相互関係を切りひらく概念でもある[17]」

四　障害について

前節で、ニーズに対する視点の違いを、上田敏氏と中西正司・上野千鶴子氏を対置するかたちで書いたが、本当はこれは公正さを欠く。書かれた年代が二〇年も違い、その間に、障害に対する考え方が大きく変わっているからだ。先に引用した本を年代順に並べると、ハワード・ラスク氏自叙伝が一九七七年、砂原茂一氏『リハビリテーション』一九八〇年、上田氏『リハビリテーションを考える―障害者の全人間的復権』一九八三年、中西・上野氏『当事者主権』二〇〇三年、だ。

ラスク氏の本では、日本軍のパールハーバー攻撃から始まり、朝鮮戦争からベトナム戦争まで言及されている。障害とは何ぞやと問う以前に、障害という不幸を負ってしまった人を、いかに救い出すかに全力が注がれる。

一九四五年、彼がニューヨーク大学メディカルセンターにリハビリテーション部門をつくったときは、障害者を社会に帰すことは不可能で、そんなことにお金と力を注ぐのは無駄で馬鹿げたことだと医療職から思われていたのだ。(18)

当初ラスク氏は、脊損、頸損の人々に何ほどのことをしてあげられたのかと問われたら、「一〇%の人がなんらかの人生（some kind of life）に戻れたらよいほうだ」と答えていた。だが、五年後に頸損者の五三%が、一九七〇年には八三%が仕事や学校に戻れたという実績をつくったラスク氏は、まぎれもなくリハビリテーション医学の父だ。(19)ここで出てくる障害は、戦争、そして労災や交通事故による、またポリオや脳卒中による、個人にふりかかった不幸だ。

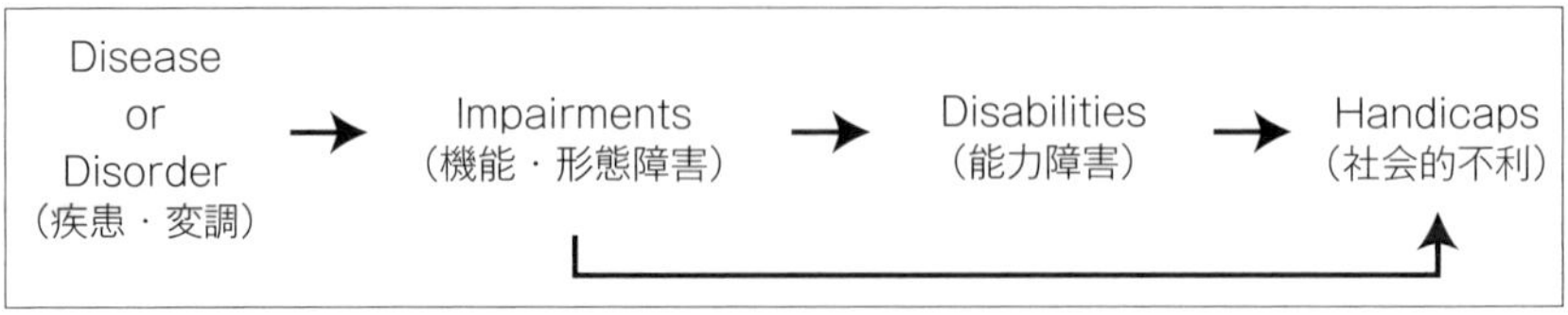

図1　ICIDHの障害構造モデル

障害は不幸か？

〝障害は不幸〟という言葉は、当事者以外が至るところで述べる。ラスク氏の時代は、脊損者も脳卒中片麻痺者も、寝て死を待つだけの存在と言われていたのだ。不幸な存在。

障害というものにひとつの整理をつけたのは、WHO（世界保健機関）が一九八〇年に出した「国際障害分類（International Classification of Impairments, Disabilities and Handicaps：ICIDH）」だ（**図1**）。

ICIDHは障害を三つの階層、すなわち、機能・形態障害（Impairments）、能力障害（Disabilities）、社会的不利（Handicaps）に分け、それぞれが関連し、社会的不利に関しては社会の条件によって軽減されるという見方を示した。それまでは障害といえば、下半身麻痺とか脳性麻痺とか、切断とか盲とか、個人の身体の不備としかとらえられていなかったから、この三段階で示された障害の考え方は、当時作業療法士として働いていた私にとっても、まさに画期的に響いた。

一九八〇年に出た砂原氏の本には、登場したばかりのICIDHが早速紹介されている。それまでの障害像は、Impairments（機能・形態障害）のみで、その先がなかった。だが、社会の側の問題を障害という概念に構造化してみせたのだ。

砂原氏は、社会的不利（handicaps）は単なる能力低下（disabilities）に比べて、より大きな障害、大きな不幸であるし、そこにあるのは社会の障害者に対する偏見であると指摘する。[20]

また、小児に関しては、医学的対応によって脳性麻痺の発生率を減らすことができれば、「不幸な子どもの姿を見なくてすむようになるだろう」と書く。[21]

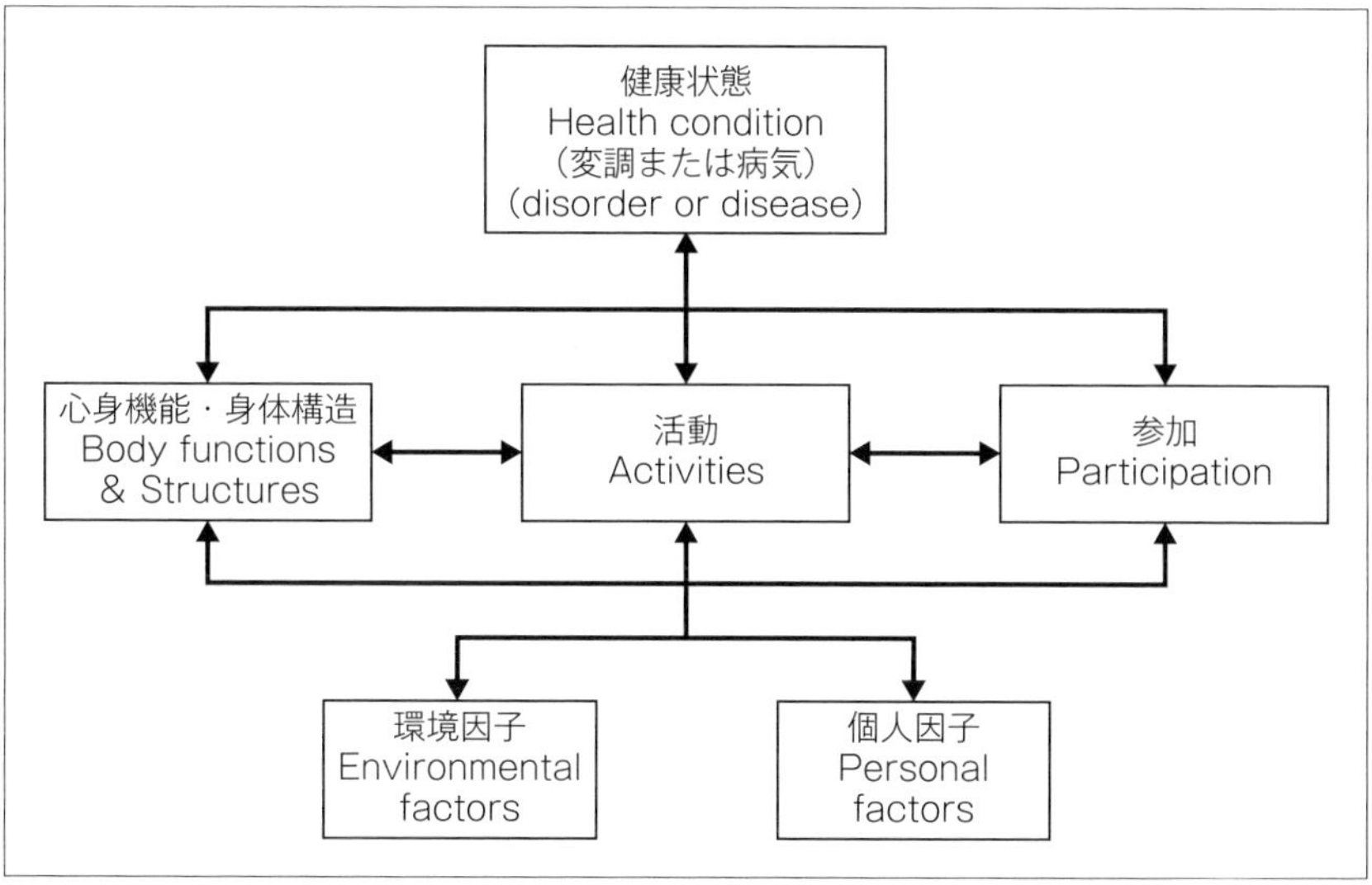

図２　ICF の生活機能構造モデル

上田氏も、やはり不幸という言葉を使う。障害者のもつ問題は、機能・形態障害を核とし、そこにさらにさまざまな不幸が結晶した「不幸の複合体」であると言う[22]。だからこそ、解決への働きかけも複合的になされなければならず、治療ではなく、人間らしく生きる権利の回復がなされなくてはいけないと。

この本から二〇年後に出た、中西・上野氏の『当事者主権』は、いともあっさりと次のように言う。「障害そのものは、この社会で生きるには不便なものであっても不幸なことではない。障害があることと、人生を幸せに送れるかどうかとは関係がない[23]」。そして、障害は「社会が生み出すもの」である、と。

ＩＣＩＤＨとＩＣＦ

この二〇年の間に、国際障害分類は、「国際生活機能分類(International Classification of Functioning, Disability and Health：ICF)」に変わった（ＷＨＯ、二〇〇一）（**図２**）。社会的不利が加わっただけで画期的と私が思っていたＩＣＩＤＨは、障害当事者からの大きな異議申し立てを受けた。疾患から出発するＩＣＩＤＨは、社会的不利までたどり着いたが、障害を個人に帰するものとし、治療・回復・克服・

適応という一方向の流れしか示していない。医学モデルの障害観だ。

ＩＣＦは、六つの要素、健康状態、心身機能・身体構造、活動、参加、環境因子、個人因子が、それぞれに影響し合い相互に作用しているとする。障害が個人に与える最も大きいマイナス面、すなわち参加制約は、それらの相互作用から生じるし、減じもする。

ＩＣＩＤＨは、一九九三年に改定が始まり、特に一九九七年の試案（ＩＣＩＤＨ-2ベータ1案）は公開され、以降、改定作業に誰でも意見を述べられるスタイルをとった。上田敏氏が積極的に作業経過を記事に書いていたのを覚えている。改定過程発端から、当事者や当事者団体の意見の提供を受け、ＤＰＩ(Disabled Peoples' International：障害者インターナショナル）は、全面的に関わった(24)。

そのようにして発表されたＩＣＦは、障害の概念の二つの対立するモデル、医学モデルと社会モデルの統合を志したものとされる。社会モデルは、障害を社会によってつくられた問題とする。個人に帰属するものではなく、社会環境が変わることで多くの問題が解決するという立場だ。

「障害者権利条約」も、「障害者差別解消法」も、まさに社会モデルに基づいている。社会モデルが登場するには、当事者の発言力が高まるまでの時間がかかったといえよう。そこに至るには、自立生活運動を牽引した当事者のリーダーたちやそこに理論的補強をした社会学者、社会活動家たちも協働している。

医学モデルと社会モデル

医学モデルか社会モデルか、どちらの勝ちか、という問題ではないし、統合モデルとしてＩＣＦが出されているのだが、どうも私は社会モデルに軍配を上げたくなる。障害を医療の文脈で扱うのが、私の属するリハ業界だが、ここでは技術提供者が、傷つかないよう設計されている。ちょっとずるい。治療という出発があり、回復が成らなかったときには代替案を出し、障害が残った場合には、それでも暮らせる方法を提案し、あくまでも回復をと言われれば「こだわるな」と言い、社会の受け入れが悪ければ社会を批判し、自分は挫折しないように立ちまわる。そんなふうにみえるに違いないと思ったりする。

社会の側の問題として、社会変化を求めて立ち上がっていった当事者たちは、凜々しい。実際、彼らはそうやって、街のバリアフリー化を進め、車いすで電車もバスも乗れるようにし、法律も変えていった。

医学モデルで、いったい何がどのくらい進んだのだろうか。回復期リハビリテーション病棟は、成果が上がっているのだろうか。障害の帰属を個人にし、その個人をよくしようとする医療サービスの成果が、障害が残るということなら、最初から勝ち目はない。

医学モデルが最も成功したのは、廃用症候群に対してだ。米国の戦傷者病院で、ラスク氏らが一九四二〜四五年の間に大きな成果を上げたのは、「体力再建プログラム」と呼ばれるさまざまな運動を組み合わせたプログラムであり、「安静の害」を実証してみせた[25]。

医学のエビデンスは、多くの人の共通の要素に働きかけ、一定の成果を出すことで得られるから、早期離床と運動が障害（impairment）による廃用性機能低下を最小限にとどめる、ひいては障害（disability）を最小限にとどめるという一点は、揺るぎない医学モデルの勝利だ（日本では、早期離床が徹底しているとは、いまだにいえない）。

その先のこと、日常生活を人の手を借りずに行うＡＤＬ（日常生活活動）の自立から社会参加への道は、すべて個人と環境の相互作用によるものだから、実はこの時点ですでに医学モデルから踏み出している。

医療職として誕生しリハビリテーションを担う職種は、障害という事象に対して現実に、当事者とその周囲との両方への働きかけを行ってきた。だが、同時に医療という場にいることに、一種の居心地の悪さを感じていたのではないだろうか。それはおそらく、われわれセラピストだけでなく、リハビリテーション医も立場の築きにくさをずっと感じていたはずだ。

上田敏氏の著書『リハビリテーションを考える―障害者の全人間的復権』(3)も『リハビリテーション医学の世界―科学技術としてのその本質、その展開、そしてエトス』(26)も、常に「医学」に片足を置き、もう一つの足は医学の外に置き場所を探す。だがそれは、医師としては型破りな態度とみられたに相違なく、足の置き場所を苦労して描写している。

医学モデルといっても、障害を医学という切り口だけでとらえることは不可能だという認識を、医学的リハビリテーションに属する専門職はもっている。そして、障害を個人に帰することから出発しているとはいえ、最もいろいろな角度から軽減しようと努力する。

そうやって考えていくと、社会モデルに軍配を上げる私の手は下がり、やはり両者（医学モデルと社会モデル）の統合こそが大切と思える。

五　障害学という分野

障害に、医学のほうからなんらかの解決を試みてきたのが、リハビリテーション医療だった。そこに強い異議申し立てをし、固有の暮らしを作り上げ、制度を整えていったのが、自立生活運動であり自立生活者たちだった。それまでの障害は、専門職が「対象」としてきたものであったのに対し、当事者——障害から最も直接的な影響を受ける——が障害を対象化していく中で誕生したのが、「障害学」という分野だ。

障害学がタイトルについた日本で初めての本といわれている『障害学への招待—社会、文化、ディスアビリティ』（石川准・長瀬修編著、明石書店、一九九九）には、第一頁に長瀬修氏が次のように書いている。

『障害学』（ディスアビリティ・スタディーズ）とは簡単に言えば、障害、障害者を社会、文化の視点から考え直し、従来の医療、リハビリテーション、社会福祉、特殊教育といった『枠』から障害、障害者を解放する試みである[27]

「障害学」という言葉は、実は上田敏氏が一九九二年に、リハビリテーション医学の要に位置づけている[28]。だが、この業界であまり使われることなく、この学はリハビリテーションからの解放に向かい、社会学に居場所を得た。二〇〇三年には日本の障害学会が設立されている。

インペアメントとディスアビリティ

障害学（ディスアビリティ・スタディーズ）は、英国や米国で、自ら障害者である研究者、活動家によって展開されてきた[29]。活発に発信がされだしたのは一九九〇年代になってからだが、施設でなく地域で暮らす権利を求めた英国の「隔離に反対する身体障害者連盟」が障害の定義づけをインペアメントとディスアビリティに分けて行ったのは、一九七五年のことだ。次のように定義されている[30]註1。

・インペアメント：手足の一部または全部の欠損、身体に欠陥のある肢体、器官または機構をもっていること。
・ディスアビリティ：身体的なインペアメントをもつ人のことをまったくまたはほとんど考慮せず、したがって社会活動の主流から彼らを排除している今日の社会組織によって生み出された不利益または活動の制約。

障害を身体面（個人）と社会面に分離し、障害者が被る不利益は社会の側がもたらしているとした、障害の社会モデルの基になった定義だ。

注意すべきは、われわれになじんだＩＣＩＤＨで使われるImpairmentとDisabilityとは、また少し違うということだ。障害学研究者の星加良司氏によれば、ＩＣＩＤＨのImpairmentとDisabilityを包括したものをインペアメントとし、Handicap（社会的不利）をディスアビリティとしている[31]。つまり、個人に帰する現象は、それが生物学的な欠損であろうが動作上のできなさであろうが、インペアメントであり、それによって当事者にもたらされる不利益が、ディスアビリティだ。

星加氏は、ディスアビリティを「不利益の集中」（不利益が特有な形式で個人に集中的に経験される現象）とし、特に重度障害には「不利益の複合化」、さらに「不利益の複層化」が、「社会的価値」と「個体的条件」との関連から、

註1　障害学で使う「インペアメント」「ディスアビリティ」は片かなで書き、ＩＣＩＤＨやＩＣＦで使うほうは「Impairment」「Disability」と英文表記にする。

起きてくると言う。[32]

かつて、上田氏が障害者のもつ問題を、impairment（ここでは、生物学的レベルの障害）を核とした「不幸の複合体」と称したのに、まさに対置している。上田氏の挙げる「不幸の複合体」の内容は、障害があるがゆえに、たとえば教育が受けられない、職につけない、離婚に追い込まれる、旅行にも遊びにも行けないといった、本人や家族が被る精神的・物理的負担や損害、それらが結び合わさり重層構造をなすものだ。[33]だがこれらは、社会から生み出される不利益の複合体にほかならない。まさにディスアビリティだ。

不幸と不利益

不幸と不利益は、まったく別のことだ。医師である上田氏（一九八三年）や砂原氏（一九八〇年）が不幸と称した障害は、当事者や社会学者である中西・上野氏（二〇〇三年）は不便であるとし、星加氏（二〇〇七年）は不利益と言う。

不幸という言葉は、暗くて湿っている。そこから導き出されるのは、嘆き、回避、消去だ。泣くか、避けるか、死ぬかだ。

障害児を不幸な子どもと位置づけ、「不幸な子どもの生まれない運動」を一九六六年に施策としてスタートさせたのは、兵庫県だった。[34]一九七〇年には「不幸な子どもの生まれない対策室」が県衛生部に設置され、一九七二年には、羊水検査にかかる二万五〇〇〇円を県が負担するようになった。これには関西の青い芝の会が何回も抗議し、二年後には、前述の対策室は「母子保健対策室」と名称が変わり、検査費用の公費補助は打ち切られた。[34]

障害学と優生学

兵庫県は、知事が一九六五年に滋賀県の重症心身障害児施設「びわこ学園」を訪れ、園長の「親のちょっとした注意や医師の適切な処置さえあれば、このような不幸な子どもの出生はかなり救えるでしょう」という言葉に感動して、前述の運動を展開していったという。

それから一二年後、一九七七年からびわこ学園に勤務し、一九八四年から一九九七年まで園長をした髙谷清医師は、『重い障害を生きるということ』という著書の中で、この子たちは生きていることが幸せかと問うている。この問いは、外国から来た見学者グループの「これだけ重い障害があるのに生かされているのは、かわいそうだ」という言葉に引っかかり、自身に発した問いだ[35]。

髙谷氏は脳のない子（水頭無脳症）のかっちゃんのエピソードを紹介する。ケアを受けもつ看護師の「かっちゃんが笑った」という報告を受け、まさかと思うのだが、かっちゃんのなごんだ顔を見て、彼が気持ちよく感じているというメッセージを髙谷氏は受け取った[36]。

「何の反応もない」ように見える状態の人たちと付き合っていく職員たちは、次第に彼らの反応がわかるようになる。それは、慣れて反応が読み取れるようになるということではなくて、なじんだ職員に「本人が反応」するということ、つまり人間関係が生まれることにほかならず、人間社会で普通にあるさまざまな関係――親しい人とそうでない人とは明らかに違うというような――と同じ状態という[37]。

外部から見学に来た人に彼らの反応が見えないのは、当然だろう。

髙谷氏の答えは、こうだ。

「『生きているのがかわいそうだ』ではなく『生きていることが快適である』『生きている喜びがある』という状態が可能であり、そのことを実現していくことが、直接関わっている人の役割であり、そのようなことがなされうるように社会的な取り組みを行うことが社会の役割であり、人間社会の在りようではないか」。最重度の人を不幸にさせない在りようが、ある。それは社会の取り組みによって、ということだ。

兵庫県は、羊水検査（出生前診断）の無料化をやめたが、実は英国は多くの自治体で、出生前診断のいくつかを全額公費負担しているという。公費負担しても中絶してくれれば、生まれてくる障害者に自治体が生涯支払う費用より結果的に安くすむという、福祉国家ならではの打算と、社会学者の市野川容孝氏は指摘している。(38)

市野川氏は、「障害学」は優生学、あるいは優生思想の、その根底にある劣性のものを排除しようとする価値観を、批判的に吟味する課題をもっていると言う。(39)

また、優生思想が近代社会で、「福祉国家」という装置にも、きちんと機能することを解き明かしてみせ、障害学の役割として「優生学の根底にある、障害全般や治癒不能な疾患一般に対する敵意と不寛容が、いかに生まれ正当化されてきたかを見極め」「これに対抗しうる別の価値観を模索する」という二重の作業を挙げている。(40)

障害学は、介助や暮らしや実践に役立つ学問だろうか。研究者以外の誰が興味をもつだろうか。出生前診断で、実際ダウン症の出生が減少している（妊娠中絶者が増えた）現象を、障害学は、どう扱うのだろうか。

障害を個人に帰するものとせず、社会がもたらすものという枠組みをはっきりと示したことは、政治的にも重要だった。それにより、「障害者差別解消法」や「障害者総合支援法」などの法整備にもつながった。不備であろうとも、とにかく。障害学はそのときに役立ったというよりは、当事者たちの運動によってそれらが成立していったことを後に検証している、そんな立場にみえる。その意味で、実践に役立つ学問にはみえない。

だが、重要な使命をもっている。障害というものがもたらしてしまうさまざまな不利益と、その多面性、重層性、そしてどこまでもついてくる優生思想を暴けるのは、障害学しかないと思う。

障害学が、社会モデルを認識枠組みとしているという前提とはいえ、個人的な経験がすべて社会という枠組みのみで語られることへの批判はある。個人モデルでは何の解決にもならないことを社会モデルが解決したという実績もあるのだが、中西・上野氏の「障害者にとって住みやすい社会は誰にとっても住みやすいはずだ」という言説は、諸主体の利害の対立という基本的事実を見落とし、感受性を欠く、と星加良司氏は言う(41)。

障害学がイメージしている障害は、自己のことを語れる人によって理論構築されていくから、294頁の〝かっちゃん〟のような重症心身障害児には、なかなか言及されない。

そこまで重症の人は「医学モデル」でやってください、というわけにはいくまい。

六　そして、リハビリテーション

障害学は、そもそもリハビリテーションへのアンチテーゼを宣言している。川島氏、星加氏は、障害学会の第一回大会（二〇〇四年）で、杉野昭博氏が「『できないことをできるようにするプロセス』の解明に向かうリハ学との対比で、『できないこと』自体の社会的原因の解明に向かうアプローチ」として障害学を位置づけているが、倉本智明氏は「リハ学との対比を通じた理解は、障害学をリハ学の単なるネガの位置に置き、別の可能性を封じ込めてしまうのではないか」と述べたことを紹介している[42]。

リハ業界に身を置く者としては、当事者のリハビリテーション批判は、しっかり受け止めるが、個人モデル・医学モデルアプローチとしてリハビリテーションがあまりにステレオタイプ化して語られることに、少しばかりうんざりする。たとえば、星加氏の「『個人モデル』は、ディスアビリティの原因であるインペアメントを常に治療の対象とし、リハビリテーションを通じた機能回復に向けた不断の努力を要請する[43]」や、「個人的働きかけ」によって一定の成果を上げることもあるが、その効果は「医療やリハビリテーションの専門家が想定していた肯定的なものばかりでなく、『医原病』や『二次障害』などと呼ばれる、否定的なものも含むものである[44]」という述懐。

実際には、リハビリテーションという名のもとに提供されるサービスはもっとずっと多様だ。ただ、制度上、医療保険で治療として出発するリハビリテーションは、障害の解消のために、当事者（のみ）の努力を強いる、訓練をして自立へ向かわせる、というストーリーからなかなか逃れられない。それは、サービス提供者のみならず、障害（インペアメント）を負ってしまった当事者も家族も強く願う、正常な機能をもつ身体への回復に向かう唯一の方法だ。

当事者も家族もそれを願うのは、障害者になりたくないからだ。そこで描かれる障害者、すなわち「できなくなった人」は、社会がそう規定する、ひとつのイメージであり、扱いだ。そう考えると障害については「個人モデル」よりもずっと前に、優生思想とともに「社会モデル」が、できあがっていたわけだ。

逆にいえば、自明の理としてそこに「社会モデル」があったにもかかわらず、リハビリテーションという装置は、個人のみを際立たせることにもっぱら貢献し、個人の力で社会に向かう方法ばかり示すことになってしまった。「不断の努力」は、「医学モデル（個人モデル）」そのものが、要請してしまう。

ＩＣＦがもたらした視点

それでは、社会モデルと医学モデルの統合といわれるＩＣＦ（国際生活機能分類）は、障害（ディスアビリティ）というものを個人に帰しそれの克服を強いることから脱却させるのに有効だろうか。リハ業界は、もっぱら、ＩＣＦを拠り所にしている。何よりＩＣＦを指針としているのは、私たち、地域で仕事をするリハスタッフだ。

ＩＣＦのいったい何を拠り所にしているのかといえば、各項目に挙げられた膨大な分類リストと評価スケールではなくて、その構造（**図2**）だ。参加制約が、いったい何から起こっているのか、どこに焦点を当てると参加ができるのか、それを解き明かすのに、ＩＣＦはこれまでになかった視点をもたらした。

私たち、訪問するセラピストは、当事者と介助者が何に困っているか、どうなりたいかの二点を聞く。たとえば、風呂に入れないことに困り、今は訪問入浴サービスを使っているが実は自宅の風呂に入りたい、ということがわかったとする。自宅の浴室の構造を見て、本人の身体の条件を知り、介助者の現実的な介助力と思いを聞き、自宅の風呂に入る方法を提案していく。それは本人の動作力と浴室の環境調整（住宅改修、福祉用具の選択・適合）、介助者の介助動作のすり合わせで、**図2**の構造では矢印が作動していることを見届ける働きかけともいえる。本人が自力で風呂に入るため動作訓練をするのとは、まったく違うのだ。

私としては、これらの働きかけをリハビリテーションと称しているが、リハビリテーションというものが限定した内容を指すのであれば、むしろ作業療法士の在宅支援と言ったほうが余程すっきりする。

ここまで例に出した浴室や介助者といった、「個人以外への働きかけを、『環境因子』あるいは『社会』への働きかけとして解釈する」のは、リハ関係者の「社会モデルの矮小化」として、障害学から批判されているのは承知している(45)。だが、私はまったく気にしない。当事者を取り巻く環境のほんの小さな部分への働きかけは、必ず社会に結びついていく。

『リハビリの夜』

社会モデルと個人モデル（医学モデル）を、対立するものとして置く必要は、そもそもないのだと思う。障害学とリハビリテーションは、もっと近づき互いを知ることで、障害者の不利益を解消する有効な理論と方法を手に入れられるのではないだろうか。

だが、リハビリテーション（個人モデル）は障害者を健常者に近づけるという方向性しか示し得なかったと、当事者から指摘されると、反論はできない。古くは、横塚晃一氏（一九七四年）(46)、新しくは、脳性麻痺で小児科医の熊谷晋一郎氏（二〇〇九年）だ。第一章に登場する当事者たちも、それぞれが受けてきたリハビリテーションへの、やりきれない思いを語った。

それに対して、リハ業界はどう応えていったらいいか。

熊谷氏の著書『リハビリの夜』（医学書院、二〇〇九）は、話題にもなり、二〇一〇年に新潮ドキュメント賞を受賞した。当事者の身体感覚を限りなくリアルに描こうとし、そこに介入する「リハビリ」の暴力的なありようを、〈ほどきつつ拾い合う関係〉〈まなざし／まなざされる関係〉〈加害／被害関係〉と解き明かし、健常な動きを身につけるための不毛な努力を強いるプロセスとして書く[47]。

彼は物心つく以前から一八歳になるまで、毎日「リハビリ」を行い、月に一回は専門家の経過観察と指導を受け、夏休みには「リハビリ」の強化キャンプに参加した[48]。

そして、一八歳で大学進学を機に、一人暮らしを開始する。十数年の「リハビリ」の成果はなく、トイレも着替えも、入浴も車いすに乗ることも、自力では行えないままだ。両親の心配をよそに一人暮らしを決断したのは、自立生活運動という先行モデルがあったからという[49]。

子どもになんらかの障害があることがわかった親は、何はともあれ成長の間に少しでも「標準」像に近づけるべく奔走する。実はそこにあるのは医療に限らない、さまざまなメソッドでもある。現在では、親同士の情報交換に加え、インターネットでたちまちに多くの情報を集めることになる。いずれにせよ、子どもが障害者という不利な立場にならないよう、親はなんらかの手を打とうとする。

そのような親の想いと努力、それを受けるようにして仕事をするリハ専門職の介入は、当事者である子どもの想いや感じ方と大いにずれる。だが、その時点でその違和感やずれを、子どもがそうとわかる言葉で伝える術はない。熊谷氏は大人になり、子ども時代から続く違和感を鮮やかに言語化した。

熊谷氏は一人暮らしを、まったく無防備に、アパートにごろんと横たわった状態で始める。心配する親には帰ってもらった。そのうち便意をもよおす。彼はトイレまで這っていき、なんとか便器に座ろうとするが、動きはまったく自分が思っていたようではなく、結局失敗する。そのような「敗北（完敗）」を経てから、彼は自分の身体の特徴を引き受けるトイレ――そのようにトイレの改修を行い、「トイレとつながること」ができた。

ここだけをみると、なぜ一人暮らしをするにあたって、私（作業療法士）を呼んでくれなかったのかと思う。失敗する前に、適切なトイレ工事の助言をしただろうに（実際には、一九九〇年代、引っ越し先のトイレ改修の目的で事前に作業療法士が訪問する制度はない。先駆的に、行政に作業療法士がいる地域では、可能だったかもしれない）。

熊谷氏の経験を読むと、そのトイレへの「敗北」は、重要な鍵なのだ。事前に、作業療法士が入ったとする。確かに、テキパキと事を進めるだろう。動きの特徴を外からとらえ、手すりの位置を彼に動いてもらいながら確認して決め、そこにマスキングテープを貼る。当事者がさしおかれること、そこに醸し出される圧力を、熊谷氏は子どものころから知っている。「まなざし／まなざされる」関係、決して拾われることのない、当事者の発信。

熊谷氏は、誰の目にもさらされずトイレに完敗したがゆえに獲得した動作イメージに基づいて、トイレの改修をする。改修後のトイレを見た瞬間、彼は「私の体がもぞもぞ開かれる感じで」動き、それは「新しくなったトイレに私の体がチューニングしているような感じ」と書く(50)。

彼は、計算論的神経科学者の銅谷賢治氏による運動学習の形式分類——「教師あり学習」「教師なし学習」「強化学習」を紹介したうえで、トイレとのチューニングは「教師なし学習」にほかならず、「なぜリハビリテーションの現場においては主に『教師あり学習』のみが強調されたのか、シンプルな疑問」と言う。

また、「教師あり学習」は「健常者向け内部モデル」に基づいているが、「教師なし学習」は「環境との『ほどきつつ拾い合う関係』に身をゆだね、そこにあるモノとの交渉によってオリジナルの動きと内部モデルを立ち上げ」、リハビリテーションで行われる動作獲得プロセスとは逆のありよう、という彼の指摘は、気持ちよいくらいにこちらの足元を揺さぶる。

「教師あり学習」で私たちが根拠としている運動の力学（運動学）や、モノとの交渉——認知・行為にまつわる経験知は、熊谷氏が実感するベルンシュタイン（Nicholai A. Bernstein）の「協応構造」というアイデアの前には、どうも色褪せる。

「教師あり学習」のみが強調されるのは、「教師なし学習」をここまでリアルに描いた当事者が、今までいなかったことにもよると思う。「教師なし学習」に興味と関心を寄せるリハ専門職が周囲には見当たらないが、私は大いに引きつけられる。

テキパキと事を進めることによって、当事者が失う別の経験があるということを、私は知っておかなければいけない。だが現場に出ると、効率よく事を進めるというモードから逃れるのは、かなり難しい。根っこにあるすれ違い、当事者が自身の身体と付き合ってきた実感、そこに流れる時間と空間に、思いを馳せることはほとんどできず、当事者からの異議申し立て――遠慮がちだったり、いらだちを含んでいたりする――も、しばしば退けられているのではないか。

当事者にとって、リハビリテーションはどうあるのがよいのか

私たちの役割は何か。『さようならCP』上映会で学生たちが感じたように、私たちリハ専門職は「必要ない」と言われているのだろうか。

実際は、リハビリテーションを必要としている人々は大勢いるし、「必要ない」という人はサービスを利用しなければいいだけ、ではある。専門職を標榜するなら、専門性というものはごく限られた範囲でしか功を奏さない、そういうものだから、生活機能というもののいったいどの部分に技術を提供しようとしているのか、きちんと説明できないといけない。で、ここがなかなか理解されにくいのだが、しばしば私たちは、合わせ目への働きかけをしている。動作を見る、環境を見る、文脈を読む。動きと環境の橋渡し。熊谷氏が「教師なし学習」でトイレとつながったように、身体とモノがつながるための「教師あり学習」のガイド役。

障害とは何か、その概念枠組みが一九八〇年から、ずいぶんと変化した。それなら、リハビリテーションとは何かだって、一九八〇年から変わっていないとおかしい。だが、ここは手つかずだ。

WHO（世界保健機関）による一九八一年の定義は、次のようなものだ。

「リハビリテーションは、能力低下やその状態を改善し、障害者の社会的統合を達成するためのあらゆる手段を含んでいる。リハビリテーションは障害者が環境に適応するための訓練を行うばかりでなく、障害者の社会的統合を促す全体として環境や社会に手を加えることも目的とする。そして、障害者自身・家族・そして彼らの住んでいる地域社会が、リハビリテーションに関するサービスの計画と実行に関わり合わなければならない」

障害者と社会の両方への働きかけを、謳ってはいる。ここで言われている障害者は「能力低下やその状態」であり、目的は「社会的統合」だ。だが、障害をそもそも個人に帰するものとして出発しているという点からいえば、個人モデルの障害者像ではあろう。主軸は個人の訓練にあり、加えて社会への働きかけがある。

これに対し、一九八二年に国際的な当事者団体ＤＰＩ（障害者インターナショナル）が、つくった定義。

「損傷を負った人に対して、身体的、精神的、かつまた社会的に最も適した機能水準の達成を可能にすることにより、各個人が自らの人生を変革していくための手段を提供していくことを目指し、かつ時間を限定したプロセス」[51]

こちらは「時間を限定したプロセス」とすることで、「リハビリテーション」のむやみな拡張に、当事者が歯止めをかけたとされる[52]。

対象は「損傷を負った人」、これは明らかにimpairmentのある人のことで、社会の側について言及はされていない。機能水準は、その人に適したものとされ、当事者が主体となっているようにみえる。社会のことは、リハビリテーションと並べて「機会の均等化」という別個の概念を導入しているという[51]。

リハビリテーションの再定義

リハビリテーションを再定義するという無謀を試みる。

まず、対象となる人：

「生活を送るうえで、impairment を起因とした不利益を被っている人」

障害は impairment が原因とは限らないし、参加制約を原因として impairment が生じることも多々あり、それは社会（環境）の問題ではあるが、どこかに出発点は固定する必要があるので、とりあえず起因とする。

リハビリテーション：

「当事者が望む生活を具体的で達成可能な動作・活動・行為として明らかにし、本人の身体機能の最適化と取り巻く環境の調整の両面から提案・実施していくことにより参加制約を解消することを目指す、当事者と求められる多職種による協働作業」

活動と参加は、ＩＣＦの中では同一のリストになっており、きっちりと整理できているわけではない。ある行為が活動となるか参加となるかは、文脈によるようだ。

リハビリテーションは時間限定の概念だろうか。そもそも、障害を負ったら一定期間リハビリテーションサービスを受け、ある状態に達したら終了という流れしかイメージされていないことが、時代遅れではないだろうか。

生活上の不利益は、徐々に起こってくることもあるし、突然起こることもある。たとえば、長年かけて背中が円く変形し常に頭が下を向き、歩きにくくなり家事がしづらくなっている人がいるが、椅子をみてほしいとケアマネジャーから訪問の依頼を受ける。生活のしづらさは、その姿勢と歩行により全般にわたるが、長年にわたるその暮しのスタイルは何かひとつ変えるとすべてが崩れそうだし、本人も変えたくはない。だが本人と話しながら、洗濯物干し場と入口の手すりの設置、冷蔵庫の位置の少しの移動、椅子の背にあてるクッションの提案が受け入れられる。

これが、一回目の訪問。二回目の訪問で彼女の姿勢に合わせてウレタンを削り、いつもの椅子にのせる。腰の支えを得て、頭が上がり、彼女は「これでテレビが見られるようになった」と言う。困りごとは生活全般にあるが、茫漠としており、解決されて初めて不利益が明らかになる。一時間の訪問が二回、その間に環境調整をし、一週間で終了。

十年来訪問している人もいる。脳出血後の左片麻痺で、歩行練習をみることもあるし、ハーモニカ演奏を聴くこともあるし、コンサート出演の段取りを支援することもあるし、入浴方法を考えることもあるし、その長いスパンの中で折々必要になった困りごと（不利益）に、どうしたらいいかを一緒に考え解決策を探す。こういった一〇年の関わりをすべてリハビリテーションと呼ぶのは、「リハビリテーションのむやみな拡張」かもしれない。だが、こういう長い関わりの中で、そのつど出てくる不利益に対処していくということはある。必ずしも「リハビリテーション」と称さなくても。

作業療法士という仕事は、リハビリテーションのための専門職として、理学療法士と双子のように誕生した。障害や病気が重くとも、病院や施設ではなく住み慣れた地域で暮らすというスタイルを、一番先鋭的な、あるいは過激な方法で示していったのが自立生活運動と自立生活者たちで、彼らにとってリハビリテーションは不利益の解消をもたらすものではなかった。

だが、今や地域での経験――それは当事者に鍛えられるということにほかならない――を少しずつ積んでいる私たちの仕事は、リハビリテーションから一歩出て、生活上の不利益を解消する役割の一端を担っていると自負する。いつか、当事者たちにそう思って呼んでもらえるとうれしいのだが。

文献

(1)横塚晃一：母よ！殺すな．生活書院、一九三-二〇一頁、二〇〇七
(2)横塚晃一：前掲書（1）、一四六頁
(3)上田　敏：リハビリテーションを考える―障害者の全人間的復権．青木書店、一一頁、一九八三
(4)竹内孝仁：リハビリテーション医学―人間科学としての特質と展望（1）　医学のあゆみ　一〇五：六八〇-七八〇、一九七八
(5)砂原茂一：リハビリテーション（岩波新書）．岩波書店、一九八〇
(6)中西正司、上野千鶴子：当事者主権（岩波新書）．岩波書店、二〇〇三
(7)砂原茂一：前掲書（5）、二一〇-二一四頁
(8)砂原茂一：前掲書（5）、二〇八頁
(9)砂原茂一：前掲書（5）、一七頁
(10)砂原茂一：前掲書（5）、八二頁
(11)砂原茂一：前掲書（5）、二一三頁
(12)Rusk HA：A World to Care for―The Autobiography of Howard A. Rusk, M.D.. Reader、s Digest Press, p185, 1977
(13)中西正司、上野千鶴子：前掲書（6）、三頁
(14)中西正司、上野千鶴子：前掲書（6）、二-三頁
(15)中西正司、上野千鶴子：前掲書（6）、四頁
(16)上田　敏：前掲書（3）、一七四-一七八頁
(17)中西正司、上野千鶴子：前掲書（6）、五-六頁
(18)Rusk HA：前掲書（12）、二二五頁
(19)Rusk HA：前掲書（12）、二二七-二二八頁
(20)砂原茂一：前掲書（5）、八二頁
(21)砂原茂一：前掲書（5）、三八-三九頁
(22)上田　敏：前掲書（3）、一二-一四頁
(23)中西正司、上野千鶴子：前掲書（6）、八四頁

(24)世界保健機関（WHO）：国際生活機能分類―国際障害分類改定版．中央法規出版、二三二頁、二〇〇二
(25)上田　敏：リハビリテーションの思想―人間復権の医療を求めて．医学書院、五一-五二頁、一九八七
(26)上田　敏：リハビリテーション医学の世界―科学技術としてのその本質、その展開、そしてエトス．三輪書店、一九九二
(27)石川　准、長瀬　修（編著）：障害学への招待―社会、文化、ディスアビリティ．明石書店、一頁、一九九九
(28)上田　敏：前掲書（26）、一六六-一六七頁
(29)石川　准、長瀬　修（編著）：前掲書（27）、一四頁
(30)石川　准、長瀬　修（編著）：前掲書（27）、一五頁
(31)星加良司：障害とは何か―ディスアビリティの社会理論に向けて．生活書院、三八-三九頁、二〇〇七
(32)星加良司：前掲書（31）、一九三-二〇五頁
(33)上田　敏：前掲書（3）、一二-一三頁
(34)定藤邦子：関西障害者運動の現代史―大阪青い芝の会を中心に．生活書院、一四九-一五三頁、二〇一一
(35)髙谷　清：重い障害を生きるということ（岩波新書）．岩波書店、ii-iii頁、二〇一一
(36)髙谷　清：前掲書（35）、四九-五二頁
(37)髙谷　清：前掲書（35）、九五-九八頁
(38)市野川容孝：優生思想の系譜．前掲書（27）、一五四頁
(39)市野川容孝：前掲書（38）、一二八頁
(40)市野川容孝：前掲書（38）、一二八頁
(41)星加良司：前掲書（31）、一一四頁
(42)川越敏司、川島　聡、星加良司（編著）：障害学のリハビリテーション―障害の社会モデルその射程と限界．生活書院、三-四頁、二〇一三
(43)星加良司：前掲書（31）、四二-四三頁
(44)星加良司：前掲書（31）、一二四頁
(45)星加良司：社会モデルの分岐点―実践性は諸刃の剣？（杉野昭博『障害学―理論形成と射程』からの引用）．前掲書（42）、二一-二二頁
(46)横塚晃一：前掲書（1）、一四六頁

(47)熊谷晋一郎：リハビリの夜．医学書院、六八頁、二〇〇九
(48)熊谷晋一郎：前掲書（47）、一二頁
(49)熊谷晋一郎：前掲書（47）、一五二－一五三頁
(50)熊谷晋一郎：前掲書（47）、一五四－一六四頁
(51)上田　敏：前掲書（3）、三〇－三二頁
(52)長瀬　修：障害学に向けて．前掲書（27）、三一頁

最終章
旅の終わりに

「毎日が、変わるでしょう、ほかの人たちはね……。自分はね、毎日がね、同じようにね、続くわけ……」(1)

これは、水俣病のドキュメンタリー映画『不知火海』（監督・土本典昭、一九七五）に出てくる当時一七歳の胎児性水俣病者・清子さんが、彼らの存在を掘り起こしていった原田正純医師に語る言葉だ。公害の被害者として、当時としてはサービスが整った施設生活を送る少女は、「訓練をして、上手になって」という医師の励ましに対して、まっすぐに反論する。(1)

企業と国家によって奪われた、健常な身体と変化に富んだ将来——一般的に誰にでも訪れると思われている仕事や出会いや結婚や出産といった素朴な人生設計——は、訓練（リハビリテーション）という方法では何一つもたらされないことを、彼女は知っているのだ。

健常な身体に近づけることが普通の暮らしに近づく方法という、ひとつの道しか提示されなかったその時代に、日本でも海外でも同時に生まれていたもうひとつの方法、障害があるままで普通に暮らす方法は、胎児性水俣病者には届いていない。企業と国の償いは、お金だけだった。豊かな暮らしを取り戻すのに必要なのは、お金だけではなく、今までとは違う考え方だったのだ。「もとの身体に戻せ」ではなく「本来の暮らしをしていいはずだ」という強い主張。

私たちが好んで使ってきた、自力で行うという意味での「自立」は、介護の世界に矛先を向け、今後、要介護者が増えていくであろう社会の切り札として、「自立支援介護」という妙な言葉を政府が提案してくる。(2) 要介護者を減らしたい意向だ。

本来、人は、自分でやれることは自分でやろうとするものだ。その方法を提案する仕事をしている私は、そう実感する。そして、やれないことは、人に介助を頼む。それで、いいではないか。気兼ねなく「やって」「これをやってください」と言える関係。

さて、ここが問題だ。人間関係がものを言うからだ。他人が自分の生活の中にいて、その他人と形づくっていく、暮らし。頼むことの難しさ。

そもそも、今の暮らしは、人と接触しなくても成り立つ方向で進んでいる。人に道を聞かず、スマホで調べる。人にものごとを聞かず、グーグルで検索して知る。スーパーで買い物しても、セルフレジでピッとやる。写真もＤＰＥに出すなどということは、とうの昔にやめ、パソコンに取り込む。

私たちは、便利さを獲得するたびに、何かを失っていく。頼む力や交渉力や探しあてる嗅覚など。いや、失ってはいない。たぶん、出番をなくして、奥深くにしまい込まれた、能力。

自立生活者たちの話を聞くにつれ、同時に浮かび上がってくるのは、地域――コミュニティということだ。ここで言う地域は、地域で暮らすと言うときの地域とは少し違う。先駆的に自立生活を始めた人々は、暮らしを成り立たせるために、〝地域〟を作り出した。実方裕二氏は、介助者たちを「仲間」と言う。自立生活という、ひとつの運動を担う仲間。また、暮らしと運動が撚り合わさるようにして成り立っていた、新田勲氏らの〝地域〟生活。

そんな、運動体というか、人々のまとまりを、深田耕一郎氏は「ヴァナキュラー」と称する（第二章・２０７頁）。「ヴァナキュラー」は、扱うのにやっかいな言葉だ。これはウィーン出身の思想家、イヴァン・イリイチ（Ivan Illich）氏が到達したキーワードである。仕事というものがすべて賃金に置き換えられることで、支払われない労働（家事など）が「シャドウ・ワーク」に貶められたが、それとは別様の、人間生活の自立・自存の活動を、指す。(3)

「生存に固有の仕事」「支払われない活動であるにしても、日々の暮らしを養い、改善していく仕事で、標準的な経済学の内側で開発された概念では、まったくとらえきれないもの(4)」

「生活のあらゆる局面に埋め込まれている互酬性の型に由来する人間の暮らしであって、交換や上からの配分に由来する人間の暮らしとは区別されるもの(5)」

支払われないことで培ってきた人間関係と、支払われる人間関係は、おのずと違ってくる。支払われることで、介助者も得やすくなったのは確かで、暮らしの根の部分は安定した。だが、支援というサービスは、市場商品というかたちに収まるたぐいのものではないということは明らかだ。支払われようが、支払われなかろうが、「ヴァナキュラー」な何かが、介助の仕事を魅力的にしているようにみえる。そしてそれがないと、自立生活者は孤独に陥る。

市野川容孝氏が現在も無給で介助に入っていること（第三章・238頁）、志賀玲子氏が言う「アートに関わろうという人は、お金を払ってでもやっていい仕事」ということ（第一章・89頁）、そのような要素が、当事者の家の中だけでなく家の外にも流れていくことで、地域というものが再生するのではないか。行政の言う地域包括ケアという言葉の、何回聞いても空疎な響きは、イリイチ氏の言う「上からの配分」に由来しているからに違いない。

自立生活者たちは、地域住民の目に触れるには、あまりに少数者なのだろうか。介助者と一緒に店で買い物をしている脳性麻痺者の姿は、一般の市民の目には、どう映るのだろう。「こんな暮らし方があるんだ」という驚きか、「何もそんな苦労しなくても、施設にいればいいものを」という引いた目か、自分にはまったく関わりのない人として見ているのか。

本書を取材・執筆している間に、二つのやりきれない事件があった。

一つは二〇一六年七月二六日に起きた、相模原障害者施設殺傷事件だ。津久井やまゆり園で、元職員により一九人が刺殺され二六人が重軽傷を負った。この事件後、障害当事者と健常者は、まったく別の反応をすることになった。もちろん、直後は健常者も、ひどい事件だと思い、怒りを表明したが、障害者がいつ自分にも刃が向けられるのかという恐怖を味わい続けているのに対し、健常者市民は、良識の範囲内で怒り、だんだんと忘れていく。

もう一つは、二〇一七年五月一〇日に起きた、ニュージーランド人男性が日本の精神科病院で一〇日間にわたる身体拘束の末、心肺停止となり、その後亡くなった事件だ。この事件は、ニュージーランド、続いて英国の新聞で取り上げられ、それを紹介するかたちでヤフーニュースに取り上げられた[6]。日本で小中学生に英語を教えていた二七歳のケリー・サベジ（Kelly Savage）氏が、躁状態の発作を起こしたとき、心配した兄に市役所が神奈川県大和市の病院を紹介し、受診時落ち着いていたにもかかわらず医師の指示で手足をベッドに拘束され続けたサベジ氏は、一〇日後に心肺停止となった。拘束が原因の肺塞栓と思われるが、病院は診療録の提示を拒否している。

二〇一七年七月一九日に、サベジ氏の母と兄が日本外国特派員協会で記者会見を行った。このとき、医療専門家として作業療法士の長谷川利夫氏（第一章・175頁）が共に会見し、彼の専門である隔離と身体拘束の日本の現状を訴えている。サベジ氏の母は、自分の息子に起こったことを「中世を描いた映画」のようだと言った(7)。

中世時代に排除されていた、貧者、病者、不具者、狂人と称される人々は、ヴァナキュラーの中に、どう位置づけられるのだろう。あるいは、それらの人々を包摂（inclusive）するヴァナキュラーという概念は、成り立つだろうか。

残念ながら、われわれ健常者が多数を占める社会は、放っておくと自分と違う人を排除するように動いてしまう。本当は、多数の健常者というくくりもあやしいものだが、それでもその中にいるつもりの人々は、異質の人を排除しようとする気持ちを簡単にもってしまう。だからこそ、社会的包摂（ソーシャル・インクルージョン）という概念を看板に掲げ、条件なしで、もう最初から「社会は、さまざまな人で成り立っている、そういうものだ」と決めてかかるしかないのだ。そういう、大前提をつくってしまう。それは、今という時代に至るまでの当事者の苦労（受けた傷、侵された人権、死）を経て到達した、成熟した社会のあるべきかたちなのだと思う。。ただし、簡単なことではない。理念を掲げて叫んでも、実際そうはならない。小さな実践が地味になされ、その近辺にいる人々が知らぬうちにそのことに慣れてやがてあたり前になっていく、そんな方法。一人の自立生活者が暮らすことで起こる、静かな変革。


最後に、自分のことを少し書く。この取材を始める動機となった、根の部分だ。

一九七〇年代、府中療育センター闘争があったとき、私はすぐ近くにあるリハビリテーションの専門学院の学生だった。近くでそのような闘争が行われているなら、何かしら学院にも影響があるかと内心野次馬的な気分をもっていたが、別に何も起こらなかった。ただ、集会のビラはしばしば目にしたし、学院祭のときに、新田絹子氏、後に絹子氏と結婚した三井俊明氏が来ていたのは、強い印象として覚えている。集会にも何回かは行った。名古屋足躬氏、岩楯恵美子氏など、都庁前座り込みグループの面々の発言を、必死に聞き取ろうとした。脳性麻痺の人たちは、健常者として育った私にとっては、やはり「気の毒な人」であり、自分の立ち位置とはつながっていなかった。ただ、一人、脳性麻痺者と思っていた人がもともとは健常者で、事故か病気で脳損傷を受けたと知らされたときは、健常者の自分の足元が一瞬ぐらついた。私と彼らは地続きにいる。

映画『さようならCP』の案内ももらったが、行かなかった。「介助者募集」のビラももらったが、行かなかった。ほかに面白いことは、いくらでもあったのだ。

一度、夏休みに府中療育センターの脳性麻痺の人がプールに行きたがっていると聞いて、学生仲間四人くらいで、電車とバスを乗り継いでサマーランドに連れていったことがある。車いすの彼をバスに乗せるのは三人がかりだった。皆でプールにつかって遊んだ。喜んだ彼は、皆にビールをおごると言い、私たちは若者の潔癖さから断り、彼がビールを飲む介助を仲間の一人がし、私たちは一緒に盛り上がることができず、彼のはしゃぎは砕け散った。後味は苦く、もう、こんなことはしたくないと思った。

一九七二年、青い芝の会が「優生保護法」改定反対運動をしたとき、私はよく意味もわからず、反対ビラをまきにいったことがある。「東京青い芝の会」の役員だった若林克彦氏と、集会の帰りに同じ電車に乗り同じ駅で降りたのが、きっかけだ。

「優生保護法」改定の意味するところは、健常者の私が妊娠して胎児に障害があるかもしれないときに中絶をすることを合法化するというもので、青い芝は殺される側として反対していたが、私は〝中絶しようと思うかもしれない〟と思った。明らかに、殺す側にいる。そんなことを突きつけられるのは、しんどかった。

たぶん、そんなことがあって、集会にも行かなくなり、府中療育センターのその後にも関心を向けなくなった。

だが、あのとき座り込みをしていた人たち、介助者募集のビラをまいていた人たちの、その後の暮らしはどんなふうなのか、心の底のほうで気になってはいたらしい。自立生活に関する情報は、何となく自分の中に取り込んでいた。

起こったことをちゃんと知っておこうと思って取材を始めたが、そこにはリハビリテーションへの大きな批判が横たわっていたことにあらためて直面し、何度も立ち止まらざるを得なくなった。

当時、東京都立府中リハビリテーション学院の院長だった、医師の五味重春先生は、脳性麻痺児の療育施設・整肢療護園から来た、温かいまなざしの人だった。『母よ！殺すな』を書いた横塚晃一氏を、知っていたはずだ。すぐ隣で起きた府中療育センター闘争も、学院祭に来ていた脳性麻痺者たちのことも、青い芝の会のことも、すべて、どんな気持ちでみていたのだろう。

厚生省（当時）と青い芝の会が、長年の反目から和解のテーブルについた一九八〇年、「脳性マヒ者等全身性障害者問題研究会」が発足したが（第二章・200頁）、このメンバーに、五味先生が入っている〔所属は、この時点で埼玉県障害者リハビリテーションセンター（現・埼玉県総合リハビリテーションセンター）所長〕。

この研究会が一九八二年に出した「脳性マヒ者等全身性障害者問題に関する報告」の〈序〉には、リハビリテーションに言及したうえでの自立生活の基本理念が盛り込まれている[8]。

> ・従来の各種リハビリテーション・サービスで余り多くの効果が期待されない脳性マヒ者の社会的自立のための条件づくりが、今後における障害者政策確立への才一歩となるものであろう。
> ・リハビリテーションは、人間本来の生き方にかかる哲学に基礎をおく援助体系であって、障害者の主体性、決定権、プライバシーの尊重などが基調でなければならない。またその究極の目的は、障害者の自立生活の実現にある。
> ・自立という言葉は、従来「保護を受けないで済むようになる」とか「障害を克服して社会活動に参与する」と解釈されてきた。この研究会で論じられてきた自立の概念は、これを含みながらも、同時に労働力としての社会参

加が期待できない重度障害者が、社会の一員として意義ある自己実現と社会参加を果たそうとする努力を社会的に位置づけようとするものである。すなわち自らの判断と決定により主体的に生き、その行動について自ら責任を負うことである。

三七年前に、リハビリテーションと自立生活は、公的な場で自立の概念を共通のものにした。残念なことに、ほとんど知られていない。

文献

（1）土本典昭：逆境のなかの記録．未来社、三〇七頁、一九七六
（2）加藤忠相・中島紀恵子：（対談）「自立支援」の先にあるもの（緊急特集「自立支援介護」に思う）．訪問看護と介護 二二：一〇〇‐一〇六、二〇一七
（3）Illich I（著）、玉野井芳郎、栗原 彬（訳）：シャドウ・ワーク―生活のあり方を問う（岩波現代選書）、岩波書店、一九一‐一九四頁、一九八二
（4）Illich I（著）、玉野井芳郎、栗原 彬（訳）：前掲書（3）、六八頁
（5）Illich I（著）、玉野井芳郎、栗原 彬（訳）：前掲書（3）、一一八頁
（6）水島宏明：日本の精神科病院でニュージーランド人男性が死亡 母国でニュースに（https://news.yahoo.co.jp/byline/mizushimahiroaki/20170715-00073322/）
（7）みわよしこ：大和市・ニュージーランド人男性死亡事件：ご家族と精神医療専門家の記者会見（https://news.yahoo.co.jp/byline/miwayoshiko/20170719-00073481/）
（8）脳性マヒ者等全身性障害者問題研究会：脳性マヒ者等全身性障害者問題に関する報告．昭和五七年四月

あとがき

取材を始めて、七年以上経った。ここに至るまで、そんなに時間がかかってしまった。その間、社会は変わっていく。それは、制御できない生き物がうねるように、良くも悪くも。

二〇一九年七月の参議院選挙で、二人の重度障害当事者議員――木村英子氏、舩後靖彦氏が誕生した。介助者と共に登壇する彼らは、重度訪問介護という言葉、自立生活者の存在を一気に世間に知らしめた。喝采だ。気負うことなく普通に議員としての仕事をするのが、彼らの「仕事」だと思う。

だが、「彼らが議員になることは議事進行を妨げる『迷惑行為』だ」という趣旨のツイートに約五万件の「いいね」がついたという（松波めぐみ：重度障害議員を「迷惑」視する社会を変える―特別扱いではない「合理的配慮」とは？ Wezzy、二〇一九年九月二六日）。排除の力は普通に、簡単に作動することを知る。

こんなときこそ、自分たちの手で暮らしのありようを変えていった人たちの話は、重要だ。私たちみんなにそんな力が備わっているのだという、ひとつの希望。

浜松に移住した一九九五年ころ、たまたま聖隷三方原病院に行って、玄関の誰の目にもつく場所に大きく掲げられた「患者権利宣言」を見てびっくりしたことがある。感動した。今思えば新居昭紀医師が院長だった時代だ（現在は、「患者権利と義務宣言」という小さくなった額が、誰の目にもつかないところにそっとある）。一人のひとつの意識が、小さな波を立てる。それが、弱い立場の人に勇気を与える。

取材をきっかけにＤＰＩ女性障害者ネットワークのメーリングリストに入って、一挙に情報量が増えた。障害者が受けているさまざまな差別とそこへ向けての粘り強いアクション、政策へのパブリックコメント、海外の動き。情報を丁寧に発信する人々に出会って、少し自分の世界が広がった。なんと、さまざまな活動が、展開されていることか。

取材を受けてくださった当事者の方々、介助者の方々、そしてぴあクリニックのスタッフの方々に、深く感謝する。それから、わからないことについて、快く解説や助言をくださった方々にも感謝する。複合差別について、瀬山紀子氏、精神科の社会的入院や身体拘束について、長谷川利夫氏。ストレングスモデルについては、カンザス大学のホームページから直接チャールズ・ラップ氏に質問してしまったら、すぐに返事が来て、福井貞亮氏と久永文恵氏を紹介してくださった。なんと開かれた門だろう。

当事者の取材に次いで、それぞれの方の住まいのある市役所の福祉課にも話を聞きにいった。居住者でもない者が突然行って話を聞くのだから、対応はさまざまだったが、世田谷区と札幌市はとてもオープンだった。

「自立生活」、それは、簡単なことではないが、可能なのだ。

多くの人に、そのことを知ってもらいたい。そして、支える制度を共に守っていきたい。

謝意を伝えたい人は限りないが、表紙の写真を快く提供してくださった長谷川茂樹氏のお名前を挙げさせていただきたい。限られた生活の隙間で写真を撮り続けておられる。

書く機会をくださった三輪書店、粘り強くこの形にまで仕上げてくださった高野裕紀氏、森山亮氏、煮詰まると会話がとがってくる私と暮らす連れ合いにも。

二〇二〇年一月

河本のぞみ

【著者略歴】
河本のぞみ（かわもと　のぞみ）

1974年、東京都立府中リハビリテーション学院作業療法科卒業。1974～1976年、伊豆韮山温泉病院勤務。その後、至誠特別養護老人ホーム、青梅市健康センターなどを経て、1996年より聖隷福祉事業団（静岡県浜松市）の訪問看護ステーションに非常勤で勤務。現在は訪問看護ステーション住吉所属。

声が出なくてもいい「The合唱団」世話人、浜松シーティング勉強会世話人、演劇家（里見のぞみ）として路上演劇祭Japanで活動。

著書
『夢にかけた男たち―ある地域リハの軌跡』（共著）、三輪書店、1998年
『訪問看護のための在宅リハビリテーションガイドブック』（共同編集、分担執筆）、東京法令出版、2000年
『検証 訪問リハと訪問看護―リハビリテーションの現場をたずねて歩いた！』、三輪書店、2007年

当事者《とうじしゃ》に聞《き》く 自立生活《じりつせいかつ》という暮《く》らしのかたち

発　行　2020年3月10日　第1版第1刷©
著　者　河本《かわもと》のぞみ
発行者　青山　智
発行所　株式会社　三輪書店
〒113-0033　東京都文京区本郷6-17-9　本郷綱ビル
☎03-3816-7796　FAX 03-3816-7756
https://www.miwapubl.com
表紙デザイン　早瀬衣里子
印刷所　三報社印刷 株式会社

ISBN 978-4-89590-688-3　C 3036

■日本の在宅リハはどうあるべきか？現役のOTが検証した渾身のルポルタージュ！

検証 訪問リハと訪問看護

リハビリテーションの現場をたずねて歩いた！

好評

河本 のぞみ

在宅リハの最前線を支える訪問リハビリテーション（訪問作業療法・理学療法・言語聴覚療法）ではどのような実践がなされているのか？ 訪問看護ステーションにおける看護との連携の実際は？医療機関からのリハはどうなっているのか？

高齢化社会を迎えた現在の日本で，最も望まれる訪問サービスの一つでありながら，まだまだ数も少なく，整備が進んでいない訪問リハビリテーション。自らも訪問看護ステーションで作業療法士として勤める著者は，訪問リハをめぐる尽きぬ疑問を追及すべく，全国各地の現場を訪れ，さらに福祉先進国スウェーデンにまで足を伸ばして，その最前線で行われているさまざまな試みを取材した。

本書は訪問リハの実践だけでなく，看護とリハの思想の違い，日本とスウェーデンにおける社会保障のあり方の違いなど，あくまで現場の視線から取材したルポルタージュである。

在宅での医療や介護に携わる医師，看護師，セラピスト，ケアマネジャー等にとって必読のレポート。

■主な内容■

序 「リハビリ」の呪縛
出発地点／足場がくずれた／戦略の建て直し／訪問リハの基盤

第一章 衝撃の通達
その後の動き

第二章 リハと看護
訪問看護ステーションという所／訪問看護とリハ看護／セラピストのいない訪問看護ステーションはどうしているか／少しだがセラピストのいる訪問看護ステーション／看護とリハ／〔資料・介護度別割合と疾患別割合〕

第三章 訪問看護7（訪問看護ステーションからの訪問リハ）
東京にきた石川組―訪問看護ステーション初台／開拓者精神―メディケアリハビリ訪問看護ステーション／訪問とボバースアプローチ―訪問看護ステーションおおみち／京都の熱い人々―訪問看護ステーションすざく／〔資料・介護度別割合と疾患別割合〕

第四章 訪問リハ
思いを形にしていく―せんだんの丘／天然温泉の出る老人保健施設―げんきのでる里／生粋の訪問リハ―ゆきよしクリニック／自転車で走る言語聴覚士―在宅リハビリテーションセンター成城／〔資料・介護度別割合と疾患別割合〕

第五章 スウェーデンへ
スウェーデンの事情／訪問の実際／変わり続けるスウェーデン／附:インタビュー スウェーデンの事情を,河本佳子氏に聞く

終章 取材を終えて
資源はすぐには整わない／医師アタマとコメアタマ／信念対立／リハは期間限定か／市場原理

あとがき

●定価（本体2,400円+税） 四六 頁326 2007年 ISBN 978-4-89590-283-0

お求めの三輪書店の出版物が小売書店にない場合は，その書店にご注文ください．お急ぎの場合は直接小社に．

〒113-0033
東京都文京区本郷6-17-9 本郷綱ビル
三輪書店
編集 03-3816-7796 FAX 03-3816-7756
販売 03-6801-8357 FAX 03-6801-8352
ホームページ：https://www.miwapubl.com